丝路文化研究

第三辑

主　　编：赖永海
　　　　　严圣军
执行主编：王月清
　　　　　李尚全

2018年·北京

图书在版编目(CIP)数据

丝路文化研究.第3辑/赖永海主编.—北京：商务印书馆，2018
ISBN 978-7-100-16690-4

Ⅰ.①丝… Ⅱ.①赖… Ⅲ.①丝绸之路—文化史—研究 Ⅳ.①K203

中国版本图书馆 CIP 数据核字（2018）第 230521 号

权利保留，侵权必究。

丝路文化研究
第三辑

商务印书馆出版
（北京王府井大街36号 邮政编码100710）
商务印书馆发行
江苏凤凰数码印务有限公司印刷
ISBN 978-7-100-16690-4

2018年8月第1版　开本 787×1092 1/16
2018年8月第1次印刷　印张 16¾

定价：68.00 元

《丝路文化研究》 编委会

主办单位：南京大学中华文化研究院
　　　　　中国天楹文化研究院

编委会（以姓氏字母为序）：

陈继东　董　群　府建明　韩　昇　洪修平　胡　勇
华　涛　黄厚明　黄夏年　赖永海　李尚全　李苏睿
李向平　刘迎胜　刘中玉　圣　凯　释净因　孙　江
孙英刚　王邦维　王启龙　王月清　吴为山　吴晓梅
徐小跃　严圣军　杨维中　张伯伟　张　总　朱庆葆

编辑部（以姓氏字母为序）：

胡永辉　黄少松　李　娜　尚　荣　邵佳德　徐志君
朱晓华

目　录

卷首语 ………………………………………………………………（1）

特　稿

何处是昆仑？ ………………………………………………… 孙　江（5）

当代丝路

埃及的历史文明演进和当代经济社会发展 ………………… 张振克（11）
法韵流通
　　——当代澳门佛教的对外交往 ……………… 白照杰　李　腾（23）

丝路史探

《新西域记》与大谷光瑞之"丝路"探险 ………………… 陈继东（41）
吐蕃归义军时期敦煌僧尼的劳作活动 ……………………… 王祥伟（56）
元日战后镰仓幕府战功恩赏乱象考 ………………………… 赵莹波（75）

丝路文脉

石家庄毗卢寺释迦殿壁画内容新考
　　——兼及敦煌本《佛说孝顺子修行成佛经》的壁画流传 …… 王晶波　韩　红（91）
刘萨诃与番禾瑞像：中古丝路上的"两种佛教" ………… 尚丽新（111）

丝路文献

明清回回学者"回、儒观"述论
　　——以明清汉文伊斯兰教典籍序跋为中心 ………… 杨晓春（131）

《大唐西域记》与丝绸之路 …………………………………… 王汝良（160）

《抛球乐》在朝鲜王朝的受容和演变 …………………………… 徐利华（181）

国内藏吐鲁番汉文佛教典籍及其价值 …………………………… 武海龙（201）

《太玄真一本际经》与三论宗之交涉
　　——以镰田茂雄之观点为中心 ………………… 雒少锋　韩　瑞（229）

丝路书鉴

美国学界对丝绸之路研究的新动向
　　——芮乐伟·韩森《丝绸之路新史》介评 …………… 冯培红（245）

《丝路文化研究》集刊投稿指南 …………………………………………（259）

卷首语

季羡林先生认为："世界上历史悠久、地域广阔、影响深远的文化体系只有四个：中国、印度、希腊、伊斯兰，再没有第五个；而这四个文化体系汇流的地方只有一个，就是中国的敦煌和新疆地区，再没有第二个。敦煌文化的灿烂，正是世界各族文化精粹的融合，也是中华文明几千年源远流长不断融会贯通的典范。"在本辑筛选的1篇特稿和13篇论文里，《何处是昆仑？》是孙江在本刊主办的"2018形象史学与丝路文化国际学术研讨会"上的主旨发言。"昆仑"是中国由古至今最常见的地理概念和文化意象之一，作者从"神之源""河之源""族之源"三个谱系爬梳了作为历史和文化概念的"昆仑"，并认为作为"神之源"的昆仑意象是"元叙事"，为其他叙事中的昆仑提供了由"储存记忆"转为"功能记忆"的可能性。陈继东的《〈新西域记〉与大谷光瑞之"丝路"探险》一文则以《新西域记》为线索，考察了20世纪初日本净土真宗大谷光瑞对中国西域和中亚地区文明的数次探险经过，认为这种探险背后有其探寻日本佛教根源，与西方学界竞争，进而确立日本佛教在亚洲佛教界正统地位的数层动机。而王祥伟在《吐蕃归义军时期敦煌僧尼的劳作活动》一文里，通过对吐蕃归义军时代敦煌僧尼参加农耕生产的考证，认为敦煌僧尼虽然"也从事农业等劳作"，但与同时代盛行于江南、华南、两湖地区的农禅制度大为不同。王晶波、韩红则发现敦煌存唐写本《佛说孝顺子修行成佛经》的内容与毗卢寺释迦殿壁画内容有不少相同之处，经仔细对比分析，判定释迦殿壁画的一部分内容的确源自这部失传千年的佛教典籍，是久佚的佛教本生故事经典《佛说孝顺子修行成佛经》（即《银蹄金角犊子经》）在民间长期传播演变的结果。尚丽新在《刘萨诃与番禾瑞像：中古丝路上的"两种佛教"》一文里，把敦煌文献结合近年出土的文物和文献资料，以佛教史和考古学的新视野，对中古时代的诗僧刘萨诃和番禾瑞像（学界又称"凉州瑞像"）的佛教信仰进行了深入研究。而武海龙则通过对国内已刊布吐鲁番文书的盘查，把有关汉文佛教典籍的27000件左右文书筛选出来，加以介绍，使中古时期佛教在新疆吐鲁番地区的传播、信仰等情况有一个清晰的眉目。

在本辑刊载的论文中，有两篇论文把学术触角伸进阿拉伯文化圈。张振克在《埃及的历史文明演进和当代经济社会发展》一文里，从文化地理学的视角，对纵贯亚欧非的丝绸之路和海上丝路经济带的交汇之地——当代埃及的历史文化和经济社会的空间格局、经济结构进行了分析，认为埃及作为阿拉伯世界的强国和非洲大陆的经济大国，在共同建设"一带一路"的国际政治框架上，中国作为世界第二大经济体，积极参与埃及的新首都计划和苏伊士运河经济走廊发展计划，与埃及的经济合作将会更加密切，有望成为共建"一带一路"的合作典范。杨晓春在《明清回回学者"回、儒观"述论——以明清汉文伊斯兰教典籍序跋为中心》一文里，经过对明清时期汉文伊斯兰教文献、精英回回人碑刻史料的解读，认为明末清代回回学者，热衷于伊斯兰教和儒学的互融互补，主动倡导伊斯兰教的中国化方向。另外，还有两篇论文，论述了宋元时期大陆文化与海上丝路尤其是东北亚文明间的冲突与融合。赵莹波的《元日战后镰仓幕府战功恩赏乱象考》一文，讨论了元朝两次入侵日本失败后御家人的命运，大量立有战功的御家人不但没能及时得到应有的恩赏，反而加速了贫困和衰落，结果危及日本幕府统治的基础，再加上强势的忽必烈的去世，导致了东北亚地区出现了和平相处的趋势。徐利华则在《〈抛球乐〉在朝鲜王朝的受容和演变》一文里，详细论述了宋代《抛球乐》在朝鲜半岛从朝鲜王朝宫廷宴飨化到草根化的历史现象，揭示宋代乐舞在朝鲜前期、中期和晚期的样貌特征。白照杰、李腾的《法韵流通——当代澳门佛教的对外交往》一文也主要从海上丝路的传播路径考察了澳门佛教与大陆及东南亚、非洲地区的交往互动，并提出"官""私"两种交往模式，尝试分析目前这种对外交流的局限和原因。

对丝路文化的学术研究，可以说与近现代学术研究几乎同步，但如果我们参考文化人类学理论和方法，也可以说它是一门历史悠久的学科，唐代高僧玄奘的《大唐西域记》，就是强有力的证明。王汝良的《〈大唐西域记〉与丝绸之路》一文，就论及《大唐西域记》在地理、历史、商贸、宗教、文化交流等领域的学术内涵，认为其在目前的丝路文化学术研究中，仍具参考价值。雒少锋、韩瑞通过分析日本学者镰田茂雄就道教的《太玄真一本际经》中所涉及的佛教思想，对佛道互融互补作了进一步研究。此外，冯培红在评介美国学者韩森的《丝绸之路新史》时，认为韩森借助丝路沿线出土文书来说明丝绸之路上的贸易状况，并对丝路贸易的特点进行总结归纳，在此基础上提出了一些新颖的观点。

特稿

何处是昆仑?

孙 江

(南京大学)

"此山之名人尽识,昆仑二字古云然",这是晚清士人赵时桐的诗句。作为文字的昆仑是明晰的,但是,作为历史和文化概念的昆仑则未必尽然。1935年10月,毛泽东率领红军长征,在路经岷山时,登高望远,写下了充溢着革命浪漫主义情怀的诗句:"横空出世,莽昆仑,阅尽人间春色。"这里的"昆仑"是向西绵延的白皑皑的雪山,位在青藏高原。翻阅历史文献,如果追问何处是昆仑?可谓言人人殊,未知所定。从文化记忆理论的角度看,构成昆仑的知识成为人们心中的"形象"(imago),人们借助"形象"附会实在的或想象的"场所"(loci),从而使昆仑成为不断被再生产的"记忆之场"(lieux de mémoir)。在20分钟的发言里,请允许我不避粗糙,去繁就简,将关于昆仑的话语归为三个谱系——神之源、河之源和族之源,与各位分享一下个人读书的感想。

作为"神之源"的昆仑,散见于战国时期的《庄子》《列子》等著述中,《山海经》集其大成。《山海经》来历不详,根据《史记》《汉书》大致可以断定出自西汉人之手。在《山海经》中,《西山经》《海内西经》和《大荒经》分别有大段文字描述"昆仑",从中抽取最大公约数,"昆仑"有两个意象:通天(神、上帝)之山、亦人亦兽西王母栖息之地。我称之为"神之源",是关于昆仑的"元叙事"(meta-narrative)。元/meta源自希腊语 μετά,意为"超越",指具有普遍性但在经验上无法证实的叙事范式。昆仑这两个意象,在汉画像砖"升仙图"、晋人发现和整理的疑似西汉晚期的《穆天子传》中演绎出具有戏剧性的故事,成为后世叙事,特别是道教叙事的源泉。

从"元叙事"派生出来的叙事，我称为"再构的叙事"（reconstructive narrative），是对前者"意象"与叙事主体所经验的"场所"（loci）重新勾连的产物。如果说由"元叙事"构成的昆仑意象尚难求实，象征意义大于实在意义，具有超时间性，那么，昆仑的第二个意象则是物质性的、时间性的，随着人的足迹所至而不断变化，被赋予了不同的含义。

在《史记·大宛列传》中，昆仑泛指西域于阗（和田）一带，因为张骞通西域后，汉人的足迹曾到达此地。司马迁说，昆仑高达2500余里，"日月所相避隐为光明也"，黄河源于此。司马迁参照了《尚书》《山海经》相关描述，但又有所保留："至《禹本纪》《山海经》所有怪物，余不敢言也"。

在唐代，出使吐蕃的刘元鼎根据自己的见闻著有《使吐蕃经见纪略》，认定黄河之源在巴彦喀拉山，即传说中的昆仑。元世祖忽必烈派都实寻找黄河之源，溯及青藏高原的星宿海，都实认为此即黄河之源，事载《河源志》。清代康熙帝亦派人探寻黄河之源，得出同样结论，将其写入《大清一统志》。不过，无论是康熙朝的史家万斯同，还是"十全老人"乾隆帝，均对上述昆仑所在地不以为然，而执着于由西汉张骞和汉武帝所认定的于阗说，乾隆朝重修《大清一统志》中写道："以枯尔坤山即黄河所出之昆仑山，则近似而未得其真。"有学者认为，这反映了乾隆帝意欲将大清版图与黄河之源——昆仑意象勾连在一起。笔者认为，其时黄河之源与疆域支配并无直接关系，因为黄河认同和国族想象的结合要迟至20世纪之初才出现。

将昆仑和疆域—国家联系起来的是清末的反清革命派。在考虑如何将中国历史叙事与以西方为中心的全球化知识接轨时，革命者不约而同地关注到昆仑意象，这和名为拉克伯里（Terrien de Lacouperie）的法裔英国人有关。1894年，拉克伯里出版《中国上古文明的西方起源》（*Western Origin of the Early Chinese Civilisation from 2300 B.C. to 200 A.D.*）一书，撰述了一个中国人种起源于巴比伦的故事。1900年，两位日本业余历史学者白河次郎和国府重德，将拉克伯里这一假说编入面向一般读者的《支那文明史》中。1903年，这本日文读物被介绍到汉文世界，在东京和上海的中国知识分子中掀起了巨大波澜，人们在热议中国人种起源问题时，频频言及昆仑。

1903年9月《新民丛报》刊载的观云（蒋智由）《中国人种考》写道："昆仑（Kuenln）者，即花国（Flower Land），以其地之丰饶，示后世子孙之永不能忘，既至东方，以此自名其国，是即中国。"1903年刘师培在《中国民族志》中认为，"世界人种之开化，皆始于帕米尔高原"。1904年1月，刘师培《攘书·华夏篇》有道："汉族初兴，肇基西土。而昆仑峨峨，实为巴科民族（汉人——引者）所发迹。"1905年5

月，刘师培在《古政原始论》一文中说，汉族兴于两河流域的迦克底亚，"厥后逾越昆仑，经过大夏，自西徂东，以卜宅神州之沃壤"。同一时期，章炳麟在 1904 年修订《訄书》时增补道："昆仑者，译言华（俗字花）土也，故建国曰华"，这就是中国古籍中所说的"天皇被迹于柱州之昆仑"。但是，中国文献最多只能证明中国人种来源于昆仑山，而从昆仑山到巴比伦还存在广大的地理空间，对于这一矛盾，陶成章在《中国民族权力消长史》一书中写道："以今考之，我族祖先既留陈迹于昆仑之间，则由中亚迁入东亚，固已确凿不误。由中亚迁入东亚，既已确凿不误，则其由西亚以达中亚，由中亚以达东亚者，亦可因是而类推矣。"陶成章将中国人种"西来说"一分为二：由巴比伦到昆仑，再由昆仑到中原。1905 年，黄节著《黄史》称："吾种人自昆仑东下，宅于黄河流域，繁殖四千。"晚清革命知识分子最后将中国人种西方起源说弃之不问，却注意到昆仑在中国文明起源中的位置。这就是我所说的作为"族之源"的昆仑。

通过对昆仑意象三个谱系的爬梳，我们能得出什么结论呢？限于时间，请允许我尝试给出一个简单的解释。从文化记忆理论角度看，作为"神之源"的昆仑，是关于昆仑的"元叙事"，它承载了与现实没有生命联系的东西，一方面犹如封存于府库的无人认领的"储存记忆"，另一方面给人们提供了整理和利用的功能，从而与特定群体、价值发生联系，成为面向未来的"功能记忆"。作为"神之源"的昆仑，当给道教和民间信仰提供可资利用的素材时，即由"储存记忆"转化为"功能记忆"。作为"河之源"和"族之源"的昆仑，是再构的叙事，具有"功能记忆"的特质。作为功能记忆的"河之源"和"族之源"的昆仑，根据自身需要，从作为"神之源"的昆仑"储存记忆"中提取更新知识的资源。围绕"河之源"位置诸说的存在反映了中国人对地理空间的不同认知和想象，而"族之源"的凸显折射出自我形象的再创造。

"而今我谓昆仑：不要这高，不要这多雪。安得倚天抽宝剑，把汝裁为三截？一截遗欧，一截赠美，一截还东国。太平世界，环球同此凉热。"毛泽东以世界主义（cosmopolitanism）的情怀将中国历史化入世界革命之中，从而赋予了昆仑革命的意义。读史阅世，切记：昆仑曾是中国历史叙事中被淡忘的神之源、河之源、族之源。

（本文系根据 2018 年 5 月 12 日在"形象史学与丝路文化国际学术研讨会"上发言整理而成。）

当代丝路

埃及的历史文明演进和当代经济社会发展

张振克

(南京大学非洲研究所)

【摘　要】　埃及是文明古国,也是海上和陆上丝路文明交汇之地,埃及苏伊士运河是重要的国际航道,地缘战略位置极其重要。本文扼要回顾了埃及历史文明演进的三个阶段及其主要特点,从经济地理的视角对埃及经济社会的空间格局和经济结构进行了分析,探讨了埃及当代经济社会发展面临的经济、社会和安全领域的突出问题,指出共建"一带一路"背景下的中埃合作仍面临挑战,中埃合作有望成为合作典范。

【关键词】　文明演进；当代经济社会；发展问题；中埃合作

埃及地跨亚非大陆,历史源远流长,尼罗河古文明璀璨夺目；埃及历经古海上丝路和陆上丝路文明的交汇与融合发展,以及近代法国和英国的殖民统治。埃及苏伊士运河(Suez Canal),是连通欧亚非三大洲的主要国际海运航道,连接红海与地中海,使大西洋、地中海与印度洋联结起来,大大缩短了东西方航程。与绕道非洲好望角相比,从欧洲大西洋沿岸、黑海沿岸各国到印度洋缩短 5500—12000 公里,在国际航运体系中具有重要战略意义,每年承担着全世界 15% 的海运贸易,地缘战略位置极其重要[1]。2011 年埃及在结束穆巴拉克政权,经历短暂的内乱之后,逐步走向社会稳定与大力发展经济的轨道,埃及经济发展呈现前所未有的良好局面,投资环境不断改善,发展势头迅猛。埃及是第一个与中国建交的非洲国家,中埃之间的合作在国家"一带

---

[1] 史春林、李秀英:《苏伊士运河与航运安全——兼论中国的通航对策》,《太平洋学报》2014 年第 10 期,第 79—90 页。

一路"建设中具有重要意义,中国将埃及视为丝路沿线重要的支点国家,中国对埃及的投资与贸易不断增加,中国游客在埃及旅游业中占比不断上升,"一带一路"框架下的中埃合作有广阔的发展前景。

具有开放、包容、合作等文化内涵的丝路文化是丝路沿线国家的共同财富,对促进丝路沿线国家当代社会经济和国际发展合作具有借鉴意义。由于不同国家的地理环境与历史发展进程的差异,其历史文化和当代发展也各不相同,本文对中国丝路沿线的支点国家——埃及的历史文化和当代经济发展进行分析,并对中埃国际发展合作前景进行讨论,以期为中埃合作和丝路文化建设提供有益的借鉴。

一、埃及文明的演进阶段

纵观埃及的历史文明演进,可以分为三个明显的阶段:古埃及文明阶段、外族入侵和多文化融合的地中海文明阶段和独立之后的现代文明阶段,以城市化、工业化快速发展为现代文明阶段的主要特征。

(一)古埃及文明阶段

埃及是四大文明古国之一。公元前3100年出现统一的奴隶制国家,创造了丰富的古埃及文明。[1] 古埃及人利用尼罗河河谷土地开垦耕作,解决赖以生存的食物问题;古埃及人根据日出日落总结了最早的太阳历、对洪水泛滥的周期变化,同时,造船技术实现了尼罗河流域货物运输和上下游的联系;在渔业捕捞、垂钓方面埃及也有独具特色的发明和创造,例如造船和鱼钩制作技术等[2]。对尼罗河两岸的石材资源分布和就地开采利用有比较深入的认识和理解;古埃及在雕塑艺术、石材建筑等方面的成就最为突出,让世界惊叹。古埃及人是如何开采了这些大块的石头?如何雕琢整齐的大石块搬运到目的地?如何组织施工安装?在今天看来也不是件容易的事情。地质学家更是对古埃及人能分辨不同的岩石性质,将不同的岩石用于营造不同的雕塑品或者古建筑中大为赞叹。用岩石地质理论诠释古埃及文明是用什么铸造的[3],众所周知,古

---

[1] Grimal N, *A history of ancient Egypt*, Wiley-Blackwell, 1994.
[2] Brewer D J, Friedman R F, *Fish and fishing in ancient Egypt*, American University in Cairo Press, 1990.
[3] Klemm D D, Klemm R, *The building stones of ancient Egypt—a gift of its geology*. Journal of African Earth Sciences, 2001, pp. 631–642.

埃及文明众多文化遗迹是保存在石材上，某种意义可以说古埃及文明是石材打造的文明，集中分布在尼罗河谷地（图1）。

开罗附近金字塔与狮身人面像　　　　卢克索附近卡尔纳克神庙

图1　石材记录的古埃及古文明

独特的气候环境和众多以石材为主的历史文化遗迹，加之众多的古埃及帝王墓葬在19—20世纪被发现，使得埃及成为可考据的人类古文明中最灿烂的篇章。今天的埃及，依然保留着丰富的古埃及文化遗产，开罗附近的金字塔、狮身人面像；卢克索附近的卡尔纳克神庙、帝王谷等是杰出的代表，已成为世界著名的旅游目的地。就文明的地域分布来看，古埃及文明可以视为尼罗河谷地文明。

（二）外族入侵和多文化融合的地中海文明阶段

埃及处于历史上纷纷崛起的南欧、中亚强国的势力影响范围内，埃及多次受到外族的入侵。从公元前11世纪开始，埃及被亚述、巴比伦、波斯、古代马其顿和罗马帝国、阿拉伯帝国所征服。古埃及文明灭亡，在外来文明的影响下，埃及的亚历山大在古罗马帝国后期一度成为地中海文明的中心城市，成为多文化融合、贸易往来汇聚之地，也是不同人口会聚之地。按信仰，其可以笼统分成穆斯林、基督徒和犹太人三大群体，他们在相互交流、借鉴、调适和妥协的基础上，共生共存，实现多文化融合发展[1]。18世纪末之后埃及被法国拿破仑率领的法兰西军队占领，沦为法国殖民地。后在穆罕默德·阿里领导下，埃及人民取得了反抗法国殖民的胜利。[2] 基于埃及苏伊士运河在与东方世界贸易中的重要地位，1882年英国派兵占领埃及，埃及逐步成为英国的保护国，沦为英国的殖民地。[3]

---

[1] 何美兰：《10～12世纪埃及开罗的文化交融》，《历史教学月刊》2017年第7期，第68—72页。
[2] Vatikiotis P J, *The history of modern Egypt：from Muhammad Ali to Mubarak*, Johns Hopkins University Press, 1991, pp. 1 - 2.
[3] Porter, Bernard, *The Lion's Share：A Short History of British Imperialism*, 1850—2004, Harlow, Essex, England：Pearson/Longman, 2004, pp. 1 - 445.

在反反复复的外族入侵过程中，埃及受到巴比伦、亚述、阿拉伯帝国的较大影响，阿拉伯文化逐渐在埃及占据主导地位，并延续到今天；18世纪西方列强对非洲的掠夺也影响到埃及，法国和英国先后控制埃及，在语言、宗教等文化领域上施加影响。多种文化融合发展。埃及地中海滨的亚历山大曾经长期是外族入侵背景下，多元文明融合过程中最发达的城市，是非洲—欧洲—亚洲商贸与文化交流的中心，从地缘政治经济的角度看，这个时期的埃及政治经济中心，从尼罗河谷地向地中海沿岸的亚历山大迁移，可称之为地中海文明阶段。

（三）以城市化和工业化快速发展为特征的独立发展的现代文明阶段

1922年2月28日，英国承认埃及独立，但仍保留在埃及国防、外交等方面的权力，埃及成为英国控制下的傀儡王朝。伴随首都开罗城市化的加快，带动了开罗及其周边地区现代文明的发展。纳赛尔领导下的军事政变于1952年推翻法鲁克王朝，埃及实现了真正意义上的独立。1956年，纳赛尔将苏伊士运河收为国有，引发第二次中东战争，敌对方面是英国与法国、以色列组成的联军[1]。战后埃及在中东地区的影响力大增，成为中东地区有影响力的伊斯兰国家。纳赛尔时代埃及大力发展经济，20世纪50年代在苏联的帮助下建成阿斯旺大坝，对埃及的城镇电力供应、农田灌溉等都发挥了重要作用。[2] 独立之后的埃及与苏联关系密切，与美国等西方国家、以色列关系交恶，但埃及国内政局稳定，推进社会主义体制和发展模式[3]，国有经济发展迅速，工业化和农业现代化步伐加快，使得埃及成为阿拉伯世界乃至非洲大陆的经济强国；萨达特继任总统之后，对纳赛尔时期的意识形态管控、政治经济政策进行修改和完善，这个阶段对市场和私有经济十分重视，制定了有利于房地产和城市发展的土地政策，使得埃及城市化发展提速。[4]

埃及穆巴拉克时代（1981—2011），强调法律至上、民主化的管理，改善民众福利，化解国内矛盾，保持了埃及30年国家政局稳定；经济上促使埃及经济上一个台阶，实施对外开放、吸引投资和经济私有化政策，极大地刺激了埃及的经济、工业化和城市化的发展，同时，国际关系方面为埃及发展创造了良好的外部环境，与发达国家和发展中

---

[1] Kemp G, Harkavy R E, *Strategic geography and the changing Middle East*, Brookings Institution Press, 1997, pp.1-493.
[2] Wikipedia, *Aswan Dam*, https：//en.wikipedia.org/wiki/Aswan_Dam.
[3] 郑已东：《埃及社会转型期的政治合法性研究》，上海外国语大学博士学位论文，2014年。
[4] 刘昌鑫：《新自由主义影响下的埃及城市变迁》，《外国问题研究》2016年第3期，第59—65页。

国家均建立了友好关系。① 埃及长期私有化带来的腐败、贫富差距以及物价飞涨等现实问题凸显，2011年在"阿拉伯之春"运动的影响下，埃及反政府示威与社会动荡直接导致穆巴拉克总统下台，军方掌握国家过渡政权。2012年6月，穆尔西作为民选总统上台，后被军方罢职；2014年6月军方背景雄厚的塞西当选总统，结束了社会冲突和对立；近期埃及着力发展埃及经济，重视开罗向东扩展的新首都建设②、苏伊士运河升级开发和苏伊士运河经济走廊的建设。欧洲和亚洲主要经济体对埃及苏伊士运河走廊经济带的发展尤为重视，对埃及投资不断增加，促进埃及出口贸易快速发展。③

纵观埃及文明的发展历程，以古尼罗河文明为代表的埃及历史是一个相对封闭和连续的发展阶段，并创造了辉煌的历史；伴随外部帝国的入侵，埃及进入一个长达3000多年战争纷扰、起起伏伏的发展阶段，古老的尼罗河文明发展中断，经济社会中心向地中海（亚历山大）迁移，多元文化在这里融合和交汇，并最终被阿拉伯人主导；20世纪50年代之后埃及独立发展的历史短暂，城市化和工业化为特征的经济社会发展和人口增长迅速；埃及国家经济支柱依赖石油天然气出口、旅游收入、侨汇和运河通行管理费④。近年来，开罗新首都计划（New Capital）、苏伊士运河走廊经济建设和苏伊士运河改造升级等，吸引世界投资者的目光，其中，苏伊士运河走廊经济带已经成为埃及21世纪的亮点工程。

总体上看，历史时期的埃及从尼罗河文明到地中海文明，农业和商贸是两个时期文明的经济支撑；独立之后的埃及在城市化和工业化发展道路上不断发展，成为阿拉伯世界的重要经济大国，与世界经济联系紧密，并形成以开罗、亚历山大、塞得港为代表的多元文化融合发展的现代城市与工业文明。

二、埃及经济地理空间格局和经济结构

（一）经济地理空间格局

埃及地处非洲与亚洲交汇处，毗邻西亚诸国，与南欧国家隔海相望，悠久的历史

---

① 陈天社：《穆巴拉克时期埃及的发展及其局限性》，《外国问题研究》2017年第4期，第72—82页。
② Dona J, Stewart (1996) Cities in the Desert: The Egyptian New-Town Program, Annals of the Association of American Geographers, 86: 3, pp. 459 - 480.
③ 郭艳：《以"全方位无死角"投资政策 埃及敞开怀抱吸引外商投资》，《中国对外贸易》2017年第9期，第16—17页。
④ 王京烈：《埃及经济的四大支柱》，《西亚非洲》1980年第5期，第58—61页。

和当代快速发展，使得埃及在阿拉伯世界乃至在国际舞台拥有重要的国际政治经济影响力；有100多年历史的苏伊士运河贯通印度洋和地中海，是世界最繁忙的航运通道之一，地缘战略意义重大。因为20世纪60—70年代埃及与以色列之间的中东战争，埃及苏伊士运河封闭，也给埃及带来的巨大的经济损失。[1] 埃及处于西亚—北非干旱气候带，沙漠及荒漠景观广布，人口和经济重心在尼罗河狭长谷地和三角洲地区，以及红海沿岸与苏伊士运河带。埃及经济地理空间格局的主要特征如下：

尼罗河谷地及尼罗河三角洲人口与城市众多，主要是长期的历史演进的结果，这里环境适宜、水资源丰富，适合农业发展和人口集聚。开罗市跨尼罗河建设，2017年开罗大都市区人口2280万人，占全国总人口的25%，成为非洲乃至世界著名的大都市。沿尼罗河谷地的重要的城市还有阿斯旺、卢克索、艾斯尤特、法尤姆、明杰等中等城市。尼罗河三角洲地区还有坦塔、杜姆亚特、亚历山大等城市，农业、渔业和城市经济（旅游、服务业、建筑、加工业）占据重要的位置。

沙漠绿洲经济带主要分布在埃及尼罗河以西的沙漠地区，尤其是西北部的沙漠地区。这里人口稀少，但油气资源丰富，西部沙漠地区为重要的沉积盆地，是埃及最主要的石油和天然气产区，与英国有较多的石油天然气开发产业链合作。埃及曾是石油出口国，因为人口增加和城市化的发展，埃及的石油天然气产量在2009年已经不能满足本国需要[2]。沙漠绿洲经济带的其他产业主要是沙漠旅游（如黑白沙漠）、绿洲农业。

以开罗—卢克索—阿斯旺为节点的尼罗河谷地旅游带，无疑是埃及最有国际特色的旅游地；红海沿岸的国际旅游区主要集中在西奈半岛顶点的阿姆沙伊赫、红海沿岸的赫尔格达，为重要的国际性滨海旅游区。每年接待大量的来自欧洲俄罗斯、德国、英国、法国等及亚洲中国、日本、韩国等的游客，滨海地区的阳光沙滩旅游、潜水旅游以及垂钓等最吸引国际游客。2008年埃及国际游客入境人数高达1230万人，受国内政局和恐怖袭击的影响，2015年为914万人，2016年则只有526万人[3]，对开罗、卢克索、阿斯旺、亚历山大和赫尔格达等重要旅游地而言，游客大量的减少，造成的经济损失惨重。

---

[1] 孙吴：《历次中东战争与大国关系述评》，《徐州师范学院学报》（哲学社会科学版）1991年第3期，第116—120页。
[2] 张振克、任则沛：《埃及石油天然气工业发展与国际能源合作》，舒运国、张忠祥主编：《非洲经济评论2014》，上海三联书店2014年版，第11—30页。
[3] 数据来源：世界数据图册·埃及·国际旅游，http://cn.knoema.com。

苏伊士运河经济带依托苏伊士港和塞得港发展起来，已经形成苏伊士、塞得港两个港口城市中心，航运、修造船、仓储物流和临港工业较为发达。埃及塞西总统上台后竭力提振经济，2014年规划面积达461平方公里，开发塞得港、伊斯梅利亚和苏伊士城的苏伊士运河经济走廊（The Suez Canal Corridor Development Project）开始启动，对埃及中长期发展战略和空间布局指明了方向。[1]

埃及重视中国发展经济特区的成功经验，穆巴拉克总统希望中国帮助埃及建立一个开发区。1997年4月两国政府签署中国帮助埃及建设苏伊士自由经济区的谅解备忘录，1998年初，中国国务院决定由天津经济开发区（Tianjin Economic Development Area，简写TEDA，泰达）承担帮助埃及建设苏伊士西北湾经济区的任务，但进展缓慢。2007年天津泰达投资股份有限公司在商务部第二批境外经贸合作区招标中成功竞标，在国家财政支持下，中埃苏伊士经贸合作区建设全面启动。2008年中非发展基金与泰达合作，成立中非泰达投资股份有限公司，并成为苏伊士经贸合作区的境内投资主体。[2] 中埃苏伊士经贸合作区已成为中埃合作的典范工程，园区所在位置地理环境恶劣，气候极度干旱，前期工程投入治理和改善园区生态环境需要大量的淡水资源，这是园区发展的主要资源环境瓶颈。

（二）埃及经济结构

埃及是非洲经济强国，是非洲第三大经济体，仅次于尼日利亚和南非。埃及经济多元化程度在中东地区名列前茅，主要产业如农业、工业和服务业有着几乎同等的发展比重。埃及也被认为是一个中等强国，尤其在地中海、中东和伊斯兰信仰地区有广泛的影响力，但埃及的经济却不乐观，人口快速增加，贫富差距大，大部分人收入低下，生活拮据。同时，经济社会发展相关的激励政策和措施不到位，吸引海外投资和新的经济增长动力不足。

2016年埃及GDP总值达到3363亿美元，人均3514美元；其中，矿业—制造业—公用事业占比达34.6%；农业目前在GDP中的构成只有11%左右，1970—1980年埃及的农业生产总值在GDP中占20%—30%左右；运输—仓储—通讯占比从1970

---

[1] Morsy M, *Toward Investment Promotion and Facilitation for New Suez Canal Corridor Development Project*. Prepared by：［C］//Scientific Forum：optimizing Strategic Management Role in New Suez Canal：Value Chain-Benha University-Faculty of Commerce，2014.

[2] 毕健康：《"一带一路"与非洲工业化——以中埃经贸合作区和亚吉铁路为例》，2018年3月6日，http://www.sohu.com/a/224961593_618422。

年代的 4% 左右上升到 2016 年的 8% 左右，其中 2005 年达到 11.4%；批发—零售和餐饮—住宿在 GDP 中占 15.8%；基础设施 2014 年建设占 4.4%；其他总计占 GDP 总额的 28.2%。总体上看，埃及经济的各个部门均有一定的实力，多元化的发展趋势明显。农业在 GDP 中的比重在下降，矿业—制造业—公用事业等占比高达 34.6%，批发—零售及餐饮—住宿占比 2014 年达到 14.2%。① 旅游业和侨汇收入是埃及主要的外汇来源，在埃及经济收支平衡和埃及民众生活中具有重要的地位。

长期以来，埃及工业化虽然有所发展，但经济结构和产业结构仍无法满足埃及经济社会发展的需要。埃及工业以纺织和食品加工等轻工业为主，是埃及的主要工业部门；重工业以石油化工业、机械制造业及汽车工业为主，但受外国资本和企业的制约。埃及很多的工业制品（如电子产品、钢材、水泥）需要进口，纺织品和食品也无法满足人口日益增长的需要，部分纺织品和食品需要进口，导致埃及的国际贸易逆差问题突出。近年来，尽管埃及重视出口贸易发展，进口额下降、出口额增加明显，但贸易逆差依然巨大。埃及中央统计局统计报告显示，2017 年 1—12 月，埃及货物进出口额为 833.76 亿美元，比上年同期下降 0.28%。其中，出口 250.43 亿美元，增长 14.86%；进口 583.32 亿美元，下降 5.62%。贸易逆差 332.89 亿美元，下降 16.78%。2017 年 1—12 月，埃及与中国双边货物进出口额为 80.57 亿美元，其中，埃及对中国出口 6.69 亿美元，增长 35.35%；埃及自中国进口 73.88 亿美元，下降 11.71%。2017 年，中国作为埃及的出口目的地，从 2016 年的第 14 位升至第 9 位②。

三、埃及经济社会发展存在的突出问题

2011 年初以来，在"阿拉伯之春"影响下的动荡局势和快速的政治更迭对埃及国内经济影响巨大，国内通货膨胀严重，外汇储备减少，海外投资者信心不足，恐怖事件造成国际游客减少，对埃及经济社会发展和经济振兴造成巨大的负面影响。埃及政府提出的经济振兴计划、打击恐怖主义以及积极推进的苏伊士运河经济走廊、开罗新首都计划等，对埃及中长期的快速发展有积极的推动作用。埃及经济社会发展中存在的突出问题主要表现为如下三个方面：

---

① 数据来源：世界数据图册·埃及·经济结构，http://cn.knoema.com/atlas。
② 驻埃及使馆经商处：《2017 年埃及贸易简讯》，2018 年 3 月 22 日，http://eg.mofcom.gov.cn/article/i/201803/20180302722459.shtml。

(一)经济领域的贸易逆差和收支不平衡问题

穆巴拉克统治埃及三十年,军政大权在握,家族式腐败问题严重,贫富分化严重。近年来,埃及的经济加速恶化:2016年失业率超过13%,通货膨胀超过10%,政府的预算赤字飙升至占GDP的13%;在穆巴拉克当政的2011年初,外汇储备有360亿美元,2016年只有160亿美元。① 国际信用评级机构连续调降埃及银行的信用评级,致使埃及的国际借贷成本节节攀升。埃及外汇主要来源均面临挑战,2006年之后埃及逐步成为石油进口国②,为满足国内对石油产品的需要,外汇采购石油更加剧外汇短缺;埃及引以为自豪的国际旅游业是外汇的主要来源之一,也因为动乱和恐怖袭击事件受到重创③。埃及曾经依赖海外劳工的汇款,现在也不容乐观。特别是来自沙特阿拉伯的汇款,最高年份曾达到160亿美元,占到埃及国民收入的6%,但沙特就业政策变革,严重影响到埃及人在沙特就业,导致侨汇减少。苏伊士运河管理的收入虽然比较稳定,但运营的成本比较高,每年通行费给埃及贡献大约50亿美元,但军队要保卫整个苏伊士运河的安全,安保的投入成本也极其高昂。此外,值得一提的是政府对于新运河收入的预期过于乐观,埃及官方预测,扩建后的新运河通行能力将会在2023年达到97艘/日,由此带来的财政收入也会从2014年的53亿美元左右增加到2023年的132.3亿美元,但在目前全球经济增长乏力的情况下,这一目标是"不现实的"④。

埃及是社会福利较高的国家,各种补贴和福利成为政府的沉重负担。汽油补贴是政府预算的第一大支出,对贫穷人口的食物补贴也在不断增加。埃及的各种福利和补贴大体上已经占到政府总支出的40%,为了维持运转,埃及政府不得不依赖国际上的赠予和支援。穆巴拉克政权结束之后,来自卡塔尔和沙特阿拉伯的援助数额分别高达100亿美元和37.5亿美元。2012年穆尔西执政期间也向国际货币基金组织申请48亿美元贷款⑤,但直到2014年才承诺给予埃及48亿美元的援助,且前提是埃及必须降低政府补贴的数量。

随着政府收入的减少,埃及供应市场廉价汽油和面包的能力不断降低,民众对穆

---

① 数据来源:世界数据图册·埃及·金融经济,http://cn.knoema.com/atlas。
② 张振克、任则沛:《埃及石油天然气工业发展与国际能源合作》。
③ 王辰越:《埃及旅游业危机》,《中国经济周刊》2012年第6期,第16页。
④ 王震:《"新苏伊士运河"能拯救埃及吗》,《世界知识》2016年第7期,第54—55页。
⑤ 方文军:《埃及向国际货币基金组织提出贷款48亿美元的申请》,2012年8月24日,http://news.hexun.com/2012-08-24/145090570.html。

巴拉克-穆尔西政府过渡时期开始的通货膨胀和价格上涨的不满迅速增加，这是政局不稳的重要经济背景。2015 年埃及国家贫困线以下的人口比例达到 27.8%，比 1999 年的 16.7% 上升了 11.1%。① CPI 指数 2005 年为 4.9%，但 2008 年受金融危机的影响，高达 18.3%，2014—2016 年均超过 10%，其中 2016 年为 13.8%。② 2016 年 3 月 14 日埃及中央银行宣布埃及镑与美元脱钩，并实行外汇管制，控制资本外流，当天埃及镑贬值 13%③，因此，埃及金融政策方面的举措加剧了国内的经济社会问题。

（二）社会结构和失业问题

2011—2014 年埃及政坛经历了穆巴拉克倒台，到穆尔西民选总统，再到军政大权在握的塞西总统，终于摆脱了国内政治动乱。埃及社会有两股力量左右国家政治经济机构：第一是伊斯兰组织。信奉伊斯兰的人口占到埃及人口的 84%，社会根基深厚，穆兄会和萨拉菲是最有代表性的宗教组织。第二是埃及军队。埃及军队人数仅 45 万，但军队长期在埃及政坛具有影响力，同时控制了将近 40% 的埃及经济。任何社会和经济问题都可能引起埃及军方的不满，军方政变罢免总统易如反掌，这是埃及 2014 年回归军人执政时代的重要原因。

埃及人口增长迅猛，2018 年人口超过 1 亿人，主要集中在尼罗河谷地和三角洲地区。开罗城市蔓延扩展，国家经济发展乏力，就业低下，造成大量的失业人口。2000 年前埃及的失业率在 10% 以下，2005 年失业率达到 11.5%，此后，埃及失业率持续增加。虽然塞西总统领导下的埃及政府实施新首都计划、苏伊士运河经济走廊计划，下大力气振兴经济、增加就业，但满足不了人口增长的需要，2017 年的失业率仍达到 12.2%④。2017 年 12 月笔者对开罗实地考察中发现，开罗城市蔓延扩张与人口增加严重影响城市运转，交通拥堵让生活、工作成本大幅度增加，开罗新首都计划也正是为了缓解开罗城市发展面临的困局。

（三）安全领域的恐怖袭击问题

2011 年以来，埃及发生了严重的国内骚乱，对国家形象、社会经济以及国际旅游业的影响很大，也对海外投资产生不利的影响。总体上看，埃及在 2014 年塞西上任

---

① 数据来源：世界数据图册·埃及·国家贫困线以下的贫困人口比率，http：//cn.knoema.com/atlas。
② 数据来源：世界数据图册·埃及·同比 CPI 价格，http：//cn.knoema.com/atlas。
③ 四维环球金融智库：《埃及镑狂贬只是新兴市场中一环》，2016 年 3 月 18 日，http：//new.qq.com/cmsn/20160318/20160318023368。
④ 数据来源：世界数据图册·埃及·失业率，http：//cn.knoema.com。

之后安全形势在向好发展，但严重的暴力和恐怖事件仍有发生，对埃及经济社会发展造成冲击。2015年美捷商用航空的俄罗斯游客包机9268航班发生爆炸坠毁，造成224人丧生。2017年11月西奈半岛北部清真寺的袭击事件造成311人丧生[①]；2017年埃及共发生了5起严重的恐怖袭击事件，2016—2017年在旅游胜地赫尔格达的度假酒店，发生了2起针对欧洲游客的袭击事件[②]。恐怖袭击严重打击埃及国际旅游业的复苏，成为影响埃及社会稳定的首要因素。

埃及是阿拉伯世界的核心国家之一，周边国家政局动荡和战乱，是埃及国内安全问题产生的国际背景。受地理位置便利的因素影响，中东武装恐怖分子和极端宗教思想在埃及的渗透，威胁埃及国家安全大局，国家内部宗教势力和军政统治阶层之间的矛盾也可能引发极端的暴力事件。军人出身的塞西总统，铁腕应对恐怖袭击和威胁，加强武装护卫和警戒，在一定程度上会遏制恐怖主义的威胁，但在周边伊斯兰国家太不安定的大环境下，局部的恐怖威胁和偶发事件不可能根本上根除。

四、结语

埃及处于纵贯亚欧非的丝绸之路和海上丝路经济带的交汇地，既是亚洲和非洲的交汇点，也是地中海进入印度洋的国际贸易要道，埃及在"一带一路"中扮演关键角色。2016年1月中国领导人访问埃及时，中国与埃及签订了关于共同推进"一带一路"建设的谅解备忘录。埃及作为阿拉伯世界的强国和非洲大陆的经济大国，在发展中国家占据特殊地位并有一定的影响力。埃及是第一个与中国建交的中东和非洲国家，长期以来，中国和埃及两国政治互信度高，经贸往来密切。从独立之后的纳赛尔总统到现任塞西总统，历任埃及总统均与中国保持友好关系，中埃合作有非常好的政治与外交基础。

埃及现任塞西总统，在埃及有较高的威望和影响力，积极推行的经济振兴计划如提升苏伊士运河能力的整修工程、推动和实施"新首都计划"和"苏伊士运河经济走廊"发展规划，对吸引投资、增加就业、实现经济复苏和增长有积极的作用。作为世界第二大经济体，中国积极参与埃及的"新首都计划"和"苏伊士运河经济走廊"发展计划，与埃及的经济合作将会更加密切。作为重要的国际旅游目的地，埃及也吸引

---

① Wikipedia, 2017 *Sinai mosque attack*, https://en.wikipedia.org/wiki/2017_Sinai_mosque_attack.
② Wikipedia, *Terrorism in Egypt*, https://en.wikipedia.org/wiki/Terrorism_in_Egypt.

众多的中国游客前往旅游，中埃在国际旅游方面的合作将持续发展，依托经济合作、国际贸易和国际旅游的中埃人文交流前景广阔，也将进一步提升中埃经济合作向更加深入、更加密切的方向发展。

当然，中埃合作也面临很多复杂的挑战，埃及局部地方恐怖袭击威胁依然存在，埃及作为一个新兴市场，国际投资贸易领域的竞争激烈，中国企业面临来自欧盟、印度、巴基斯坦以及土耳其的竞争；埃及投资环境和金融外汇管制措施严格，社会文化习惯的巨大差异，会部分地影响中国对埃及的投资信心和深入的经济合作。提升中埃人文交流，加强中埃合作的能力建设，坚持互利共赢，在共建"人类命运共同体"的进程中，以开放姿态开展多边合作和贸易，中埃国际发展合作有望成为共建"一带一路"的典范。

法韵流通
——当代澳门佛教的对外交往

白照杰　李　腾

(上海社会科学院　澳门大学)

【摘　要】　从回归前后开始，澳门佛教界自觉承担起对外交往的重任。其以民间组织身份展开形式多样的对外交往涵盖官、私两个层面，丰富了澳门与外部世界交流的层次性，有助于促进地区间的合作与互动。与此同时，澳门佛教界也在这些交流活动中，积极寻求自我身份和价值的重新定位。

【关键词】　澳门；佛教；对外交往

宗教之于政治、经济、人群、思想交流的功能和意义早已是大家熟悉的论题。历史上彼此隔绝的地域和政区之间，往往由宗教交流、宗教人士流动维系着多维互动。佛教自公元前后正式传入我国，数百年间便成为吸引信众最多的宗教，在国内外和不同地区间的交往方面发挥了极大作用。佛教在对外交往方面的典型案例很多，例如在汉唐之际中印间的交往和唐代中日间的往还中，佛教几乎占据了主导地位。[①]在这样的一些案例里，佛教交往不仅含有信仰扩张的目的，更承载着广义上文化交流的责任。近代以来，在人生佛教和人间佛教等运动的号召下，中国佛教界相对自

---

① 有关佛教在中国与其他国家和地区交流方面的意义，学界已有大量研究可供参考，如佛教与中印交往，参见王邦维：《华梵问学集——佛教与中印文化关系研究》，兰州大学出版社2014年版；中日之间的佛教交流，参见张曼涛主编：《中日佛教关系研究》，大乘文化出版社1978年版；中国古代与东南亚国家交往中的佛教，参见程爱勤：《古代中印交往与东南亚文化》，大象出版社2009年版，第99—194页；等等。

觉地展开对自我社会价值的重新界定，不少积极入世的僧伽主动参与到国际交往活动中，为中国的外交做出贡献。如抗战时期，一些佛教僧侣组成宣传队进入东南亚地区，以自身为例，反驳日军有关中国灭绝佛教的虚假宣传，尝试以佛教信仰来凝聚东南亚人民的抗日信念和力量。① 中华人民共和国成立之后，虽然中国佛教走了很多弯路，但在对外交往和政治宣传方面却被认为是打开新中国外交困境的钥匙之一。②

在被葡萄牙完全租借以前，澳门本身并不构成独立的行政区域，在这段时期内澳门佛教与大陆佛教的交往也不能算是所谓的"对外交流"。1887年清政府和葡萄牙政府签订《中葡会议草约》后，澳门方才成为相对独立的地理和行政区域。1887年以来，澳门与内地等地区间的交流，常常以佛教为依托，如民国时期竺摩法师（1913—2002）来澳弘法等事便成为一时美谈。尽管最初这些交流主要维系在不同地域佛教团体和信众之间——或者说主要是佛教内部交流，但随着澳门1999年的回归和特别行政区制度的执行，澳门佛教在官方和民间的对外交往方面很快便走上新的台阶，肩负起更为重要的文化和政治使命。有关民国以至改革开放后一段时间澳门佛教的对外交往问题，何建明、姜伯勤等先生已有专书讨论，③ 但有关当下，尤其是回归后澳门佛教对外交往的讨论却仍是一片空白。本文拟就此问题进行资料梳理，并总结当代澳门佛教对外交往方面的新特点。以下依据交流对象的不同，分别进行讨论。

---

① 学愚：《佛教、暴力与民族主义：抗日战争时期的中国佛教》，香港中文大学出版社2011年版，第172—186页。
② 参见学愚：《中国佛教的社会主义改造》，香港中文大学出版社2015年版，第487—606页。当然，从相反的方面我们也可以说佛教在此类交往中有些被动，其中政治意图往往过于浓重。但吊诡的是，1949年后佛教的"复兴"，恰恰是依托了这种政治需要。有关内容可参考学愚此书其他章节。
③ 何建明专门讨论明代以来澳门与内地之间的佛教交往，民国至改革开放以后的内容，参见何建明：《澳门佛教：澳门与内地佛教文化关系史》，宗教文化出版社1999年版，第35—233页。何建明的另一部著作《人间佛教与现代港澳佛教：太虚大师、竺摩法师与港澳佛教》中，尤其对从内地而来的竺摩法师在澳门的活动进行详细介绍，参见何建明：《人间佛教与现代港澳佛教：太虚大师、竺摩法师与港澳佛教》，新星出版社2006年版，第302—567页。此外，何建明还有多篇相关论文，如《略论清代澳门与内地的佛教文化关系：以普济禅院为主的个案研究》，《文化杂志》，1999年第38期；《观本与澳门近代禅净佛教的传入和发展》，《文化杂志》1999年第38期；《近代澳门与内地的佛教文化关系》，《世界宗教研究》1999年第4期。姜伯勤长期保持对澳门佛教的关注，其研究重点在于澳门佛教与内地佛教的交涉对莲峰庙的历史、普济禅院变迁、大汕大师对澳门的影响等问题，参见姜伯勤：《石濂大汕与澳门禅史：清初岭南禅学史研究初编》，学林出版社1998年版；以及多篇论文，如《澳门莲峰庙与清初鼎湖山禅宗史》，苏晨主编：《学土》卷三，广东高等教育出版社1997年版；《大汕大师与禅宗在澳门及南海的传播》，吴志良主编：《东西方文化交流：澳门东西方交流国际学术研讨会》，澳门基金会1994年版。

需要说明的是,澳门与香港一水相连,交流极度频繁,两地之间的佛教人士往来和佛教团体互访简直是"家常便饭",此情况百年来一以贯之,需另辟专文讨论,本文暂不涉及。

一、当代澳门佛教与大陆官方和各地区间的交往

从 20 世纪 80 年代开始,澳门佛教便开始积极参与澳门与"作为整体的大陆"的各类交流活动。何建明的研究指出,1979 年香港宝莲禅寺组织的佛教代表团,曾来内地访问,获得赵朴初等国内佛教界领袖的热烈欢迎。此代表团中便有多位澳门佛教代表,例如菩提禅院的智圆住持和健钊法师(后继任住持)。[①] 1987 年中国政府与葡萄牙政府达成协定,确定澳门将于 1999 年 12 月 20 日回归,自此开始,澳门佛教界与内地佛教界的交往便逐渐活跃起来。双方以民间组织和宗教团体的身份,常常互派代表团访问。如澳门回归日期确定的第二年(即 1988 年),时任中国佛教协会常务理事、江西省佛教协会会长的庐山东林寺住持果一法师便受澳门佛学社的邀请,于是年 4 月 24 日至 29 日访问澳门。[②] 1989 年,菩提禅院住持智圆法师号召组织澳门佛教界联合会,进一步加强与"各地佛教组织"的联系。[③] 显然,这里所谓的"各地"主要指内地地区。尽管智圆法师的这一号召没有马上获得结果,但随着澳门回归日渐临近,联合澳门主要佛教寺院和组织的澳门佛教总会终于在菩提禅院健钊法师和普济禅院机修法师的重新倡议下,于 1996 年正式成立。彼时澳门佛教界已存在多个组织,成立一个能够联合各方力量,代表整个澳门佛教界的团体势在必行。紧接着,1998 年末,澳门佛教界连续派出两队访问团,赴大陆进行访问,期间不仅与大陆宗教界人士交换意见,更与负责统战和民族宗教事务的领导会面。以健钊法师为代表的澳门佛教界人士,明确表示

[①] 何建明:《近四百年澳门与内地佛教文化关系史略》,《法音》1999 年第 4 期。
[②] 叶平:《庐山东林寺果一法师应邀赴澳门访问》,《法音》1998 年第 7 期。《华侨报》亦对此事进行专访报道,参见《专访:江西庐山东林寺住持,果一大师本宣佛大功德圆满返回国内》,《华侨报》1988 年 4 月 29 日,第 18 版。
[③] 《释智圆大师透露本澳佛教人士拟成立联会加强与各地佛教组织联系》,《澳门日报》1989 年 6 月 15 日,第 36 版。

拥护澳门回归的政策。① 而从澳门回归前后开始，澳门佛教与中国内地官方、民间的交往变得异常频繁，其中以庆祝澳门回归、佛顶舍利莅澳、"一带一路"背景下的佛教使命高峰论坛等最具时代性和典型性，下文将分别介绍。

正如上文所述，澳门佛教界对澳门回归持有很高期许，这不仅是因为中国的向心力使然，更有澳门社会现实方面的具体原因。健钊法师于1998年12月参与澳门宗教界人士大陆访问团期间明确表示，澳门的宗教界情况与香港很不同，"澳葡政府只支持天主教，因为天主教曾是葡萄牙国教，其他宗教只能以服务社团的名义登记，得不到政府的资助，制约了佛教在澳门的发展"②。可以发现，以健钊法师为代表的澳门僧伽期待"澳人治澳"后，作为中国传统宗教之一的佛教能够获得和天主教平等的社会待遇，不再寄人篱下。时至1999年，澳门回归在即，4月12日，澳门佛教界成立"佛教庆回归委员会"，组织有序地展开迎接回归的系列活动。③ 同年5月，为庆祝香港首次佛诞节，中国佛教协会和国家宗教局组织代表团，送佛牙舍利赴港参观供养。5月24日以中国佛协副会长茗山法师为代表的佛牙舍利迎送团成员（据报道为三十位僧伽）受邀来澳门进行访问，与澳门佛教界进行为期三天的友好交流，其间健钊法师、泉慧法师、机修法师均参与接待。"据澳门佛教总会称，该庞大访问团来澳访问，乃本澳开埠以来首次盛举。"④ 或许是在这几次交往中达成的共识，1999年7月澳门

---

① 两次访问，第一次是1998年11月26日前后，港澳佛教访京团对中国佛教协会等单位的拜访，访问目的是落实1997年与中央统战部、中国佛协达成的贫困资助计划。此次参访中，已担任菩提禅院住持的健钊法师担任副团长。相关报道参见《港澳佛教界访京团拜访中国佛教协会》，《法音》1998年第12期。第二次是12月15至21日，应国家宗教局邀请，澳门宗教界人士访问团赴北京和上海访问，普济禅院机修法师担任领队之一，健钊法师也参与其中，期间会见中共中央统战部副部长、国家民宗委主任李德洙，国务院港澳办副主任陈滋英，国家民宗委事务局局长叶小文、副局长杨同祥等内地官员。健钊法师表示，此前澳门佛教对社会事务不太关心，但现已开始转变，由于弘法人才奇缺，故需仰仗内地佛教界帮忙，并表示"相信99回归会非常顺利"。参见《迎接澳门新时代的到来——澳门宗教界人士访谈录》，《中国宗教》1999年第1期。健钊法师对当时澳门佛教的认识是符合事实的，天主教、基督教等西方宗教从很早以前便通过慈善事业和社会服务事业融入澳门社会，但佛教界却长期裹足不前，直到回归前后，才逐渐开拓出新的局面。有关澳门中、西宗教的慈善和社会服务事业的比较和讨论，参见娄胜华：《源远流长与深度参与：澳门的宗教慈善及社会服务》，杨团主编：《慈善蓝皮书》，社会科学文献出版社2013年版，第292—311页。遗憾的是，娄胜华此文似乎对回归以后澳门佛教方面的改善尚欠了解。
② 《迎接澳门新时代的到来——澳门宗教界人士访谈录》，《中国宗教》1999年第1期。
③ 《佛教界庆回归委员会成立》，《澳门日报》1999年4月12日，第37S版；《出家人不忘爱国爱澳成立佛教庆回归委员会》，《市民日报》1999年4月12日，第22M版。
④ 《中国佛教团明来澳访问》，《澳门日报》1999年5月23日，第15S版；又见《佛牙舍利迎送团成员来澳门与佛教界交流》，《华侨报》1999年5月25日，第34S版；《中国佛教协会昨来澳访问》，《澳门日报》1999年5月25日，第47S版。

佛教界决定举办庆回归法会，邀请大陆高僧赴澳门菩提禅院为观音圣像开光。① 但从相关报刊资料来看，菩提禅院观音开光活动和庆回归法会最终分别举行。首先是1999年8月，由中国佛教协会副会长一诚法师任团长，由汉地、藏地、内蒙古高僧组成的中国佛教代表团受澳门佛教界庆祝回归祖国活动委员会邀请赴澳门，参与"庆祝澳门回归祖国暨大慈大悲观世音开光大典祈福"，为二百八十尊观音圣像金身和观音玉珮开光。② 菩提禅院此次开光仪式，让我们想到1999年3月举办的澳门莲花苑观音开光活动。莲花苑观音的建造项目从1996年便开始筹划，于1999年春季终于完工，并于3月1日由澳葡总督沈拜奥（Jorge Sampaio）主持揭幕仪式。此项目初期，健钊法师、机修法师等澳门佛教界人士参与其事，但后期只有机修法师继续置身其中。有关莲花苑观音建造过程及所引起的社会争论，我们已在另文讨论，此不赘述。通过对比不难发现，莲花苑观音虽然也与澳门回归有关，但其主要是为澳葡政府建造的"中西合璧的雕像"，不仅没有获得澳门佛教界和大陆佛教界的认同和重视，甚至还引起部分佛教人士的反感。③ 菩提禅院8月的观音开光法会当然也是迎接回归的祈福活动，但其中未必没有与数月前揭幕的莲花苑观音一争长短、正本清源的意图。随后，澳门佛教界开始计划改在澳门回归日举办祈福法会。④ 时间来到1999年12月，澳门佛教界正式举办迎回归祈福法会，并于澳门回归当日（12月20日），于氹仔马会场地举办诵经活动。负责诵经者不仅有健钊法师、泉慧法师等澳门僧伽，更有包括永惺长老、本焕长老在内的香港和内地高僧。首任澳门特别行政区行政长官何厚铧亲自出席诵经活动，为民祈福。⑤

自此之后，每到澳门回归纪念日前后，澳门佛教界必定举办盛大的庆回归活动，逢五、逢十的年份尤受重视。如为庆祝澳门回归五周年（2004），澳门地产业商会邀请河南开封大相国寺梵乐表演团来澳表演，表演期间举办祈福法会，由大相国寺方丈

---

① 《佛教界庆回归法会进行观世音金身圣像同时开光》，《澳门日报》1999年7月16日，第10S版。
② 《中国佛教代表团将今午到澳门》，《市民日报》1999年8月7日，第20S版；《中国佛教代表团今莅澳为回归暨观音开光祈福》，《华侨报》1999年8月7日，第39S版；《为观音圣像玉珮开光》，《华侨报》1999年8月9日，第37S版。据悉，观音金身圣像高21.8 cm，观音玉珮高3.8 cm。
③ 有关莲花苑观音像的建造始末及在澳门当地的争论，参见白照杰、李腾：《睡莲未开：澳门莲花苑"洋观音"建造始末及问题研究》，《十字门内飘法语：澳门当代佛教问题研究》第六章（即将出版）。
④ 《有意在澳门回归日举行佛教祈福法会》，《市民日报》1999年8月9日，第5S版。
⑤ 《佛教界迎回归祈福大会举行》，《澳门日报》1999年12月6日，第10S版；《庆回归佛教界设坛诵经何厚铧亲出席为澳祈福》，《华侨报》1999年12月21日，第22S版。

心广法师、首座心舫法师，以及佛门佛教总会理事长健钊法师共同主持。① 此次祈福大会和演艺活动虽由商界发起，但无疑可以增进澳门佛教界与河南佛教界的友谊。澳门回归十周年时，于12月13到15日在澳门综艺馆举办"万福佑澳门——两岸四地佛教界三大语系颂华诞庆回归2009祈福大法会"。此次盛会由澳门行政长官何厚铧主礼，与会僧伽涵盖汉传、藏传、南传多个传统，中国佛教协会副会长圣辉长老、国家宗教局副局长蒋坚永作为嘉宾出席。② 据笔者现场所见，参与此次法会的澳门各界人士至少过万，法会期间最引人注意者为数米高的《仁王护国经》转经筒，据称经筒来自西藏地区，筒中装有108万部《仁王经》及多版本佛藏。何厚铧首转经筒，此后澳门百姓争相推动经筒旋转。《仁王经》是讲述佛教与护国思想的一部经书，有关其真伪学界历来有所争论，③ 但此经从中古时期便被中国佛教接受，近代以来更成为佛教"爱国"的重要证据和标志。此次庆回归法会专门打出仁王经筒，显然是在强调澳门政界和佛教界拥护统一的思想和决心。最近一次大庆法会于2014年10月31到11月2日举办，此次庆回归佛教法会较之以往时间推前，宣传活动自9月开始便已全面展开。④ 据悉参与此次法会的僧伽有两千人之众，囊括大陆汉传、藏传、泰国南传，以及台湾佛教界人士，相关活动包括书画展、佛学讲座、各种佛教仪式等。以往庆回归法会中，澳门佛教界主要由菩提禅院、普济禅院等澳门"老字号"佛教领袖领导，此次十五周年大庆则由功德林和药王禅院住持戒晟法师主持，法会中正式宣布药王禅院

---

① 《庆回归祈福大会庄严相和，大相国寺方丈等主礼梵乐团演奏，武僧献艺》，《澳门日报》2004年12月6日，第B01版。《庆澳回归暨开封大相国寺祈福澳门演艺大会，祈澳百业兴旺经济繁荣》，《华侨报》2004年12月6日，第12版。
② 《两岸四地大德聚澳，转动〈仁王护国经〉大经筒，三大语系高僧为澳祈福》，《市民日报》2009年12月13日，第P01版；《万佛佑澳门祈福大法会，逾千信众与会场面庄严》，《华侨报》2009年12月13日，第14版；《两岸四地三大语系高僧大德颂华诞庆回归，万佛佑澳门祈福会昨开幕》，《澳门日报》2009年12月13日，A03版；常正：《"澳门回归十载感恩祈福法会"在澳门隆重举行》，《法音》2009年第11期。此次法会汇聚多个佛教传统，活动分外多彩，包括汉传佛教大供天仪轨、南传高僧诵经、藏传佛教大威德金刚火供，以及万人传灯祈愿等等。
③ Charles D. Orezch, *Politics and Transcendent Wisdom: The Scripture for Humane Kings in the Creation of Chinese Buddhism*, Pennsylvania: The Pennsylvania State University Press, 1998, pp. 67-134.
④ 宣传资料见于澳门当地各主流媒体，如《佛教庆回归下月底祈福，台泰西藏组团参与，办书画展出作品集》，《澳门日报》2014年9月16日，第B10版；《佛协庆回归将办祈福法会》，《大众报》2014年10月22日，第P05版；《佛教协会庆回归月杪祈福》，《濠江日报》2014年10月22日，第A02版；《2000佛教大德聚澳祈福庆回归》，《市民日报》2014年10月22日，第P03版；《万人传灯祈福60小时，佛教庆澳门回归15周年》，《力报》2014年10月22日，第P05版。

慈氏图书馆揭幕。① 2014年药王禅院和戒晟法师曾因"牌位事件"在澳门当地引起争端，② 作为外来僧伽（福建）的戒晟法师于同年主持庆回归祈福法会，可见澳门佛教界具有相当大的包容性和自由度。

佛陀舍利是佛教的重要法宝，学界有关舍利本身的意义、真伪等问题已有不少研究。③ 颇为有趣的是，中华人民共和国成立之后，舍利在中国外交方面便开始发挥重要作用。此类佛教圣物不仅成为联络不同地区佛教徒感情的工具，更成为中国与其他国家和地区政治、经济、文化交往的重要媒介。学愚对20世纪五六十年代（中国社会主义改造时期），内地与缅甸等东南亚国家交往中的舍利供养进行了讨论。④ 事实上，20世纪90年代以后，中国佛教的"舍利外交"更加频繁。如1996年⑤、2011年中方又两次送佛牙舍利赴缅甸进行供养⑥，并于2013年赠送缅甸多尊佛牙舍利塔复制品及佛影⑦。据报道称，中方四次缅甸舍利之行，均获得上百万缅甸人民参拜，同时以舍利缘为中介，吸引缅甸中高层领导人访问中国（尤其是珍藏此枚佛牙舍利的北京灵光寺）。⑧ 1994年底，法门寺佛指舍利受邀赴泰国接受参拜；⑨ 2002年末到2003年

---

① 《以书画展揭序幕，今办讲座明日传灯法会，佛协庆回归祈福大法会》，《华侨报》2014年11月1日，第13版；《落实基本法宗教平等信仰自由，佛教庆回归法会场面盛大》，《澳门日报》2014年11月2日，第A02版；《佛教颂·澳门庆回归祈福大法会隆重开幕》，《法音》2014年第11期；《佛教颂·澳门庆回归，祈福大法会开幕》，《澳门新闻》2014年11月2日，第A01版；《普善祈福传灯法会，派出二千盏灯祈求繁荣稳定安居乐业》，《华侨报》2014年11月23日，第23版；《传灯法会祈福澳门》，《澳门日报》2014年11月23日，第B05版。
② 有关此次牌位事件，参见白照杰、黄晨曦：《当地佛教寺院革新的困境：对近年澳门药王禅院变革中的"阶段性失败"的探讨》，《十字门内飘法语：澳门当代佛教问题研究》第八章（即将出版）。
③ 有关舍利传入、真伪等问题的研究，参见〔美〕柯嘉豪：《佛教对中国物质文化的影响》，赵悠等译，中西书局2015年版，第30—50页；夏金华：《舍利的失窃、仿制及与猛门公案之因缘》，《哲学分析》2017年第3期；夏金华：《舍利子·肉真不腐·灭尽定》，《史林》2016年第5期。
④ 学愚：《中国佛教的社会主义改造》，第522—527页。
⑤ 《中国佛牙舍利赴缅甸供养护法团受到中缅两国政府表彰》，《法音》，1997年第5期。根据相关报道，佛牙舍利于仰光大圣窟供养时，遇到爆炸事件，事件中多人伤亡。距离最近的爆炸仅距佛牙舍利金塔1.1米，护法团和现场守护人员以身体掩护金塔，舍生保护，回国后受到嘉奖。
⑥ 含艺：《同饮一江水，又结舍利缘——中国佛牙舍利第四次赴缅甸供养侧记》，《法音》，2012年第1期；杨建伟：《佛牙护持深，胞波情谊盛——护送佛牙舍利第四次赴缅甸供养纪实》，《中国宗教》，2011年第11期。
⑦ 《中国佛教协会赠送缅甸佛牙舍利塔复制品》，《法音》2013年第6期。
⑧ 如缅甸总统吴登盛曾于2011年参拜北京灵光寺佛牙舍利，2012年参拜扶风法门寺佛指舍利，2014年再次参拜佛牙舍利，并出席灵光寺向缅甸捐赠佛牙舍利塔（仿制品）的活动。参见陈长松：《缅甸吴登盛总统参拜北京灵光寺佛牙舍利》，《法音》2014年第7期。
⑨ 佛牙舍利和佛指舍利的频繁外交引起一些人的思考，如谢慈悲：《佛牙何所言，佛指何所指——试论佛教在当代"文明冲突"中的特殊价值》，《法音》1995年第5期。

初，北京灵光寺佛牙舍利也受邀赴泰国接受供养，均为中泰交流做贡献。① 2016年中方与斯里兰卡佛教界，还在北京灵光寺专门以佛牙舍利为中心，组织交流活动。② 最近，作为舍利外交最引人注目的事件是中国当代高僧本焕长老（1907—2012）的舍利出国供养。本焕长老是中国现代著名高僧，往生阇维后留下不少舍利，除供养于家乡武汉的报恩寺和佛教圣地五台山善财洞等国内圣地外③，更接受泰国和柬埔寨的热烈请求，赴当地永久安奉，接受供养④。这里尤其需要强调的是，在以上所述的佛牙外交活动中，参与者除佛教僧伽外，更有双方的高级官员，从中不难发现活动中的外交意味。

在中国内地长期坚持以舍利为中心的佛教外交的背景下，迎请佛舍利赴澳门接受参拜便成为一桩重要的外交事件。绝大多数澳门本地人均对佛教有一定信仰，⑤ 因此舍利来澳对凝聚回归后的澳门向心力具有非常重要的意义。实际上，大陆佛舍利曾先后两次在澳门邻近地区展出，分别是1999年于香港接受供养和2003年在珠海接受供养。⑥ 港、澳一水相连，澳门和珠海更是陆上衔接，澳门与两地间的交流非常频繁。

---

① 《中国佛牙舍利12月15日赴泰国巡礼，接受为期76天的供养》，《佛教文化》2003年第1期；学诚：《恭送佛牙舍利赴泰供养祈愿文》，《法音》2003年第1期。学诚法师的祈愿文，在迎请活动中于灵光寺佛牙舍利塔前宣读。《佛日中天照，情意足千年——佛牙舍利赴泰供养护法日记选登》，《法音》2003年第3期。
② 陈长松：《"佛牙舍利与中斯佛教文化交流"座谈会在北京灵光寺举行》，《法音》，2016年第7期。
③ 《2012万众普佛供灯祈福大典暨迎请本焕长老指骨舍利仪式在深圳举行》，《法音》，2012年第12期；《武汉报恩禅寺隆重举行本焕长老舍利回乡供养祈福大典》，《法音》，2012年第12期；燕青：《本焕长老舍利赴五台山善财洞永久安奉》，《五台山研究》，2015年第3期。
④ 正宣：《本焕长老舍利赴泰国素可泰瞻礼安奉》，《法音》2013年第4期；桑吉扎西：《柬埔寨、泰国隆重举行本焕长老舍利永久安奉及本焕寺落成与佛像开光庆典仪式》，《法音》2015年第4期。泰国素可泰本焕寺于2015年落成。
⑤ 这里的"一定"，指绝大多数澳门人并不坚持某一种宗教信仰，而是同时对佛教、道教、民间信仰怀有兴趣，其中尤以佛教最受欢迎。这一点恰与传统中国社会的实际信仰结构相符。
⑥ 有关1999年佛顶骨舍利在香港的瞻礼活动，参见张敏：《盛世盛典——小记佛牙舍利赴港供奉》，《法音》1999年第6期；桑吉扎西：《佛指为纽带，两地结深缘——内地佛指舍利送请团赴港澳参访纪实》，《法音》2004年第7期。此次负责迎送舍利的中国佛教协会成员，在展览期间也被邀请至澳门进行访问，参观佛教及其他宗教场所，与健钊法师等澳门僧伽进行交流，参见《佛牙舍利迎送团卅成员明日莅澳进行三天访问》，《华侨报》1999年5月23日，第42S版。有关珠海的佛骨舍利展览，参见《佛祖真身舍利珠海展出，安座仪式后众僧信徒祈福除病魔》，《澳门日报》2003年4月19日，第B08版；《佛祖真身舍利在珠展览》，《华侨报》2003年4月19日，第22版。从以上报道得知，珠海此次佛舍利展览中，佛教界祈福法会的目的是"除病魔"。2002年广东省暴发非典型性肺炎（SARS），后很快蔓延全国各地，至2003年最终得到控制。SARS具有高传染率和致死率，在社会上引起恐慌。珠海在灾后展出舍利，有以佛教信仰稳定人心的意图。同年，在香港举办的两岸四地祈和平法会，也是由港、澳僧伽主持的"为降服非典国泰民安世界和平祈福大会"。参见常正：《同心同德降非典，同祖同根盼团圆——海峡两岸暨港澳佛教界长老大德在"为降服非典国泰民安世界和平祈福大会"上的致词与开示》，《法音》2003年第7期；常正：《万众一心征非典，两岸四地祈和平——海峡两岸暨港澳佛教界"为降服非典国泰民安世界和平祈福大法会"侧记》，《法音》2003年第7期。

因此，在这两次佛舍利供养期间，澳门佛教信徒均自发前往参观礼拜。时至 2012 年，澳门终于正式迎来了历史上首次舍利瞻礼。这次巡礼澳门的佛舍利，是南京栖霞寺的佛顶骨舍利。此枚佛顶骨舍利是 2008 年于南京金陵大报恩寺琉璃塔遗址出土的圣物，于南京栖霞寺接受供养。① 四年后，先后巡礼香港、澳门。② 此次佛顶骨舍利在澳门的巡礼，由中国佛教协会、澳门佛教总会、澳门中华宗教文化交流协会、澳门宗教文化交流协会共同申请，由内地中央政府审批通过。③ 展览于澳门东亚运动会体育馆举行，为期五日（4 月 30 日到 5 月 4 日），发售香花券（参观券）达 18 万张之多。负责展览或庆典活动的政府单位更是不遗余力，成立专门组委会负责相关事宜、动用警察开道、警察乐队演奏《三宝歌》、庆典反复彩排并通报、增设交通安排等，均表现出澳门官方对此次佛顶骨舍利莅澳的重视。④ 澳门政界方面，包括新任行政长官崔世安、十二届全国政协副主席何厚铧等高官，均出席开幕典礼。中国国家宗教事务局局长王作安、中国佛教协会副会长学诚法师、澳门佛教总会会长泉慧法师等在祈福大会开幕式上作专门致辞。⑤ 澳门佛教界方面除参与佛顶骨展出外，还另外组织了一系列相关宗教活动，例如无量寿功德林、澳门佛教中心协会等于 5 月 2 日在佑汉街市公园举办传灯法会，恭贺佛顶骨舍利莅临澳门。⑥ 值得关注的是，此次佛顶骨舍利巡礼澳门，不仅被澳门当地认为是"四百年盛事"⑦，更被认为"体现中央对港澳一视同仁"⑧。根据笔者当时所见，此次佛顶骨舍利澳门瞻礼活动，使澳门社会沸腾一时，深深地促

---

① 桑吉扎西：《佛顶骨舍利盛世重光大典在南京栖霞寺隆重举行》，《法音》2010 年第 6 期。
② 此枚舍利，首先在香港展出，接着送至澳门巡礼。有关香港方面展出的基本情况，见《上万信众浴佛瞻礼佛顶骨舍利，曾钰成吁港包容团结》，《澳门日报》2012 年 4 月 29 日，第 B12 版；《佛光普照，洒爱香江——佛顶骨舍利公众瞻礼侧记》，《正报》2012 年 4 月 27 日，第 P04 版。据信参与盛会的香港市民超过三十万人。事后对港澳两地佛顶骨巡礼的总结报道，可参见刘东：《舍利为媒连三地，佛光普照降吉祥——佛顶骨舍利赴香港、澳门供奉瞻礼侧记》，《法音》2012 年第 5 期；朱凯：《首次外出巡礼获佛家最高规格礼遇，近 50 万信众到场虔诚瞻礼——佛顶骨舍利赴港澳供养引发礼佛热潮》，《南京日报》2012 年 5 月 19 日，第 A05 版。
③ 《佛顶骨舍利今移澳供养》，《澳门日报》2012 年 4 月 30 日，第 A06 版。
④ 《调整安排一丝不苟，供应佛顶骨舍利组委会昨彩排》，《澳门日报》2012 年 4 月 29 日，第 A03 版；《现已售出十四万张香花券，大会安排车辆接送，舍利大会有利增进社会和谐》，《华侨报》2012 年 4 月 26 日，第 13 版；《组委会强调做好安保，善款善用审计公布》，《澳门日报》2012 年 4 月 26 日，第 A03 版。
⑤ 王作安：《在澳门恭迎佛陀顶骨舍利瞻礼祈福大会开幕式上的致辞》，《法音》2012 年第 5 期；学诚：《在澳门恭迎佛陀顶骨舍利瞻礼祈福大会开幕式上的致辞》，《法音》2012 年第 5 期；泉慧：《在澳门恭迎佛陀顶骨舍利瞻礼祈福大会开幕式上的致辞》，《法音》2012 年第 5 期。
⑥ 《庆祝佛顶骨舍利莅澳，恭贺释尊诞尊传灯法会》，《正报》2012 年 4 月 30 日，第 P03 版。
⑦ 《佛顶骨首次巡港澳，佛恩加被称澳四百年盛事》，《华侨报》2012 年 4 月 20 日，第 13 版。
⑧ 许文权：《舍利临澳显团结，港澳待遇有差别》，《澳门日报》2012 年 4 月 30 日，第 A06 版。

进了内地与澳门的官方和民间交往。

如果说以上所述是"历史上"的澳门佛教与内地交往的重要事件的话，那么2017年5月4日在澳门召开的规模巨大的佛教学术峰会则更具时事性和前瞻性。在习近平担任总书记后，我国积极宣传"一带一路"的新外交政策，中国各级政府和包括佛教在内的民间团体均参与到这一活动中。澳门佛教界值此之际，在渔人码头会议中心召开"'一带一路'背景下的佛教使命"大会，实际是对大陆政策号召的积极响应。此次会议有超过两千位佛教信众现场参与，同时进行网络直播，关注直播的网友达到数十万之众。① 与会人士主要是内地和港澳地区的高僧和佛教学者，如中国佛教协会副会长觉醒法师、澳门佛教总会理事长健钊法师、中国社会科学院教授黄夏年、香港中文大学禅与人类文明研究中心主任学愚，等等。此次大会最重要的成果是公布了一份《共同宣言》，宣言中强调中国佛教徒应承担历史责任，积极参与"丝路重光"活动，立足佛教信仰，为中国与"一带一路"国家的交往做出贡献。澳门佛教界对"一带一路"的明确关注，至晚可以从2016年9月初福州举办的"海丝佛教论坛"中发现线索。国家宗教事务局副局长蒋坚永在会议上专门强调海上丝绸之路的重要性及与佛教文化传播的关系，澳门佛教中心协会理事长、功德林和药王禅院住持戒晟法师于开幕式上发表致辞。② 澳门佛教界领袖受邀参与福州会议，既表明澳门僧伽对"一带一路"外交政策的认同，同时也表明内地政府对澳门在此政策实施中可能发挥的作用的重视。澳门作为南海一隅，有独具优势的地理区位和政策制度，在中国与东南亚、欧洲的交往史上发挥过不可替代的作用。当下"一带一路"倡议正如火如荼地展开，热衷参与其事的澳门佛教界很可能在未来若干年内以此为平台，在对外交往方面有新的作为。有关于此，还需时间来检验。③

除以上三个重要事件外，澳门佛教还以多种形式与中国内地各地建立友好往来，主要分为三个方面。第一，澳门佛教界时常在当地举办或在内地合办佛教活动，邀请内地各地区佛教代表参与。此类活动很多，例如2008年在澳门举办的佛教祈福活

---

① 会议报道参见丹珍旺姆：《高僧大德聚焦澳门：探寻"一带一路"中的佛教使命》，2017年5月4日，http://fo.ifeng.com/a/20170504/44582402_0.shtml。
② 参见林春茵、刘可耕：《21世纪海丝佛教·福建论坛在福州启幕》，2016年9月2日，http://finance.ifeng.com/a/20160902/14855660_0.shtml。
③ 就在此次澳门佛教盛会结束的几天后，2017年5月14日，习近平在"一带一路"国际合作高峰论坛开幕式上发表长篇讲话，其中多次提到"佛教"。见《携手推进"一带一路"建设》，《人民日报》（海外版）2017年5月15日，第3版。此讲话为多家主流报纸转载。

动①、2005年海峡两岸暨港澳佛教圆桌会议等,数不胜数。② 第二,是派出代表走访内地佛教圣地,参与各地重要祈福法会和纪念活动,有时还会与中央和地方领导进行座谈交流。此类活动也很常见,例如上文所述珠海展出佛舍利时,健钊法师等便参与祈福法会。此外,澳门佛教界于2003年参与南普陀举办的"为降服非典国泰民安世界和平祈福大法会"③,于2005年参与北京灵光寺举办的反法西斯祈福法会等④。与中央领导会晤,如2005年贾庆林与澳门佛教代表会晤⑤;与地方领导的会晤,如2017年福建省民族宗教厅厅长黄进发在福州会见由澳门佛教总会理事长宽静法师代领的澳门佛教总会参访团⑥;与中国大陆佛教领袖的会晤,如2016年中国佛教协会会长学诚法师与澳门佛教总会理事长宽静法师的交流⑦。第三,是以慈善为中心,对内地贫困地区和受灾地区进行帮扶。2008年四川地震后,澳门菩提禅院马上捐款20万元赈灾;2008年,华南地区经受严重雨雪灾害,澳门佛教总会理事长健钊法师代表菩提禅院和澳门佛教总会分别捐款20万港元和20万澳门元。⑧ 澳门功德林住持、澳门中心协会理事长戒晟法师关注中国内地慈善事业十余年,经笔者访问得知其代表澳门佛教界参与多种慈善活动,仅援建中小学就达数百家之多。2016年3月,由戒晟法师主持的"澳门佛教基金会"正式成立。⑨ 2016年以来,戒晟法师已经在佛教基金会的名义下积极展开对贵州等地的扶贫项目。⑩

通过以上活动,当代澳门佛教与中国内地官方和各地区间建立起密切的往来关系,中国内地佛教在一定程度上已成为澳门佛教的后盾和依托。对澳门佛教本身而言,不但澳葡政府统治时期受到压制的时代已经过去,澳门佛教甚至一跃成为联络澳

---

① 刘卫国:《千佛耀濠江——海内外佛教界祈福法会在澳门隆重举行》,《法音》2008年第11期。
② 《海峡两岸暨港澳佛教圆桌会》,《佛教文化》2005年第3期。
③ 冷子:《缘结两岸,情牵四地——海峡两岸暨港澳佛教界在厦门南普陀举行"为降服非典国泰民安世界和平祈福大法会"》,《中国宗教》2003年第7期。
④ 常正:《海峡两岸暨港澳佛教界纪念中国人民抗日战争暨世界反法西斯战争胜利60周年祈祷世界和平法会在北京灵光寺隆重举行》,《法音》2005年第9期。
⑤ 张玫、王英诚:《贾庆林会见海峡两岸暨港澳佛教圆桌会代表》,《法音》2005年第5期。
⑥ 福建省民族与宗教事务厅:《黄进发厅长会见澳门佛教总会参访团》,2017年4月17日,http://mzzjt.fujian.gov.cn/xxgk/gzdt/mzyw/201704/t20170417_2066846.htm。
⑦ 韩立鹤:《学诚会长会见澳门佛教总会理事长宽静法师一行》,《法音》2016年第2期。
⑧ 中新网:《内地雪灾牵动澳人心,澳门特区政府捐逾亿元赈灾》,2008年2月5日,http://news.sohu.com/20080205/n255082306.shtml。
⑨ 佛教在线:《"无缘大慈,同体大悲"——澳门佛教基金会正式成立》,2016年03月22日,http://www.fjnet.com/hwjj/hwnr/201603/t20160322_239304.htm。
⑩ 中共三都水族自治县委办公室:《澳门佛教基金会赴三都县开展助学和访贫活动》,2016年9月2日,http://www.sara.gov.cn/ztzz/gjzjjfpzt/dt_fp/376883.htm。

门与内地、中国与"一带一路"国家的不可替代的媒介,其战略地位陡然提高,受到的社会关注和扶持待遇也已今非昔比。政治制度转变和澳门佛教与内地的积极交往,为当代澳门佛教提供了极大的空间,成就了近20年澳门佛教突飞猛进的发展。

二、当代澳门佛教与东亚、南亚、东南亚、非洲国家和地区的交往

除与内地建立良好交往关系外,澳门佛教也逐渐开始与东亚、南亚、东南亚的一些国家和地区有所往来,但交流的深度和广度显然要比与内地的关系差很多。澳门佛教界与这些国家和地区的交往存在多种形式,如举办大型法会时邀请泰国、印度、尼泊尔、斯里兰卡、中国台湾等地佛教人士参与,又如澳门僧伽也会"走出去",参与各地的法事活动。这两类活动均是沟通澳门佛教与外部世界的有效方式。在前述澳门佛教迎回归等祈福法事中,便常能见到具足汉传佛教、藏传佛教、南传佛教三大系统的情况。以上方式之外,我们还可发现澳门佛教与这些国家和地区交往的一些更具特色的方面,下面按交往地区分别讨论。

澳门佛教与台湾的交往。佛教近年在台湾的发展可谓一日千里,佛光山、法鼓山、慈济功德会等著名佛教组织在全球吸引了数以千万计的信众,并成功在多地设立分支机构。其中,佛光山便在澳门注册成立国际佛光会澳门协会(又成立禅净中心,佛光山分部),法鼓山也与澳门佛教青年中心建立了极为密切的合作关系。根据笔者多年考察所见,这两个佛教组织,已切实融入澳门社会,成为"澳门佛教"的组成部分,对澳门当地人(尤其是青少年)产生很大影响。以这两个组织为媒介,澳门佛僧伽和信众得以与台湾佛教界建立起一定的联系,其中尤以国际佛光会澳门协会(以下简称"澳门佛光会")为着。根据笔者多次走访和亲身参与得知,澳门佛光会除常常邀请本山僧伽来澳门发表讲座、邀请本山演艺团队来澳门表演梵呗和音乐剧(如音乐剧《佛陀传》)、组织居士进行短期出家外,还会组织赴台湾各佛光道场的朝圣之旅,其中又以佛光山本山统筹的"国际青年生命禅学营"最具规模和制度性。此青年禅学营每年夏季举办,澳门佛光会方面主要与澳门大学、澳门理工学院等大专院校进行合作,每年挑选百多位青年赴台湾佛光山进行为期一周的参访,以及一周可自选参加的禅修(近来活动制度有所调整,一周环岛参访已改为深度参访)。凡参与禅学营的青年,需进行简历和面试筛选,返回澳门后还需撰写参访心得。笔者经澳门佛光会组织,亲身参与了2013年青年禅学营活动。活动中,佛光山僧伽的热情、友善、细心周到,佛光山景色的雄伟壮观都给人留下美好印象,由此自然可建立澳门社会与台湾

佛教界的友好情谊。① 此外，近年台湾高僧时常走访澳门，如佛光山星云大师便多次来澳，并于2012年获澳门大学荣誉博士学位②，2016年澳门理工学院又承办星云大师一笔字书法作品巡展活动③。

澳门与日本佛教界也有一定接触。迄今为止，至少已有两个日本佛教组织在澳门建立分部，分别是澳门日莲正宗佛教会和澳门国际创价学会。澳门日莲正宗佛教会是日本日莲宗的下设机构，于1989年11月向澳门政府注册成功，12月18日正式揭幕成立。④ 但此组织在澳门似乎并没有产生显著影响，极少参与澳门佛教界的活动，现在几乎湮没无闻。相比之下，澳门国际创价学会就要更活跃一些。澳门国际创价学会是国际创价学会的分支，于1991年6月在澳门注册成功，总会领导人是国际知名的池田大作。⑤ 实际上，在澳门分会成立前的几个月（1991年1月），池田大作便亲赴澳门，接受澳门东亚大学（澳门大学前身）颁发的荣誉教授称号。⑥ 后于1995年，澳门大学又授予其"社会科学名誉博士"学衔。池田大作本人与澳门大学的良好关系，促使澳门创价学会与澳门大学保持了长年的合作。2011年，澳门创价学会向澳门大学图书馆捐赠六百册图书，作为纪念池田大作访澳二十年的礼物。⑦ 同年，创价学会还开展了其他纪念活动，如于澳门理工学院举行"庆祝澳门特区成立十一周年，池田大作国际会长访澳廿周年纪念大会"。⑧ 澳门创价学会主要关注社会文化事业，尤其支持绘画艺术展览和交流活动，如2000年承办展览，并出版《水浒人物：诗书画印刻陶塑

---

① 澳门佛光会有专门网站，有关历届青年禅学营活动的具体情况，可参看其网页。
② 参见澳门大学官网"荣誉学位及高等学位颁授典礼"，http：//www.umac.mo/zh-hant/news-centre/big-events/ceremony-for-the-conferment-of-honorary-degrees-and-higher-degrees.html。
③ 何慧玲：《星云大师一笔字书法作品2016世界巡回展澳门揭幕》，2016年7月8日，http：//www.lnanews.com/news/%E6%98%9F%E9%9B%B2%E5%A4%A7%E5%B8%AB%E4%B8%80%E7%AD%86%E5%AD%97%E6%9B%B8%E6%B3%952016%E4%B8%96%E7%95%8C%E5%B7%A1%E8%BF%B4%E5%B1%95%E6%BE%B3%E9%96%80%E6%8F%AD%E5%B9%95.html。
④ 《日莲佛教成立新会址今日开幕》，《澳门日报》1989年12月18日，第23版；《日莲正宗佛教会新会馆昨午揭幕》，《华侨报》1989年12月19日，第1版。
⑤ 国际创价学会的相关信息，可见其官网：http：//www.sgi.org/cht。
⑥ 有关池田大作的荣誉称号，参见池田大作中文网：http：//www.daisakuikeda.org/cht/academic_honors.html。
⑦ 澳门大学：《澳门国际创价学会向澳大赠送六百册图书》，2011年12月6日，http：//news.umac.mo/nrs/faces/pub/viewItem.jspx?id=18488&locale=zh_TW。
⑧ 《澳门国际创价学会会庆，李莱德表示文化共融澳门使命重大》，《华侨报》2011年1月24日，第13版。

展览》一书①；2015年春季协办"香江艺韵——饶宗颐教授百岁学艺展"②；2017年合办"桂澳学生写生交流绘画比赛"③ 等。尽管传统或主流的澳门佛教界尚未与日本方面建立非常稳定的交往关系，但澳门创价学会却通过向澳门文化界推广其活动和学说，吸引澳门本地的中上层人士。创价学会在澳门的活动，丰富了当代澳门佛教的多元属性，同时为未来澳门佛教界与日本佛教的交往奠定了一些可能性的基础。

澳门佛教与南亚、东南亚国家亦开展交往。澳门当前已有多个藏传佛教组织，这些组织与中国藏地、尼泊尔、印度等地存在信仰联系。这些藏传佛教团体，常会邀请南亚和东南亚僧伽来澳讲学和主持法会，此外，也会组织澳门当地信众赴南亚、东南亚朝圣。以澳门最活跃的藏传佛教组织慈航寺为例，其近年所组织的朝圣活动中，便有2002年尼泊尔朝圣、2006年印度朝圣、2007年印度朝圣暨第二十五周年银禧迦珠满临祈愿法会、2009年尼泊尔朝圣修行体验、2010年不丹朝圣、2014年斯里兰卡朝圣等。④ 此类活动均为民间组织活动，不含官方性质，一般人数不多。澳门佛教与东南亚佛教的交往媒介，是在澳门成立的东南亚佛教组织。澳门紧邻东南亚诸国，随着东南亚劳工和移民的大量涌入，南传佛教也已在澳门当地造成影响。澳门本岛和氹仔两座受人顶礼的四面佛便是南传佛教进驻澳门的重要象征。以泰国佛教为例，澳门最少已正式注册三个泰国佛教组织，分别是澳门泰国佛教联谊协进会、旅澳泰国人士佛教协进会、澳门泰国佛教总会，三个组织均为2014年注册。但从当下情况来看，这些泰国佛教组织主要关注旅澳泰国人的信仰问题，而在"交往"方面尚未专门着力。或许随着组织活动进一步展开，在未来一些年中会有所改观。此外，澳门佛教界常常秉持慈善精神，对南亚、东南亚受灾地区进行人道帮助，如2015年尼泊尔地震后，澳门佛教界筹办祈福大会，并发起捐献赈灾活动。⑤

除与以上国家和地区有所交往外，澳门佛教还与非洲建立起一些联系。2013年，阿弥陀佛关怀中心在澳门成功注册分中心，中心宗旨是从事人道关怀、慈善救济、孤

---

① 临时澳门市政局、澳门国际创价学会主编：《水浒人物：诗书画印刻陶塑展览》，临时澳门市政局、文化暨康体部2000年版。
② 香港艺术推广办事处：《香江艺韵——饶宗颐教授百岁学艺展》，2015年11月30日，http://www.lcsd.gov.hk/CE/Museum/APO/zh_TW/web/apo/profjaotsungi100exhibition.html。
③ 澳门东南学校：《2017桂澳学生写生交流绘画比赛》，2017年1月11日，http://www.tongnam.edu.mo/music-sport-art-team/。
④ 参见慈航会官网"胜地游踪"，http://www.ubms.org.hk/zh-hk/message/holyland/。
⑤ 《尼国地震息灾祈福法会》，《华侨报》2015年5月1日，第42版；《浴佛涤心灵，捐献赈尼灾，佛诞嘉年华共襄善举》，《澳门日报》2015年5月26日，第B01版。

儿助养及教育工作，促进中非文化交流。阿弥陀佛关怀中心是著名的国际组织，以援助非洲为主要工作方向，对中非文化交往做出杰出贡献。① 澳门阿弥陀佛关怀中心自注册成立起，也在中非交往和慈善援助方面做出一定贡献。例如，2013年8月21日，澳门阿弥陀佛关怀中心在南湾大马路时代商业中心举办"非洲探访之旅"分享会，与澳门大众分享其成员走访非洲的见闻感受。② 2014年1月14日，于澳门文化中心综合剧院上演"中华文化在'非'扬"演出，邀请32名非洲儿童来澳门参与文化表演。据相关报道表示，截至2014年1月，澳门阿弥陀佛关怀中心已在非洲建造多所孤儿院和学校，助养四千多名儿童，寒暑假间会带领非洲儿童赴各地巡演，答谢慈善援助，并进行文化交流。③

三、结论

以上对当代澳门佛教对外交流方面的情况进行基本介绍和讨论，不难发现澳门佛教的对外交流存在官方和民间多个层次，澳门佛教总会等组织可以代表整个澳门佛教界与内地政府和中国佛教协会进行交流合作，而在澳门注册成立的各种民间佛教组织则坚持更为多元的对外交流方式。相比而言，较具官方性的交往显然要更成规模，此类交往背后蕴含地区政治因素，彰显澳门传统佛教界的爱国热诚和对内地政府的拥护，更与"一带一路"等倡议挂钩，因此受到僧俗两界重视，获得飞速进展。作为民间组织的澳门佛教界虽然在各个方面都需自身运筹，但在各组织领导人的积极运作下也已打开局面，与东亚、东南亚，甚至非洲国家和地区建立交往关系。澳门佛教的"官—私"两类对外交往模式，可谓相辅相成。相信未来的积极运作，会进一步促进澳门佛教与不同地区佛教界的交流和发展，更能辅助澳门推进与周边国家和地区间的政治、经济、文化、慈善等多方面的交往。

最后需要再讨论的问题是，从当前情况来看，澳门佛教的对外交流以"引进"为主，缺少"开拓性"意识。澳门本地僧伽组织极少在外地建设分支，这一情况反映出

---

① 有关其基本情况和主要活动，参见其官网：http://www.acc.org.tw/。
② 《"非洲探访之旅"分享会明晚举行》，《华侨报》，2013年8月20日，第22版；《团体非洲探访领略知足常乐》，《澳门日报》2013年8月22日，第C05版。
③ 《非洲院童巡回演答谢善长》，《澳门日报》2014年1月15日，第B06版；《受援非洲儿童义演筹款》，《力报》2014年1月16日，第P11版；《中华文化在"非"扬昨晚文化中心上演》，《濠江日报》2014年1月15日，第A02版。

澳门佛教在对外交往中的辐射性和主导性较弱。造成此现象的原因是多方面的，例如澳门佛教缺少独具的特色，直到近现代也不是公认的佛教中心，澳门僧伽数量少和普遍质量也不算太高等都是非常客观且短期难以解决的限制因素。因此，澳门佛教未来是否能进一步突破，与发达国家和地区建立文化交往，甚至像台湾佛光山、法鼓山一样在海外建立分支机构，也是一个只能靠时间来给出答案的问题。但从当下情况来看，澳门佛教尚未具备"走出去"的想法和能力，一切拭目以待。

丝路史探

《新西域记》与大谷光瑞之"丝路"探险

陈继东

(青山学院大学)

【摘　要】　二十世纪初期大谷探险队的西域·中亚以及中国内地史迹的调查发掘，无疑是日本西域·中亚历史研究极为重要的契机。大谷探险队是由大谷光瑞（1876—1948）这位净土真宗西本愿寺派的领袖个人组织发起的。从 1902 年至 1915 年，大谷光瑞筹划和实施了三次大规模的西域·中亚探险活动，除此之外，在此期间还多次亲赴中国、印度进行调查，其成果最终汇入了《新西域记》。然而，在以往的研究中，此书却很少为人关注，以致至今国内对大谷探险队的整体面貌缺少完整的了解和研究。因此，本文将概观《新西域记》一书的全体内容，考察其"新"之所在以及当时学界的反响，尤其是通过大谷光瑞自身的思考，分析其探险活动背后的动机和意图。

【关键词】　大谷光瑞；内藤湖南；羽田亨；善导；净土真宗；《新西域记》

引言

西域·中亚①，在日本近代以来的历史研究中，一直占据重要的地位。而二十世纪初期大谷探险队的西域·中亚以及中国内地史迹的调查发掘，无疑是日本西域·中亚历史研究极为重要的契机。在炽烈的西域·中亚探险的国际竞争中，大谷探险队不

---

① 西域是传统概念，而中亚为近代概念，两者所指地理范围有重合，也有不同，在大谷探险队报告中两者并用，未作区别，故本文将两者并记，以示异同。

仅为日本赢得了足以与欧洲各国比肩的声誉，更为重要的是成千上万件的历史文物被带回了日本，不啻为日本学界提供了丰富而独特的史料，以资研究，更激发了日本学界关注这一领域在世界动向的热情。

与西方各国探险队得到各自政府在经费和政策上的支持相比，大谷探险队没有依靠政府的支援，而是由大谷光瑞（1876—1948）这位净土真宗西本愿寺派的领袖个人组织发起的。从1902年至1915年，大谷光瑞筹划和实施了三次大规模的西域·中亚探险活动，除此之外，在此期间还多次亲赴中国、印度进行调查，其成果最终汇入了《新西域记》。尽管此书的中文翻译在二十年前以《丝路探险记》①之名出版，因主要节译了有关新疆和敦煌地区的调查报告，所以无法窥见其全貌。显而可见，《新西域记》的书名显示了此书的野心，即对玄奘《西域记》的模仿与超越。此书不仅网罗了包括大谷光瑞在内的所有由探险队成员撰写的报告和部分日记，还收录了其所发掘文物的收藏目录以及学界的评述。据此可知，其调查的范围远远超出了为人熟知的上述三次探险，更为重要的是从中可看出大谷光瑞组织和实施这些调查发掘的动机和目的，及其所产生的影响。

然而，在以往的研究中，此书却很少为人关注，以致至今国内对大谷探险队的整体面貌缺少完整的了解和研究。因此，本文将概观《新西域记》一书的全体内容，考察其"新"之所在以及当时学界的反响，尤其是通过大谷光瑞自身的思考，分析其探险活动背后的动机和意图。

一、大谷探险队的三次探险

众所周知，大谷光瑞的西域·中亚调查历经三次②。第一次是以大谷光瑞为主，与门人渡边信哲、堀贤雄、本多惠隆、井上弘圆等一行五人，于1902年8月15日由伦敦出发，经由俄国，进入里海沿岸的巴库，经撒马尔干、浩罕，访印度佛教遗迹。

---

① 〔日〕大谷光瑞编著：《丝路探险记》，章莹译，新疆人民出版社1998版。
② 大谷探险队的三次调查线路，可参见：〔日〕大谷光瑞：《西域考古图谱》"序"，〔日〕香川默识编：《西域考古图谱》，国华社1915年版（后改名为《大谷探检队的概要与业绩》，收录在〔日〕深田久弥、〔日〕江上波夫、〔日〕长泽和俊编：《シルクロード探检》，《西域探检纪行全集》九，白水社1966年版）；〔日〕上原芳太郎：《新西域记》"绪言"，〔日〕上原芳太郎编：《新西域记》，有光社1937年版；〔日〕山田信夫：《新西域记别册》"解题"，井草出版社1984年版；〔日〕白须净真：《大谷探检队研究のの新たな地平—アジア广域调查活动と外务省外交记录》，勉诚出版社2012年版；章莹：《丝路探险记》"译者前言"；宋文：《大谷光瑞与三次中亚探险》，《内蒙古农业大学学报》（社会科学版），2010年第4期。

翌年1月，光瑞途中接悉其父明如上人的讣告提前回国，而渡边、堀二人则被派往喀什、于阗（今和田）等地①，在新疆进行调查发掘，于1904年29日到达西安。

除了上述为人熟知的事实之外，大谷光瑞还派遣前田德水、吉见圆藏、渡边哲乘、野村礼让、茂野纯一等五人前往缅甸和云南等地进行调查，则少为人知。此行于1903年2月11日，由缅甸曼德勒（Mandalay）出发，进入云南大理，经四川叙州（今宜宾），登峨眉山，沿重庆经宜昌到达汉口。而野村、茂野则从大理往贵州，渡边则由叙州前赴兰州。

第二次是从1908年至1909年，已成为净土真宗本愿寺派第二十二代门主的大谷光瑞派遣橘瑞超、野村荣三郎二人，于1908年6月16日从北京出发，取道外蒙，10月26日到达新疆乌鲁木齐。接着南下前往吐鲁番，翌年1月两人于库尔勒分手，野村前往库车一带，而橘瑞超则赴楼兰故地，各自调查发掘。1909年10月2日，两人又由叶尔羌出发，翻越喀喇昆仑山口，进入印度克什米尔。

第三次则从1910到1914年，大谷光瑞令橘瑞超、吉川小一郎二人承担其任。橘瑞超第二次调查结束时去了英国，故于8月16日由伦敦出发，经俄国于1910年10月19日到达乌鲁木齐。因一时消息断绝，于是又派遣吉川小一郎寻找其踪迹。吉川于1911年5月28日从九州门司港出发，经上海、汉口、河南，到达敦煌，四个月后终于与橘瑞超汇合，于1914年7月10日返回日本。

实际上，在此三次调查前后，大谷光瑞曾多次旅行中国和印度，派遣探险队前往调查发掘。尽管这些旅行和调查，有助于理解大谷光瑞实施上述三次大规模探险的背景和目的，在国内的研究中却极少提及，所以有必要在此略为介绍。在实施第一次西域·中亚探险之前，于1899年1月，大谷光瑞进行了第一次中国旅行，游访上海、香港、广东、杭州、汉口和北京，同年5月2日归国。在北京期间，拜会了李鸿章、王文韶等高官，还访问了雍和宫大喇嘛。1906年9月至1907年5月，大谷光瑞再次前往中国，历访上海、汉口、西安、成都、重庆、汉口、广东、香港、北京和大连等东北各地。在北京期间，于1907年4月17日，受到西太后与光绪帝的接见，翌日还于本愿寺北京出张所（即办事处）出席了"北京佛教妇人会"的成立。1909年9月至1910年10月，大谷光瑞第三次赴印度和欧洲。而1912年9月至1916年5月，大谷

---

① 董炳月《两种〈西域旅行日记〉的知识谱系》(《开放时代》2017年第3期）对渡边哲信的《西域旅行记》、堀贤雄的《西域旅行日记》做了详细考察，可资参照。

光瑞派遣青木文教前往西藏，成为西本愿寺派第一位进入拉萨的僧人①。

上述的海外旅行，实际上构成了大谷探险队广义的西域·中亚调查发掘。其范围除了中亚之外，还包括印度、锡兰（今斯里兰卡）、缅甸，以及中国的新疆、蒙古、云南、贵州、四川、甘肃、陕西（西安）、北京等地区。或许也正是出于这样的理解，探险队员之一的上原芳太郎编纂了《新西域记》，其内容涵盖了三次探险及其之外的整个调查报告，是全面理解大谷探险队活动和成果的最为重要的文献。

二、《新西域记》之"新"

《新西域记》分上下两卷，由有光社于1937年出版②，除了两篇序文和索引之外，共收录了三十八篇调查报告、学界的评述以及大谷探险队发掘文物的目录。这些报告大多是当事者归国后撰写的，刊登在当时的报纸、学刊上③，也有的是编者根据当事者的日记整理出来的。尽管此书的部分内容可见于中文版《丝路探险记》，为便于读者进一步了解，笔者将此书的目录依其篇目所涉及的地区，重作分类，有"序言""中亚和新疆·西藏·蒙古""印度和锡兰·尼泊尔""中国内地""大谷探险队发掘文物目录"以及"学界评述"等项，并按年代顺序，在篇目后的年代标示调查活动的时期。

序言
德富苏峰"序"
上原芳太郎"绪言"

中亚与新疆·蒙古·西藏
1. 大谷光瑞《帕米尔纪行》（1902—1903）
2. 本多惠隆《吉尔吉特通信》（1902—1903）
3. 本多惠隆《斯利那加通信》（1902—1903）

---

① 有关青木文教入藏事迹，可参见秦永章：《日本涉藏史：近代日本与中国西藏》，中国藏学出版社2005年版；〔日〕高本康子：《近代日本おけるチベット像の形成と展開》，芙蓉书房2010年版。
② 1984年井草出版社刊行其复刻版，并附别册，载有山田信夫的"解题"以及竹山章雄的"大谷探险队中亚关系文献目录"。
③ 每篇报告的出处和年代，可参见前述竹山章雄"目录"。

4. 井上弘圆《斯利那加通信》(1902—1903)
5. 渡边哲信《塔什库尔干通信》(1902—1903)
6. 渡边哲信《中央亚细亚探险谈》(1902—1903)
7. 渡边哲信《西域旅行日记》(1902—1903)
8. 本多惠隆《入新疆日记》(1902—1903)
9. 橘瑞超《新疆通信抄》(1908—1909)
10. 橘瑞超《新疆探险记》(1908—1909)
11. 橘瑞超《中亚探险》(1908—1909)
12. 野村荣三郎《蒙古新疆旅行日记》(1908—1909)
13. 青木文教《西藏入国记》(1912—1917)

印度与锡兰·尼泊尔
14. 上原芳太郎《印度纪行》(1902—1903)
15. 藤井宣正《孟买通信》(1902—1903)
16. 岛地大等《锡兰滞在小记》(1902—1903)
17. 岛地大等《尼泊尔通信》(1903)
18. 清水默尔《尼泊尔探险日记抄》(1902—1903)
19. 和气善巧《龙树、天亲两菩萨的遗迹探查》(1909)
20. 柱本瑞俊《印度随游小记》(1909—1910)
21. 足利瑞义《印度随游旅信》(1909—1910)
22. 青木文教《龙树菩萨遗迹探查》(1911)
23. 青木文教《关于释尊入灭拘之尸那揭罗遗迹》(1911)

中国内地
24. 渡边哲乘《从缅甸到甘肃省兰州的旅程表》(1903)
25. 堀贤雄《从北京到喀什噶尔的里程表》(1902—1903)
26. 前田德水《从缅甸往云南》(1902—1903)
27. 前田德水《大峨眉山纪行》(1902—1903)
28. 大谷光瑞《关于善导大师的遗迹》(1906—1907)
29. 渡边哲乘《西安发碑记》(1906)
30. 随员《探寻唐诸陵墓》(1906)

31. 随员《乾陵之探查》（1906）
32. 上原芳太郎《石经山纪行》（1907）
33. 堀贤雄《尊由连枝达赖喇嘛会见记》（1908）
34. 吉川小一郎《支那纪行》（1911）

大谷探险队发掘文物目录
35. 《朝鲜总督府博物馆中央亚细亚发掘品目录》（1916）
36. 《关东厅博物馆大谷家出品目录》（不详）

学界评述
37. 内藤湖南《西本院寺的发掘物》（1910）
38. 羽田亨《中亚探险》（1922）

从上述的篇目可知，大谷探险队的调查发掘之范围远远超出了西域·中亚的范围，中国（包括西藏和蒙古）、印度都是其重要的调查区域。所以，将此书命名为《新西域记》的德富苏峰在该书的序言中，对其所以为新的理由做了如下说明。

最近，大谷光瑞门下上原芳太郎，致力收集探险资料，欲编纂刊行，征我一言，且要我为此书命名。我说，《西域记》已为玄奘三藏的旅行记所用，不得已，名之为《新西域记》。称其为新，不仅因为是时代之新，也是因为其踏访调查以及探险的范围，较之《西域记》更为广大。不过，《西域记》止于玄奘一人之事，《新西域记》则由大谷光瑞及其数名弟子分担其业，各任其务，故其成果比《西域记》更为巨大，固不待论。若名为实之宾，那就是《新西域记》了。

本书所刊载的文章，网罗了大谷光瑞自身的讲述，本多、渡边、井上、上原芳太郎等诸家的记述，而附录里又收入了文学博士羽田亨、内藤湖南诸君的记述。就其所涉足的地区来看，涉及了整个中亚和印度，还有缅甸、锡兰，进而云南以及西北中国、西藏。其所调查的区域之广，毕竟是智猛、法显、玄奘、义净，以及其他所有古今前赴天竺巡礼者所不可企及的。①

---

① 〔日〕德富苏峰：《新西域记》"序"，〔日〕上原芳太郎编：《新西域记》，第1—2页。

显然，苏峰是将大谷光瑞的事业与唐代玄奘以及其他中国历史上的人物进行对比，指出前者业已超出了后者，以此肯定和彰显大谷光瑞的功绩。

此外，上原芳太郎在其绪言提到的新疆问题便是《新西域记》编纂出版的又一个不容忽视的历史背景。依据上原的叙述，出版此书的有光社社主正是出于此书将有助于日本对新疆地区的认识而主动承担，因为新疆是近来世界关注的焦点，随着日本国力的伸张，对于新疆地区进行地理和历史的研究，从而与西方列强进行竞争之日终将不远①。从中可看出在中日战争爆发之前，新疆将成为日本伸张国力的势力范围，似乎已经是朝野上下的共识。

三、大谷光瑞西域·中亚探险的目的

1915年，大谷光瑞将发掘文物的一部分进行整理，出版了《西域考古图谱》，展示了丰富的原件照片。在为此书撰写的序文中，大谷光瑞明确地阐述了其探险的动机和目的。

> 西域是佛教兴隆、三宝流通的古老之地。新疆地处印度与中国的通道上，是两国文化接触的地方，又是佛教东渐的要道。然而这一地区的佛教衰亡已久，昔日的状况，现在欲知而不能。我夙知对这一地区，即对中亚学术性的实地勘查不可忽视，可是一直没有抓住实行的机会。明治三十五年（1902）8月，我恰巧游访英国伦敦，打算回日本的时候，忽生一念，利用这次归途，来实现我的夙愿。于是下定决心，决定亲自历访西域圣迹，又派遣其他人前赴新疆内地调查。这次旅行的结果，让我更加觉悟到中亚探究的必要，所以，我为此目的，又通过第二、第三次派人前往。②

西域即新疆·中亚是佛教在印度之外又一发祥地，也是中国佛教的源头之一，作为佛教徒，调查佛教历史遗迹，探究佛教的历史状况，是大谷光瑞发起探险的直接动机。实际上，大谷光瑞计划探险之际，正值日本对佛教的历史研究刚刚起步的时期。

---

① 〔日〕上原芳太郎：《新西域记》"绪言"，〔日〕上原芳太郎编：《新西域记》，第3页。
② 〔日〕大谷光瑞：《西域考古图谱》"序"，〔日〕香川默识编：《西域考古图谱》，第1页。〔日〕深田久弥、〔日〕江上波夫、〔日〕长泽和俊编：《シルクロード探検》，第12页。

印度佛教史、中国佛教史、日本佛教史等研究正成为有待开拓的新的领域。因此，西域、中亚乃至印度、中国的佛教遗迹的调查发掘，无疑会为佛教的历史研究提供新的资料，拓展新的视野，引起人们的关注。对于这一点，大谷光瑞在序言中也作了明确说明。

> 前后三次探险，我抱有许多目的。而其中最大的目标是要解开佛教史上的种种疑问，诸如明确佛教东渐的线路，踏访昔日中国求法僧前往印度的遗迹，又因中亚落入伊斯兰教徒之手已久，因此想考察佛教所蒙受的压迫状况等等。第二，收集中亚遗存的经论、佛像和佛具，以此想为佛教教义之研究以及考古学上的研究，提供资料，可能的话，希望也能一并消解在地理学、地质学以及气象学上的种种疑团。①

据此可知，踏访佛教历史遗迹，搜集遗留的经论、佛像和佛教器物，为佛教研究提供资料，以期解决佛教史上的种种疑问，是其探险的两大目的。

除此之外，作为净土真宗的佛教徒，探究本宗的历史渊源，也是大谷光瑞探险的目的之一。而这一点，在以往的研究中却没有得到应有的关注，有必要作进一步考察。《新西域记》中的三篇报告，显示了这一目的的重要性。其为和气善巧的《龙树天亲两菩萨遗迹探查》和青木文教的《龙树菩萨遗迹探查》，以及大谷光瑞亲自讲述的《关于善导大师的遗迹》笔记。亲鸾开创的净土真宗以七名高僧作为本宗的宗祖，即印度的龙树、天亲两菩萨，中国的昙鸾、道绰、善导三高僧以及日本的源信和法然两上人。尤其是善导大师（613—681）的称名念佛思想，在净土真宗的教义体系中具有举足轻重的意义。1906 年至 1907 年，大谷光瑞在游访中国期间，特地在陕西西安一带停留了一个多月，其目的正是为了调查善导和尚的遗迹，而收录在《新西域记》里的这篇笔记便是其调查的结果。与大谷光瑞随行的渡边哲乘在《长安发碑记》一文中也明确地指出了这一目的。渡边哲乘写道大谷光瑞陕西之行的目的有二，第一是寻访善导大师的遗迹，第二是调查唐代的昭陵，并称"善导大师高德超绝一代，光阐净土门真要之人，为百世所崇仰之圣僧"，可是，其坟茔踪迹早已失传，所以大谷光瑞

---

① 〔日〕大谷光瑞：《西域考古图谱》"序"，〔日〕香川默识编：《西域考古图谱》，第 3—4 页；〔日〕深田久弥、〔日〕江上波夫、〔日〕长泽和俊编：《シルクロード探检》，第 18 页。

深以为憾,并意欲查明。① 大谷光瑞在其笔记中详述了调查善导大师墓地的经过,先在西安碑林找到善导弟子实际寺怀恽的墓碑,以此为线索踏查相关遗迹,最后确定善导大师的墓地当在西安神和原的温国寺附近,并希望清朝政府能像英国政府给与探险家在印度内地自由发掘遗迹一样,准予发掘善导大师的墓地。② 毋庸置言,这在当时乃至今天都是无法实现的愿望。

同样,1909 年秋,大谷光瑞在印度停留期间,令随行的和气善巧和青木文教先后调查龙树和天亲菩萨的遗迹。作为净土真宗七祖中第一和第二祖师的龙树和天亲,是净土真宗信仰的渊源和依据,因此,大谷光瑞十分重视对其遗迹的调查。青木文教在报告中明确地指出了这一点。

> 印度佛教遗迹中,有关龙树大士的遗迹,未见确定的发表。这方面的探查一般不被重视,考古学会也似乎不大关心,可是,对我们大乘佛教徒来说,决不可等闲视之,猊下(大谷光瑞——译者注)在本次探险之际,特别用心于此,正是因这个缘故。③

和气善巧的天亲遗迹的调查相对顺利,因为印度考古学协会在白沙瓦业已进行了发掘和修缮。在当地支部的周到安排下,和气善巧参观了遗址,在发现佛舍利之处,"恭诵《愿生偈》,追思远时菩萨在世之情形,深喜有此宿缘"。《愿生偈》即天亲菩萨撰著的《无量寿经优婆提舍愿生偈》,又称《净土论》或《往生论》,表述了天亲菩萨自身皈依阿弥陀佛,愿生净土的思念,是净土真宗圣典之一,也是中国净土思想的经典依据。

然而龙树菩萨的遗迹调查却遇到了种种困难,主要因为龙树的寺院遗址尚未发现,而唯一的线索只有玄奘的《西域记》。和气和青木两人依据玄奘《西域记》的描述,在跋逻末罗耆釐山周围,四处探查,或出示《西域记》相关记述,询问当地人"近处有无这样的地方",或按图索骥,寻找与《西域记》描述相似的山形洞窟,结果如玄奘所述"远瞩山岩,莫知门径"④,未能如愿发现龙树菩萨的遗迹。不过,青木文教的调查较为细致,依据玄奘《西域记》,对几处可能的遗址做了详细的描述和比较,

---

① 〔日〕上原芳太郎编:《新西域记》,第 174 页。
② 同上书,第 173—174 页。
③ 〔日〕青木文教:《龙树菩萨遗迹探查》,同上书,第 126 页。
④ 季羡林等校注:《大唐西域记校注》,中华书局 2000 年版,第 830 页。

提出了自己的推断，并摄影拍照，作图示意。正如青木文教所说，大谷探险队在印度佛教遗迹的巡礼中，对于佛入灭地拘尸那竭罗和龙树菩萨的遗迹调查尤为尽力。这一追本溯源的努力，反映了净土真宗信徒在信仰上的诉求。

大谷探险队三次调查发掘的成果，正如大谷光瑞总结的那样，在佛典、经籍、史料、西域语文书、绘画、雕塑、染织、刺绣、古钱、印本和杂品等方面，获得了极为丰富的资料。这些出土品中，属于第一次的东西大多是在于阗（和田）与龟兹（库车）附近得到的，第二次以及第三次，则以吐鲁番为中心，也包括了库车和其他地方的文物。就佛教方面而言，大谷光瑞特别介绍了几件十分珍贵的文物，如记有天宝十年（751）、大历六年（771）等年号的墓表，跋文的撰写年代为西晋元康六年（296）的《诸佛要集经》，以及明记西凉建初七年（411）识语的《法华经》、善导大师的《阿弥陀佛经》跋语等。在经籍方面，有《论语》《史记》《汉书》等断片。作为史料，主要有晋泰始五年（269）的木制招子，西域长史关内侯李相的书牍草稿，天宝五年（746）的牒状，大历十六年（781）的谢钱文书，建中五年的孔目司文书等。依据这些年号与其他各种条件进行推测的话，则可断定其所收集文物都不会晚于唐末。

除了上述的目的和成果之外，大谷光瑞在这篇序文的最后，论及了其探险的又一背景和目的，即与西方各国的探险队进行竞争，获取和提高日本在这一领域的国际声誉和地位。

> 近年，欧洲各国尝试中亚探险的人不在少数，像英国的斯坦因，法国的伯希和，德国的格伦威德尔和勒柯克，俄国的鄂登堡和科兹洛夫等人，广为世人所知。若将他们带回本国的文物与我的收藏进行比较的话，在数量上固然不及于彼。但是，我的收藏品，在时代上可追溯到六朝之古，其种类又极为多种多样，是绝不可轻视的。①

德富苏峰为《新西域记》撰写的序言也特别强调了这一要素，赞扬大谷探险为日本帝国赢得了世界声誉。

> 西域探险，在十九世纪末、二十世纪初，文明各国竞相开展。只有我国，作为东洋的大国，朝野上下致力此事。大谷光瑞在尚未主宰西本愿寺，处于新门主

---

① 〔日〕大谷光瑞：《西域考古图谱》"序"，〔日〕香川默识编：《西域考古图谱》，第2页。

的地位时，早就着眼西域地方，虽不能称为世界之首举，也不失其时机，督励其门下，投入巨资，再三筹划壮举，不仅对佛教界、学术界做出了贡献，确实也为我帝国，向世界伸张了巨大气焰。①

此外，大谷光瑞的西域·中亚探险实施，也与他对中国佛教现状的认识不无关系。尽管大谷光瑞多次去过中国，却对中国佛教现状很少有直接记述。不过，在仅有的记录中，可看出他对中国佛教现状的印象和立场。在记述1899年首次中国之旅的《清国巡游志》中，大谷光瑞对于此行的目的就有明确的陈述。他指出，由于清国（即中国）与日本不啻同文同种，实为信奉同一佛教之国，所以中国若一朝遭受瓜分，日本将独受其影响。然而，若对中国开导启蒙，改善其陋，使之进入文明之域，依此固可遏止西方列强觊觎之念，防患于未然，不仅成为辅助善邻之大义，而且也是日本国家自卫必要的策略。然而，大谷光瑞所看到中国佛教，却是颓败的景象。这一点，大谷光瑞的随行人员在西本愿寺的机关杂志《法海一澜》上做了直截了当的说明。其中写道：中国是日本佛教第二祖国，现今日本流传的经典皆为中国翻译的典籍，可是，现今中国佛教业已衰颓，没有值得看的，反而要借重日本佛教，来弘通佛法。因此，日本佛教（真宗西本愿寺派）有必要积极进入中国，开拓教田，播种佛种。而法主继承人大谷光瑞此行，正是由此必要而促成的。② 据上可知，为日本国策做贡献和为真宗西本愿寺派在中国传教确定方针，是大谷光瑞此行的主要目的。而要实现在中国的传教，如何树立净土真宗在佛教历史上的正统性就成为当务之急。实际上，这一时期，在中国佛教徒与净土真宗之间展开了激烈的争论，如著名居士杨文会就批判净土真宗的教义违背经典，是黑谷教之一家私言③。因此，大谷光瑞其后对龙树、天亲菩萨以及善导大师遗迹的调查，无疑是与建立本宗在佛教历史上的正统地位这一目的有关。

四、学术界的评价

对于大谷探险队的功绩和意义，日本的舆论界和学术界也迅速地做出了回应和评

---

① 〔日〕上原芳太郎编：《新西域记》，第3页。
② "本派嗣法猊下の支那飞锡"，《法海一澜》第37号，1899年1月29日。参见〔日〕柴田干夫编：《大谷光瑞「国家の前途」を考える》，勉诚出版社2012年版，第35页。
③ 杨文会批判的是净土真宗东本愿寺派（现在的大谷派）僧小栗栖香顶撰写《真宗教旨》。参见拙作《清末仏教の研究——楊文会を中心として—》，山喜房2003年版，第203—274页。

价。《中外日报》1910年6月14日记事，毫不吝惜地称赞了大谷探险队的壮举。

> 这些发掘物将给予我国东洋学界，特别是佛教研究史一大光明，成为极有价值的资料。两氏（橘瑞超、野村荣三郎——笔者注）的功绩将流传不朽，而西本愿寺不惜巨资，筹划此壮举，其成果令人欢欣鼓舞，在此向西本愿寺法主（大谷光瑞——笔者注）表示满腔热忱的敬意，不吝呈献庆贺赞叹之辞。

内藤湖南和羽田亨这两位日本的中国史学界代表人物，先后撰文，对大谷光瑞以及世界各国的中亚探险做了详细介绍和高度评价。而大谷光瑞从一开始就积极与学术界合作，先后将从中国、中亚带回的文物送交京都大学的榊亮三郎、内藤湖南、羽田亨等教授，供其研究。收入《新西域记》里的内藤湖南和羽田亨的文章，便是分别于1910年和1922年连载在大阪《朝日新闻》上的文章。因内藤的文章几乎与大谷探险同时，更具有历史的现场感，故以下重点介绍此文。

内藤湖南依据第二次探险时由野村荣三郎带回的资料，对其内容进行分类，并对这些历史资料的价值做了评述[①]。首先，内藤湖南指出在中亚探险的国际竞争中，大谷探险队不仅获得贵重的资料，而且其成就不亚于英法各国。比如，在蒙古和林附近拓印的突厥文、回鹘文、蒙古文以及汉文的碑文，是很重要的资料，因为在中国只流传汉文部分的资料。尽管俄国拉德洛夫博士先前也做了类似调查，并出版了相关著作，而日本直接拓印这些碑文尚属首次。再如，橘瑞超和野村荣三郎二人在新疆南北两道以及敦煌的发掘收集，尽管有英国、德国、俄国以及法国探险家的相继采集，不过，此二人的发掘也得到了不亚于他国的收获。其次，内藤湖南对其内容作了分类，即古文书、古画、汉字以外的各种文字的经文文书、泥塑像、古印古钱类、箭镞类。特别是古文书中西域长史关内侯李柏的书牍草稿，最为珍奇。因为依据羽田亨研究的结果，此李柏是见于《晋书》第86卷张骏传中的人物，即前凉主张骏的部下，从事西域地方的经营，此人在经营之际所写的书牍出现在今日，可以说是成为历史上极为重要证据的文字。其年代当为东晋初咸和年间，作为记载在书籍上的文书，在迄今所发现的东西之中是最古老的。第三，内藤湖南特别指出这些发掘文物中，有众多与日本文化相类似之处。比如唐代的抄经断片，与日本奈良时期的抄经极为类似。再如古画，带回的唐代绘画中，在色彩上既有与藤原末期绘卷物那种使用极为淡泊色彩的作

---

① 〔日〕上原芳太郎编：《新西域记》"附录一"，第9—14页。

品,也有像药师寺吉祥天那种极为考究做法的作品。尤其是与风俗相关的绘画,与日本大和绘没有丝毫的不同,也有与从藤原时代到镰仓初期流行的大和绘笔法色彩几乎完全相同的绘卷物。换言之,内藤湖南从敦煌等地带回的发掘文物中,看到了日本文化的源流。在文章的最后,内藤湖南对即将到来的大谷探险队的发掘义物,显示了莫大的期待。

> 以上是现在为止的调查。至今送来的仅有三个中国包裹,还有自己没有看的东西,其中或许有别的珍贵的东西。更何况,西本愿寺的行李还没有全部邮寄到,其中想必有许多珍贵的东西,所以,在所有发掘物到齐之后,对史学、考古学、宗教学、言语学、美术史上等等具有参考意义的将非常多。①

实际上,内藤湖南很早就显示了对亚洲探险动向的关心。1890 年,内藤撰写了《亚细亚大陆之探险》②一文,明确表示欧洲人在亚洲人之地致力于中亚探险,是不合适的,认为在东方(东洋)伸张气势乃是日本的天职,主张为展现日本人的气魄和本领,必须向中亚派出探险队。他说,"彼银色人种到我金色人种坟地之亚细亚洲,横行蹂躏,岂可无所作为。东家之家事应由东家人支配,西邻之家事应由西邻家人处理,这才是正当常理,天人所共许之处。呜呼,亚洲的事情应由亚洲人支配,欧洲的事情应有欧洲人处理,此实为各尽其天职之谓",倡议日本应该在西方人尚未踏入的中亚各地实行探险,因为,与西方列强对抗,并不限于政治、经济、文化和兵力,"应该懂得积累更多的史学之新材料","要让尚未发明之新智识、新理论发出其潜在的光芒"③。这些言论,强烈显示了内藤湖南十分重视在学术方面与西方各国竞争,并要超过西方的立场和愿望④。这种看法无疑也对大谷光瑞探险意识的形成产生了影响⑤,而大谷光瑞积极将探险带回的资料送交内藤湖南进行研究,实非偶然。

---

① 〔日〕上原芳太郎编:《新西域记》"附录一",第 14 页。
② 〔日〕内藤湖南:《内藤湖南全集》第一卷,筑摩书房 1969—1976 年版,第 535—538 页。
③ 同上书,第 537 页。
④ 内藤湖南在从京都大学退职前夕,于 1923 年 8 月至 1924 年 2 月,还曾前往英法德博物馆,调查敦煌文献,表明他始终关注这一领域的研究。参见〔日〕高田时雄:《内藤湖南の敦煌学》,《東アジア文化交涉研究》别册 3,关西大学 2008 年版,第 19—32 页。
⑤ 内藤湖南与大谷光瑞的思想关联和交往,参见〔日〕柴田干夫:《大谷光瑞の研究 アジア広域における諸活動》,勉诚出版社 2014 年版,第 244—247 页。

结语

　　尽管大谷光瑞对西域历史及其西域探险的历史认识并不具有体系化的知识系统，但是，他的行动和思考，无疑体现了当时日本对西域历史认识的水准。同时围绕大谷探险队的成果，日本的舆论界和学术界，也展开了热烈的讨论，对西域历史的研究和认识有了前所未有的深化。

　　首先，大谷探险队的诞生和大谷光瑞的佛教徒身份是密不可分的，正如大谷光瑞自身所坦承的那样，探访佛教和佛教文化的遗迹，收集佛教经籍文物是其西域探险的最大目的。在大谷光瑞看来，西域作为佛教东来的源头和圣地，是理解日本佛教历史起源的重要途径，同时也是理解净土真宗教义的历史源泉。其次，正因为西域作为亚洲人的自我认同之地，在学术上与西方竞争，又是大谷光瑞及其探险队历史认识的又一个重要的侧面。尽可能地获取资料，在激烈的国际学术竞争中占据一席地位，甚至取得优势地位，是其探险的又一个目的。关于这一点，羽田亨在《中亚探险》一文中做了十分恰当的表述。

　　历史研究的根本毋庸置言是史料，研究的难易也是与史料的有无多寡成比例的。关于中亚，其自身所提供的资料以往极少，而得以称作资料的也不过仅仅来自于中国或欧洲史书里记载的断片性记事。因此这一地区的历史可以说几乎不清楚。假如用中国的史籍所记载的内容，去寻求这一地区的过去，是可行的话，在我们头脑中到底能形成多少历史的观念呢？尽管如此，这一地方古来在东西文明交涉上占据极为重要的地位，从西到东，从东往西的文明大潮，主要是流动在这一地区的。当研究这类问题时，把这一地方的历史依旧看做是不清楚的，并要达成目的，就好像惊讶于从自来水的水口里爬出的蚯蚓，从而拼命地清扫水源一样。中亚的历史研究，在弄清其自身不明之处的同时，因相邻各国的历史研究，出于必要而不可或缺的理由，逐渐引起人们的注意。相对详细地记述了这一地方的则是玄奘三藏的旅行记即《大唐西域记》、《慈恩寺三藏传》，以及其他类似的书籍深受关注，其研究者也相继出现，这一结果无非是因为尽量要把这一地区过去之事实弄清楚的努力所致。但是，只是从这类书籍得到知识，到底不可能得到令人满足的结果。于是需要更进一步，获取更多的新史料，这样的尝试相继出现是理所当然的。正是在这样的要求下，揭开了直接前往中亚的探险序幕。①

然而，对大谷光瑞来说，在这一国际学术竞争中，不仅仅要为日本获得声誉，更重要的是佛教的历史应该由佛教徒本身直接去掌握，而日本佛教（或净土真宗）则应居于主导地位。

创造出超越以往中国的业绩，可以说是近代日本的追求和梦想，因为只有这样，才能走出一千多年来笼罩在中国影响下的阴影，树立其独立自尊的立场和形象。反言之，也正是因为长期以来一直受到中国的影响，对于源头和起源的探究便成为更为强烈的愿望和更为强大的动力②。日本的佛教虽直接来自朝鲜半岛和中国，而印度和西域・中亚则是更为古老的源头和起源，因此，追寻往昔法显、玄奘的足迹，踏访东西文化接触之旧地，考察古时佛教兴衰的痕迹，探究净土真宗乃至日本佛教的起源，获取历史和信仰的真实，从而确信其教义的合法性，在东亚乃至整个亚洲佛教界确立正统和指导地位，正是驱使大谷光瑞献身于此更为深层的动机③。"丝路"探险，绝非只是猎奇掠物，更是企图获得历史真实的冒险。

---

① 〔日〕上原芳太郎编：《新西域记》"附录一"，第3页。
② 内藤湖南在其《支那论》（1914）中宣称"代替支那（即中国——笔者注）人，为支那思考"，便是意欲超越中国这一立场的著名表述。参见〔日〕子安宣邦：《日本人は中国をどう語ってきたか》，青土社2012年版，第45—74页。
③ 实际上，净土真宗东本愿寺派出于相同的目的，派遣年轻僧人前往欧洲留学，学习梵文佛典的事业早在1870年代就开始了。参见陈继东：《寻找释迦原典——近代佛学的形成与中日互动》，《汉语佛学评论》第3辑，上海古籍出版社2013年版；〔日〕荒川正晴、〔日〕柴田干夫编：《シルクロードと日本の邂逅—西域古代资料と日本近代仏教》，勉诚出版社2016年版。

吐蕃归义军时期敦煌僧尼的劳作活动*

王祥伟

（兰州财经大学敦煌文化研究所）

【摘　要】　吐蕃归义军时期的敦煌僧尼会以寺院或家庭成员的身份参与寺院、僧团或寺外的农业、修造、加工业等劳作活动。受敦煌寺院的地理分布、吐蕃和归义军政权的统治等因素的影响，敦煌僧尼的劳作活动既与农禅有别，又与禅宗的发展密切相关。

【关键词】　敦煌；僧尼；劳作

僧尼的活动大体可以分为宗教活动和非宗教活动两方面。对吐蕃归义军时期敦煌僧尼的宗教活动，学界关注较多，特别是郝春文先生从修习活动、春秋官斋、十二月转经、水则道场与佛教节日等方面对敦煌僧尼的宗教活动进行了全面深入的讨论，为我们展现了敦煌僧尼宗教活动的场景。② 在从事宗教活动的同时，敦煌僧尼也参加或承担诸多非宗教活动，如出使、参政、从军、镇守、经商、劳作等等，这些非宗教活动也是认识吐蕃归义军时期敦煌僧尼及敦煌佛教的重要方面，本文则主要对敦煌僧尼的劳作活动进行述论，希冀对敦煌佛教的研究有所裨益。

---

* 本文为2017年度国家社会科学基金重大项目"汉传佛教僧众社会生活史"（17ZDA233）的研究成果。
② 参见郝春文：《唐后期五代宋初敦煌僧尼的社会生活》，中国社会科学出版社1998年版，第21—25页、190—239页。

一、敦煌僧尼的农业劳作活动

敦煌僧侣在寺院内的农业劳作主要是耕种寺院土地和庄园。P. 3234V（9）《癸卯年（943）正月一日已后净土寺直岁沙弥广进面破》载："面壹斗，两件耕地僧用。"S. 4649＋S. 4657《庚午年（970）报恩寺沿寺破历》载："粟陆斗，沽酒□渠庄刈麦众僧吃用。"① S. 6452（3）《壬午年（982）净土寺常住库酒破历》第5—6行载："（二月）十三日，酒壹角，李僧正种麦用。"这几条资料说明敦煌僧人会亲自耕地、播种、收割庄稼，是其参与农业生产活动的明确记载。

敦煌文书中还频繁记载僧人在西窟（西千佛洞）进行修堰、上水之事。如P. 3490V《辛巳年（921或981）某寺诸色斛斗历》第9—10行载："油叁胜两抄，西窟修堰造食、燃灯用。"第33—34行载："油肆胜，西窟上水及乞麻日斋时解火等用。"第77—78行载："面壹斗，园间累胡卢架墙众僧食。"第80—81行载："面陆斗叁胜，西窟修堰僧食用。面叁斗，西窟修堰回日迎顿解火用。"第87行载："面肆斗伍胜，西窟上水及乞麻解火等用。"又P. 2049V《后唐同光三年（925）正月沙州净土寺直岁保护手下诸色入破历算会牒》第350行载："油壹胜，西窟修堰僧食用。"第373—374行载："面叁斗，西窟上水修堰众僧食用。"第417—418行载："面叁斗，与西窟上水僧用。"S. 11351B载："断西窟上水僧名目：海柱、永口、定定、法真、善庆、沙弥保定、保行，已上七人各七斗三升。"P. 3234V（9）《癸卯年（943）正月一日已后净土寺直岁沙弥广进面破》载："面肆斗，将西窟上水用。""面壹斗，西窟上水时造食女人用。"唐耕耦先生整理缀合的《净土寺乙巳年（945）正月以后诸色入破历算会牒》第339—340行载："面叁斗，西窟上水用。"P. 2776《年代不明（10世纪）诸色斛斗入破历算会牒残卷》第35—36行载："面陆斗，西窟上水众僧食用。"等等。修堰就是修筑堰堤，而堰堤主要是用来灌溉的，说明西窟拥有土地。至于文书中所载的"上水"意思虽不太明朗，但不排除与农业生产有关。对此，马德先生指出，西窟前有被党河水冲刷而成的可耕地，这些土地可引党河水浇灌，故修堰和上水便是经常性的工作。② 又P. 2049V《后唐同光三年（925）正月沙州净土寺直岁保护手下诸色入

---

① S. 4649和S. 4657为残片，唐耕耦先生将其缀合在一起，拟名为《庚午年（970）二月十日沿寺破历》，见唐耕耦、陆宏基编：《敦煌社会经济文献真迹释录》第3辑，全国图书馆文献缩微复制中心1990年，第215—216页。至于该件文书的所属寺院当系报恩寺，限于篇幅，此处暂时不再详细说明。
② 马德：《10世纪敦煌寺历所记三窟活动》，《敦煌研究》1998年第2期，第84页。

破历算会牒》第 297—299 行载："粟肆硕贰斗，付众僧及女人卧酒冬至岁聚粪西窟、交割西仓等用。"此处的聚粪亦应与农业生产相关。① 可见，西窟拥有地产是无疑的。总之，僧人在西窟的修堰、上水、聚粪均是农业劳作活动。

敦煌文书中记载僧人在寺院庄园中参加劳作的活动更为频繁，如 S.3074V《吐蕃占领敦煌时期某寺白面破历》载："同日（六月一日），出白面三斗，修桃园众僧食，付金紫。"P.2049V《后唐同光三年（925）正月沙州净土寺直岁保护手下诸色入破历算会牒》第 328—329 行载："油贰胜，寒食祭拜和尚及众僧修园用。"第 341 行载："油壹胜，垒园车道日，众僧斋时用。"第 365—366 行载："面柒斗，寒食祭拜和尚，及第二日修园众僧食用。"第 375—376 行载："面叁斗伍胜，垒园墙两日众僧食用。"P.2049V《后唐长兴二年（931）正月沙州净土寺直岁愿达手下诸色入破历算会牒》第 317—318 行载："油壹胜，堆园日众僧斋用。"第 333 行载："面贰斗，堆园日众僧食用。"第 344—345 行载："面壹斗伍胜，园中栽树众僧斋时用。"第 388 行载："面贰斗，堆园日众僧斋时用。"第 392 行载："面贰斗，堆园日，众僧食用。"第 394—395 行载："面壹斗，园内栽树子日众僧食用。"第 400—401 行载："面壹斗伍胜，垒园日众僧食用。"第 403—404 行载："面贰斗，卯年堆园日众僧斋时用。"P.3234V（9）《癸卯年（943）正月一日已后净土寺直岁沙弥广进面破》第 50 行载："面贰斗柒胜半，堆园日众僧食用。"第 54 行载："粗面叁斗，堆园僧食用。"第 71 行载："面叁斗，堆园众僧食用。"唐耕耦先生整理缀合的《净土寺己亥年（939）诸色入破历算会稿》第 292—293 行载："油三胜一抄，寒食祭拜及第二日园内造作，众僧食用。"唐耕耦先生整理缀合的《净土寺甲辰年（944）正月一日以后直岁惠安手下诸色入破历算会稿》第 183 行载："面三斗，堆园众僧用。"第 192 行载："面贰斗伍胜，延康渠底畔及园内锄渠畔僧食用。"第 195 行载："面伍斗，垒园众僧食用。"第 207—208 行载："面二斗，堆园众僧用。"《净土寺乙巳年（945）正月以后诸色入破历算会稿》第 338—339 行载："面伍升，桃园栽树子日僧食用。"ДХ.01426＋P.4906＋ДХ.02164《公元 962 年报恩寺诸色斛斗破用历》第 16—17 行载："白面肆斗，造胡饼，持园众僧吃用。"第 35—36 行载："白面贰斗，麦各面六斗、油陆合，众僧垒园早午食用。"第 58—59 行载："白面壹斗，麦各面贰斗伍升、油两合，众僧座葱食用。"第 62—

---

① 张弓先生认为，敦煌冬至节聚粪是备来春施用，不仅寺院如此，更是民间习俗。冬至聚粪同敦煌的寒食日堆园、中原的元日告成一样，显示着中古时代敦煌岁节行事所包孕的祈农情结。参见张弓：《敦煌秋冬节俗初探》，载《敦煌学国际研讨会文集》，辽宁美术出版社 1995 年版，第 593 页。

63 行载:"白面壹斗、麦各面叁斗,油两合,众僧垒园两时食用。"① P.2776《年代不明(10世纪)诸色斛斗入破历算会牒残卷》第 23 行载:"面壹斗伍胜,九日堆园众僧斋时用。"第 25—26 行载:"面壹斗伍胜,寒食蒸饼馉饼垒园角及硙面沙弥等用。"第 27—28 行载:"面贰斗,垒北园墙日众僧解斋斋时用。面贰斗,园内揭墼日众僧解斋斋时用。"第 30—31 行载:"面三斗,垒北园墙日众僧食用。"第 39—41 行载:"面贰斗,收菜列菜沙弥女人食用。面贰斗,园间收菜众僧斋时用。粟面:面贰斗与园子通渠用,面壹斗垒北园墙日解斋用。"这些在庄园中的劳作,有的是对庄园的维修,有的是对园中果树、蔬菜等的种植与护理,是敦煌僧人参与农业劳作的一部分。

郝春文先生研究指出,晚唐五代的敦煌,寺院一般不供应僧人日常饭食,一部分僧尼(即"散众")与家人或亲属生活在一起,他们也有自己个人的房舍,他们与世俗家庭、家族互为依存,许多僧人出家后在家中的经济地位、经济权利都未发生变化。② 与此同时,敦煌僧侣通过博换、买卖、请田等方式占有土地甚至庄园的现象甚为普遍③,在此背景之下,僧人自然也会参与农业劳作。关于僧人在自己土地之上的劳作情况,在相关契约文书中有记载,如陈践先生翻译的敦煌古藏文文书 or8210/s2228《猪年合伙种地契》载:

1. 猪年春季二月,通颊西东巴部落格加桑豆豆之开荒地,位于波宝玉
2. 哇谷里,豆豆因无耕牛和农具
3. 与比丘张灵显兄弟(立契约)共同耕种,种子和劳力
4. 双方共出,平时守护庄稼,由豆豆承担,秋收无论多少,(对半分成)
5. 各自取走。耕耘时,灵显之耕畜确有损伤,
6. 找豆豆是问,保人若不立即送来,或者抵赖,
7. 加倍赔偿,拿走其室外牲畜,室内财物,任何物品

---

① Дх.01426、P.4906 和 Дх.02164 是同一件文书可以缀合在一起,并且其记载的是 962 年报恩寺的诸色斛斗破用账目,限于篇幅,具体情况暂时不再详述。
② 参见郝春文:《唐后期五代宋初敦煌僧尼的社会生活》,中国社会科学出版社 1998 年版。
③ 关于吐蕃归义军时期敦煌僧侣广占土地的情况,可参见王祥伟:《吐蕃归义军时期敦煌僧侣的占田及税役负担——敦煌世俗政权对佛教教团经济管理研究之二》,《敦煌学辑刊》2011 年第 2 期,第 13—27 页。该文又收入王祥伟:《吐蕃至归义军时期敦煌佛教经济研究》,中华书局 2015 年版,第 333—352 页。

8. 均可,即或抢走也无怨言。无论有何过错,如无实物赔偿物

(后略)①

文书记载因格加桑豆豆所开荒地无耕牛和农具,故与比丘张灵显兄弟共同耕种,其中种子和劳力双方共出,说明张灵显兄弟也应亲自参与了耕种劳作之事。又P.3643《唐咸通二年(861)齐像奴与人分种土地契》记载:

1. 张桃渠地一段两畦共贰拾亩
2. 咸通二年辛巳岁二月八日
3. 具人力,遂将上件地伍亩一畦
4. 半并前一畦计壹拾贰
5. 至秋像奴参分内仰请一分
6. 半亦共僧福智停头　　两乡
7. 蒿芸浇溉收拾等两□□□辛苦合□
8. 抱功者看　　芒月□家计算酬□,如后
9. 有人各护,一仰弟齐兴清祗当。一定已后,不许
10. 翻悔,如先悔者,罚　　军粮用。官有
11. 政法,人从私契。两共平章,用为后验。
12. 地主齐像奴(押)
13. 保人弟齐兴清(押)
14. 见人僧愿成(签名)
15. 见人并书契僧明照
16. 见人僧智谦②

该件文书残缺内容较多,但从内容可知,地主齐像奴因缺少农具和人力,故而将

---

① 郑炳林、黄维忠主编:《敦煌吐蕃文献选辑·社会经济卷》,民族出版社2013年版,第24页。日本学者武内绍人也对该件文书进行了翻译,其译文可参见杨铭、杨公卫译:《敦煌西域出土的古藏文契约文书》,新疆人民出版社2016年版,第343—344页。
② 唐耕耦、陆宏基编:《敦煌社会经济文献真迹释录》第2辑,第24页。

其部分土地租给僧人福智耕种，并对双方的权利义务及违约情况进行了约定。又如 P.3214V《唐天复七年（907）高加盈出租土地充折欠债契（抄）》载：

1. 天复柒年丁卯岁三月十一日，洪池乡百姓高加盈先
2. 负欠僧愿济麦两硕、粟壹硕，填还不办。今
3. 将宋渠下界地伍亩，与僧愿济贰年佃种，充为
4. 物价。其地内所著官布地子柴草等，仰地主
5. 祗当，不忓种地人之事。中间或有识认称为地主者，
6. 一仰加盈觅好地伍亩充地替。两共对

（后缺）①

该件文书记载百姓高加盈因欠僧人愿济的两硕麦和壹硕粟而无力偿还，故将宋渠下界地五亩出租与僧人愿济佃种二年，以充债款，僧人愿济则要耕作这五亩土地。

当然，占有土地的僧人也可以不亲自耕种土地，而是将自己的土地出租与别人或雇人耕种，自己依据契约的约定而收取地租。如P.T.1297（4）《收割青稞雇工契》载："虎年，比丘张海增……虎年……雇谢比西收割十畦青稞地，定于秋季七月收割。到时不割，往后延期或比西毁约……立即交给僧人（比丘）与当地产量相当之十畦青稞数。假如比西因摊派王差不能完成，仍照上述交付……。担保人阴腊赘、郭悉诺山、王玉悉顿、张孜孜等……比西父子按指引签字。谢比西签字。"② 比丘张海增的十畦土地上的青稞，不知最初是否是由其自己播种的，但在秋季是雇谢比西来收割的，地主张海增付给谢比西一定酬劳。而P.2858V《酉年（829?）索海朝租地帖》载：

（前缺）
1. 索海朝租僧善惠城西阴安渠地两突，每
2. 年价麦捌汉硕，仰海朝八月末已前依数
3. 填还了。如违不还，及有欠少不充，任将此
4. 帖掣夺家资，用充麦直。其每年地子，三分
5. 内二分亦同分付。酉年二月十二日索海朝立帖。

---

① 唐耕耦、陆宏基编：《敦煌社会经济文献真迹释录》第2辑，第27页。
② 王尧、陈践编著：《敦煌吐蕃文书论文集》，四川民族出版社1988年版，第32页。

6. 身或东西不在，仰保填还。见人及保弟晟子（押）
7. 　　　　　见人及保兄海奴
8. 　　　　　见人□氏
9. 　　　　　见人
10. 　　　　　见人
11. 　　　　　见人①

该件文书记载了僧人善惠将城西阴安渠地两突出租与索海朝并收取地租之事。这种僧人出租土地之事在其他文书如 P.3155V《唐天复四年（904）僧令狐法性出租土地契（稿）》等中均有记载，这里不再详述。

由于寺院和僧侣拥有土地，而这些土地有的往往需要浇水灌溉，故僧人往往还会参与渠河口作，即修渠事宜。如 P.2049V《后唐同光三年（925）正月沙州净土寺直岁保护手下诸色入破历算会牒》第252—255行载："麦壹斗，与无穷渠人修口用……麦壹斗，后件无穷［渠］人来修河用。"又 P.2040V《后晋时净土寺诸色入破历算会稿》第230—231行载："粟二斗，菜田渠修渣（闸）木价用。"第236行载："粟四斗，无穷修查（闸）与渠人用。"无穷渠、菜田渠是寺院土地较集中的水渠，作为水利灌溉系统，主干河、水渠、河口、水闸及其他设施等都是系统地组织在一起，故修河、修河口、修闸等均属渠河口作的内容。郝春文先生认为这些文书中的"渠人"是指承担渠河口作的百姓，而寺院不直接承担渠河口作，寺院一般是雇人或寺属佃农替寺院承担渠河口作，寺院提供给他们一定数量的粮食作为补贴。②但实际上，渠人中也有僧人，也即僧人也可能会是渠人，如 P.3412V《壬午年（982）五月十五日渠人转帖》载：

1. 渠人　转帖　索法律　张延住　吴富员　龙长盈
2. 　　　已上渠人，今缘水次逼近，要通底河口，人各锹钁
3. 　　　壹事，白刺壹束，柽一束，掘（橛）壹茎，须得庄（壮）夫，不
4. 　　　用斯（厮）儿。帖至，限今［月］十六日卯时于皆（阶）和口头取齐。

---

① 唐耕耦、陆宏基编：《敦煌社会经济文献真迹释录》第2辑，第23页；沙知辑校：《敦煌契约文书辑校》，江苏古籍出版社1998年版，第319页。
② 郝春文：《敦煌的渠人与渠社》，《北京师范学院学报》（社会科学版）1990年第1期，第90—97页。

5. 捉二人后到，决丈（杖）十一，全不来，官有重责。其帖各自
6. 示名递过者。
7. 　　　　壬午年五月十五［日］王录事帖①

该件明确系渠人转帖，其中有僧人索法律，说明索法律也属于渠人，其应拥有土地，故与其他渠人一样要承担修渠义务。又Дx.1378《当团转帖》是某僧正下给某僧团老宿、张法律等人的帖文，其云：

1. 当团　转帖　老宿　张法律　阴法师　程法律　阴法律　员启
2. 明戒　戒会　法海　愿奴　法定　法藏　法牟　定昌　法行　惠文　法
3. 净　曹午　流进　道信　安定兴　兴延　留顺　会真　阴苟子　张不勿
4. 张清住　愿成　愿盈　右件徒众修堤，人各枝两束，二人落举一副，
5. 　　　　锹钁一事，帖至，限今日限夜，于堤上取齐，
6. 　　　　捉二人后到，决仗十五，全不来，官有重责，
7. 　　　　其帖各自示名递过，不得亭流者。
8. 　　　　　今月日僧正帖②

这是一件关于修河堤的转帖，而该团的成员主要为僧人，这说明，在现实生活中，寺院僧侣会亲自承担修河堤等渠河口作的任务。这种渠河口作实际上也是一种基于土地的役负，如P.3257《甲午年（934）索义成付与兄怀义佃种凭》载："甲午年二月十九日索义成身着瓜州，所有父祖口分地叁拾贰亩，分付与兄索怀义佃种。比至义顺（成）到沙州得来日，所着官司诸杂烽子、官柴草等小大税役，并总兄怀义应判（料），一任施功佃种。若收得麦粟，任自兄收，颗粒亦不论说。义成若得沙州来者，却收本地。渠河口作税役，不忏□兄之事……"③索义成的土地，不管由谁耕种，基于其土地的"渠河口作税役"是不可避免的，因而寺院、僧侣占有土地者，也得承担

---

① 唐耕耦、陆宏基编《敦煌社会经济文献真迹释录》第1辑（书目文献出版社1986年版）第408页和宁可、郝春文辑校《敦煌社邑文书辑校》（江苏古籍出版社1997年版）第380页对该件文书中个别文字的释录有所不同，此处迻录时对二者录文和图版均进行了参照。
② 唐耕耦、陆宏基编：《敦煌社会经济文献真迹释录》第4辑，全国图书馆文献缩微复制中心1990年，第161页。
③ 唐耕耦、陆宏基编：《敦煌社会经济文献真迹释录》第2辑，第29页。

此种役负，而此役负也与农业劳作密切相关。

二、敦煌僧尼的修造活动

在寺院内部，往往不可避免地会进行一些修造工作，而僧人也会参与其中。P.2049V《后唐长兴二年（931）正月沙州净土寺直岁愿达手下诸色入破历算会牒》第294—295行载："油三胜半，修土门时看都头乡官工匠并众僧等用。"P.2049V《后唐同光三年（925）正月沙州净土寺直岁保护手下诸色入破历算会牒》第333—335行载："油叁胜，六月修寺院及上屋泥三日中间，众僧解斋时用。油壹胜，修造了日，众僧及泥匠斋时用。"第381—384行载："面柒斗，寺院和泥及上屋泥修基阶三日，众僧及功匠解斋斋时夜饭等用。面三斗，修造了日，众僧及泥匠斋时食用。"第426—427行载："面柒斗伍胜，修佛殿上屋泥三日，众僧解斋斋时用。"可见，净土寺僧众在当年参与的寺院修造有修土门、修寺院、上屋泥、修基阶和修佛殿等，其修建劳作较为频繁。又《净土寺甲辰年（944）正月一日以后直岁惠安手下诸色入破历算会稿》第169行载："面九斗，三日中间接墙盖厨舍众僧及博士用。"第202行载："面一石二斗，三日间接墙盖厨舍众僧用。"第214—215行载："（谷）面六斗，三日间接墙盖舍众僧用。"这三笔账记载了净土寺僧众在接墙盖厨舍时劳作了三天时间。P.2032V《后晋时代净土寺诸色入破历算会稿》第200行载："面叁斗，粗面伍斗，油半□，粟一斗，垒树圌众僧食用。"圌系用来存储粮食的仓库，但树圌不知是否也是，不过垒圌也应属于修造活动。这种修造劳作在每所寺院均可能发生，如P.3490V《辛巳年（921或981）某寺诸色斛斗历》第12—15行载："油伍胜两抄，北院修造中间肆日众僧及功匠斋时解夜饭炒麨食孚食俞等用。油三胜半半抄，北院修造了日屈工匠及众僧兼第二日樟打博功解斋等用。"第78行载："面三斗，驮沙日众僧斋时用。"第84行载："面伍斗伍胜，中间四日修造众僧及功匠等用。"这是某寺僧众修造本寺北院及驮沙的记载。P.4909《辛巳年（981）十二月十三日后诸色破用历》载："〔壬午年正月〕十九日，众僧安门午料连面柒升。"这是某寺僧众安门的记载。P.2776《年代不明（10世纪）诸色斛斗入破历算会牒残卷》第36—37行载："面贰斗，七月拾叁日造佛盆及寺院修造众僧食用。"这条资料仅是模糊地说该寺僧人参与了修造活动，但未说明具体的修造对象。在修造劳作中，还有僧人掘井的记载，如P.2930（1）《年代不明（10世纪）诸色破用历》载："面七斗，修井日众僧斋时食用。"S.1053V《己巳年（909或969）某寺诸色入破历算会残卷》载："粟肆斗，淘（掏）井日用。"S.1733

《年代不明（9世纪）诸色入破历算会稿》云："（前缺）充缝皮鞋博士及屈（掘）井押油人粮用。面一石七斗，屈（掘）井及刈麦人等食用。"这些资料有的虽不明是什么人掘井，但有的明确是僧人参与其中。

敦煌僧尼有时还需要在寺内自己修治房舍。P.4980《僧谈信等乞施文》载：

（前略）

4. □钱同造三节。见古刹新建鸣沙（?），邀住僧徒，全无院舍。谈信

5. 等悉悢忍服，虚挂四衣，难报施主之恩，每缺六时忏念。今欲覆

6. 盖屋舍居住，金田亏缺者而颇多，贫乏者而不少。巡门告乞，只为

7. 遮热止寒，教化椽材，望杖檀越施主。大圣观音菩萨。

8. 弃辞萧（?）寺来相谒，总把衷肠肝切说。一回吃子一伤心，一遍言时

9. 一气喧。话苦云未申恳切，数个师僧门旁烈（列），只为全无居住处，

10. 如何冬夏遮寒热。大圣观音菩萨。或深秋，严凝月，萧寺寒时声□□。

11. 盖屋无有一行椽，身上故衣千处结。最伤怜，难申说，

12. 僧房门户皆总缺。特来亲到施主前，愿与成办遮寒趣。大圣观音菩萨。

（后略）

该件文书较长，郝春文先生对其进行过释录①，此处移录时笔者参照原卷对个别文字进行了校改。从全卷内容来看，该乞施文情文并茂，将乞施的情境描写得甚为逼真，读来生动诙谐，有身临其境之感。郝春文先生认为这是谈信等为建僧房而登门乞施时使用的文稿。

不仅僧寺的僧人会修造寺舍，而且尼僧也会如此，如S.542V（2）《坚意请处分普光寺尼光显状》载：

1. 普光寺尼光显

2. 右前件尼光显，近日出家舍俗，得入释门。在寺律仪不存长幼，但行

3. 粗率，触突所由。坚意虽无所识，揽处纪刚，在寺事宜，须存公道。昨

4. 因尼光显修舍，于寺院内开水道修治，因兹余尼取水，光显便即相

5. 诤。坚意悉为所由，不可不断。遂即语光显，一种水渠，余人亦合得用。

---

① 郝春文：《唐后期五代宋初敦煌僧尼的社会生活》，第265—267页。

6. 因兹便即罗职（织）所由，种种轻毁，三言无损。既于所由，不依条式，徒众

7. 数广，难已伏从，请依条式科断。梵宇纪刚无乱，徒众清肃僧仪。伏望

8. 详察，免有欺负，请处分。

（后缺）①

从状文内容可知，普光寺尼光显于寺院内开水渠修治房舍时，因其他尼僧也从水渠取水而产生争执，在所由尼坚意处理双方纠纷时，光显用语言毁损坚意，故坚意呈状给都僧统请求对光显依条式科断。

从文书记载来看，在修造过程中，往往要运到墼②、木材等，故僧人也会加入制作或搬运墼、砍运木材等劳作中去。如上引P.4980《僧谈信等乞施文》就记载了谈信等僧人因修造寺舍而教化木材等事，这种教化也是劳作活动。又P.2032V（12）《后晋天福四年（939）净土寺诸色斛斗破历》载："白面壹斗、粗面贰斗，中院垒界墙众僧食用。白面四斗伍升，粗面四斗伍升，众僧般墼食用。"这是净土寺僧人为了在中院垒界墙而搬运墼的记载。又P.2049V《后唐长兴二年（931）正月沙州净土寺直岁愿达手下诸色入破历算会牒》第399—400行载："面贰斗，两日易墼僧食用。"唐耕耦先生整理缀合的《净土寺甲辰年（944）正月一日以后直岁惠安手下诸色入破历算会稿》第200—201行载："面肆斗，后件脱墼僧用。"第211—214行载："谷面破：面贰斗，两日折麻及交库众僧食用。面四斗，两日垒界墙［众僧］食用。面壹斗，垒园人用。面陆斗伍胜，垒行像堂及下城［朵］用。面五斗五升，弈墼及接墙僧食用。"这些资料均记载了净土寺僧人的易墼、脱墼及用墼垒园、垒行像堂、接墙等修造活动。由于墼在寺院日常的修造中是主要的材料，故文书中的相关记载也较多，如ДХ.01426+P.4906+ДХ.02164可拟名为《公元962年报恩寺诸色斛斗破用历》第25—26行载："趋面壹斗，造墼僧吃用。"P.2776《年代不明（10世纪）诸色斛斗入破历算会牒残卷》第3—6行载："面陆斗伍胜，两日般墼随车牛人夫众僧等用。面壹斗伍胜，第三日众僧易墼斋时解斋用。面壹斗伍胜，揭墼日众僧斋时食用。"第32—35行载："面壹斗伍胜，城北揭墼日众僧食用。面陆斗，两日般墼车牛人夫及众僧食

---

① 唐耕耦、陆宏基编：《敦煌社会经济文献真迹释录》第4辑，第116页。
② 敦煌地区的墼一般是不用烧制也无法烧制而可直接使用的土坯，参见刘再聪：《说河西的墼——以敦煌吐鲁番出土材料为中心》，《华夏考古》2009年第2期，第130—140页。

用。面叁斗，第三日众僧及沙弥易墼解斋斋时及夜饭等用。"第 43—47 行载："面壹斗，揭墼日解斋用，面壹斗园内造墼沙弥用……面肆斗两日般墼众僧及人夫食用，面斗半易墼日三时看沙弥用。"可见，僧人造墼、搬运墼而进行修造在当时的敦煌地区是甚为普遍的现象。①

同样，僧人在参加修造劳作时，也会参与砍运木材的工作。如 ДХ.01426＋P.4906＋ДХ.02164《公元 962 年报恩寺诸色斛斗破用历》第 34 行载："白面壹斗、粟贰斗，斫橡僧吃用。"P.3875V《丙子年（976 或 916）修造及诸处伐木油面粟等破历》载："面壹斗、粗面三斗、王僧政庄载［木］看博士众僧食用。面三斗、油半升、粗面陆斗，亦第四日张都衙庄载木众僧食用。"这几条资料记载了僧人斫木、载木之事。

除了在寺院内参加修造劳作外，敦煌僧侣还会在寺外参加修造劳作。P.2049V《后唐长兴二年（931）正月沙州净土寺直岁愿达手下诸色入破历算会牒》第 345—346 行载："面伍胜，易城垛日众僧解斋用。"第 395—396 行载："面壹斗，易城垛日，众僧食用。"易城垛的劳作应是在寺外进行。P.2049V《后唐同光三年（925）正月沙州净土寺直岁保护手下诸色入破历算会牒》第 291—292 行载："粟贰斗，垒盐团街日沽酒众僧吃用。"第 340 行载："油壹抄，垒盐团街众僧斋时用。"这里僧人"垒盐团街"之意不好理解，可能与修路有关。莫高窟也是敦煌僧侣参加修造劳作的主要场所，唐耕耦先生缀合的《净土寺癸卯年（943）正月一日已后直岁广进手下诸色入破历》第 173—174 行载："面陆斗，窟上脱墼及垒墙两件将。面肆斗，窟上垒墙时造食用。面叁斗，到来日解火用。"这里的"窟"即莫高窟，净土寺僧人在莫高窟也参加了脱墼、垒墙劳作。Ch.00207《乾德四年（966）归义军节度使曹元忠夫妇修莫高窟北大像功德记》记载："助修勾当：应管内外都僧统辨正大师赐紫钢惠、释门僧正愿启、释门僧正信力、都头知子弟虞侯李幸思，一十二寺每寺僧二十人、木匠五十六人、泥匠十人，其工匠官家供备饭食，师僧三日供食，已后，当寺供给。"② 一十二寺是指敦煌的十二所僧寺，在归义军节度使曹元忠夫妇修莫高窟北大像时，敦煌十二僧寺的僧人提供劳作助役。

---

① 对敦煌文书中易墼、脱墼、造墼、搬墼、踏墼等词意的考释，可参见陈晓强：《论敦煌文献中的"墼"》，《敦煌研究》2017 年第 6 期，第 108—112 页。
② 荣新江：《海外敦煌吐鲁番文献知见录》，江西人民出版社 1996 年版，第 11 页。

三、敦煌僧尼的加工业劳作活动

吐蕃归义军时期，敦煌寺院的加工业主要是经营油梁和碾硙，而油梁和碾硙的经营有寺院自营和租佃经营两种。① 从相关记载来看，无论是自营还是租佃经营，寺院均要提供能够正常运转的油梁、碾硙及相关设施，而在此过程中，寺院僧人往往要参与到相关劳作中去。

S.4373《癸酉年（913或973）六月一日硙户董流达园硙所用抄录》第6—14行记载：

> 6. 掘十七笙，上头修大渣（闸）用。七月十日，面五斗、酒四杓，众
> 7. 僧硙后打略吃用。又胡并三十、酒壹角，众僧盖
> 8. 桥来吃用。胡饼伍拾、酒半瓮，众僧修写口来
> 9. 吃用。廿日，枝十五束、掘拾笙上头修渣（闸）用，下手硙
> 10. 轮酒壹斗。又入硙轮日酒半瓮，赛神及众僧吃用。
> 11. 八月三日，柽壹车，又枝壹车、掘三十笙、木大少（小）十二条，
> 12. 官家处分于阎家硙后修大渣（闸）用。麦七斗、渣（闸）头赛
> 13. 神羊买用。羊一口、酒两瓮，紬供四十分，去硙轮局席
> 14. 看木匠及众僧吃用。枝三十束，掘廿笙，硙后石②

这是寺院硙户董流达经营碾硙时的相关支出，其中僧人参加的劳作活动有修大闸、盖桥、修写口等，这些劳作显然与碾硙经营密切相关，因为敦煌寺院的碾硙既有旱硙，又有水硙，这里董流达负责的是水硙，故有修大闸、盖桥、修写口等劳作。相关情况在其他文书中也有记载，如S.6217《年代不明（10世纪）诸色斛斗破历》第5—7行载："又后件帝硙河，众僧胡并四十，酒半瓮。又秋间李家硙门修河，用白刺车枝拾伍束，掘拾行。"又P.2838（2）《唐光启二年（886）上座胜净等诸色斛斗入破历算会牒残卷》中第二件文书载："麦贰斗伍升、油壹升、粟肆斗修桥看博士用。"又

---

① 参见姜伯勤：《唐五代敦煌寺户制度》，中华书局1987年版，第31—239页；唐耕耦：《敦煌寺院会计文书研究》，新文丰出版股份有限公司1997年版，第61—487页。
② 唐耕耦、陆宏基编：《敦煌社会经济文献真迹释录》第3辑，第183页。

"粟陆斗，买飞桥木用。"这是某所尼寺的账目记录，其中的修桥也应与碾硙经营相关，只是这里的具体劳作是由工匠而非尼僧完成。但是，这并不是说尼僧作为女性就绝对不会参与相关劳作了，如 P.2838（1）《唐中和四年（884）正月上座比丘尼体圆等诸色入破历算会牒残卷》第 24—25 行载："麦壹硕，油叁胜，粟壹硕，合寺徒众修河斋时用。"这里的合寺徒众即是比丘尼体圆所在尼寺的全体尼僧，她们也参与了修河劳作。又该件文书第 65—66 行还记载："麦两硕壹斗，修硙舍及桥用。"硙舍即安装碾硙的房间，修桥也与碾硙经营有关，只不过此处没有明确说明劳作者是尼僧还是其他人员。日本杏雨书屋藏敦煌文书羽 677 第 31 行载："油一升，苏半升，修硙日众僧食用。"这里众僧的修硙也应是对碾硙的修理或修造硙舍。

寺院在碾硙加工粮食的劳作，有的也是由僧人完成或参与，如 S.1053《己巳年（909 或 969）某寺诸色入破历算会残卷》第 6 行载："粟叁斗，春淘麦日用。"第 26 行载："粟贰斗，和尚淘麦日用。"第 33 行载："粟叁斗，和尚淘麦日破用。"又 S.6452（3）《壬午年（982）净土寺常住库酒破历》第 6 行载："（二月）廿四日酒壹斗，周和尚淘麦用。"第 16 行载："（四月）廿三日，酒壹斗，李僧正淘麦用。"第 22 行载："又酒壹斗，小张僧正淘麦用。"淘麦是将小麦从碾硙上加工成面粉前的一道程序，即将小麦淘湿到一定湿度，敦煌文书中与淘麦相对应的称为干麦。淘麦者除了地位较高的和尚、僧正外，也有普通僧人和沙弥，如 P.2776《年代不明（10 世纪）诸色斛斗入破历算会牒残卷》第 7—8 行载："面壹斗，淘麦僧食用。面叁斗。造食饭看硙博士用。"第 29—30 行载："面壹斗，淘麦不干第二日扬簸女人及沙弥解斋用。"第 39 行载："面斗半，秋淘麦日僧食用。"从该件文书的第一条材料来看，僧人仅仅是从事了淘麦劳作，而具体的加工工作由"硙博士"完成。

在油梁经营过程中，僧侣也会参与相关劳作。P.4957《申年某寺诸色入破历算会牒残卷》第 41—42 行载："粟叁□□斗，已上充修油樑掘木及迎丑娘破用。"这条资料提到维修油梁之事，但不明僧人是否参与其中。而 P.2049V《后唐同光三年（925）正月沙州净土寺直岁保护手下诸色入破历算会牒》第 367 行载："面壹斗伍胜，垒油梁西墙斋时众僧食用。"P.2032V（12）《后晋天福四年（939）净土寺诸色斛斗破历》载："面二斗，油半胜，粟捌斗，众僧垒油梁墙食用。粟三斗，垒油梁墙博士用。"① 这里明确记载了净土寺僧人修建油梁房舍的事实。P.2776《年代不明（10 世纪）诸色

---

① P.2032V 由十多件文书组成，其中对第 12 件文书年代的考证，参见谭蝉雪：《曹元德曹元深卒年考》，《敦煌研究》1988 年第 1 期，第 52—55 页。

斛斗入破历算会牒残卷》第 2—3 行载："面壹硕，五日修油梁众僧及人夫解斋斋时及夜饭等用。"第 31—32 行载："面壹硕柒斗，五日修油梁众僧及人夫解斋斋时及夜饭等用。"第 44—45 行载："面壹硕伍斗，五日修油梁众僧及人夫食用。"这些也是某寺僧人维修油梁时所用面的情况。《净土寺乙巳年（945）正月以后诸色入破历算会牒》第 233—234 行载："粟柒斗，卧酒，造入梁延局屈索邓二僧政工匠及众僧等吃用。粟叁硕贰斗，第二件修油梁用。"第 313—315 行载："面壹硕陆斗，造入梁局席工匠及邓索二僧政众僧等用。面陆硕壹斗，第二件修油梁人夫及博士用。面壹硕壹斗，第三件修梁安油榘安门及造门兼隔垒东头舍子博士及人夫等用。"第 347—348 行载："面叁硕壹斗，弟二件修油梁用。面陆斗，弟三件修梁用。"第 358—360 行载："谷面破：面二斗，二日修〔油〕梁吃用。面壹硕贰斗，第二件修油梁用。面三斗，第三日修油〔梁〕用。"在这些账目中也记载到净土寺僧人维修油梁的事例。

以上我们依据敦煌文书的记载，仅从农业、修造、加工业方面对敦煌僧尼的劳作活动进行了述论。但在现实生活中，敦煌僧尼的劳作应是非常广泛的，如《净土寺甲辰年（944）正月一日以后直岁惠安手下诸色入破历算会稿》第 189—190 行载："面贰斗伍胜，窟上殍剌僧食用。面四斗，交库两日众僧折麻吃用。面伍斗五升，窟上大众栽树子食用。"第 199 行载："面三斗，六月六日众僧擘毛用。面三斗，擀毡僧食用。"这里记载净土寺僧人还在莫高窟殍剌、栽树，至于"折麻"的意思不明，擀毡显属手工业，擘毛可能是擀毡的前期工作，说明敦煌僧人还会从事手工业劳作活动。同时，敦煌僧尼不仅作为寺院成员参与寺院或僧团的劳作活动，而且还会以家庭成员的身份在寺外参加相关劳作，除了前述的农业劳作外，一定还会参与其他劳作，考虑到有的僧尼俗居在寺外，想必其劳作的范围比在寺内更应广泛，这也是敦煌佛教民间化的体现之一。

四、后论

在讨论僧尼的农业劳作问题时，我们自然会将其与农禅联系起来。在佛教传入中土的早期，就有僧人从事农耕的记载，如《高僧传》卷 3 记载法显为沙弥时也"尝与同学数十人于田中刈稻"[1]，《弘明集》卷 6 记载东晋义熙元年（405）释道恒在《释驳

---

[1] 释慧皎：《高僧传》，汤用彤校注，中华书局 1991 年版，第 87—92 页。

论》中抨击沙门"或垦殖田圃,与农夫齐流"①。说明当时僧人垦田种地的现象已不少见。当然,这些仅是零星的个人行为,还没有成为全体僧众的共同行为,也没有形成禅风而与修行相融合。至禅宗四祖道信大师(580—651)时,其亲自带领徒众开荒种地,主张"坐作并重",是一种较早的农禅生活方式。在唐宪宗年间,百丈怀海改革教规,制订了符合当时中国佛教发展实况的《百丈清规》,要求僧侣一体参加劳动,强调"一日不作,一日不食",农禅制度正式确立。虽然敦煌僧尼也从事农业等劳作,但其与农禅制度大为不同,主要表现如下:

首先,敦煌寺院主要是律寺性质。学界对敦煌寺院的性质多有讨论,竺沙雅章先生在《敦煌の僧官制度》一文中认为敦煌寺院的僧职没有受到禅宗清规制度《百丈清规》的影响而延续了唐代律寺的制度。②姜伯勤先生也认为,敦煌寺院在组织上有律寺特点。③湛如法师依据敦煌寺院的组织结构依然是三纲,且三纲职位多由律师担任,敦煌寺院律师和禅师普遍存在,唐宋时期敦煌禅宗文献数量非常可观等,从而认为:

> 禅宗在敦煌以及西藏都有一定的影响,在教团组织上则波及甚微。敦煌佛寺继续以律寺的形态存在,即使在中原禅宗与教下已分河饮水,尤其五代以后禅宗走向全盛的时期,而敦煌佛寺在圆融各宗的基础上,禅律同居的现象仍然保持。究其原因,我们认为:在中原禅宗的独立与帝王及士大夫的直接支持有关,而划时代的百丈禅师的出现,无疑在禅宗走向独立的进程中起了至关重要的历史作用。禅师在各地以一山林为中心,分灯举扬,过着独立于教下的丛林生活。敦煌佛教史上,虽有禅宗传灯的相续,普寂禅风西旋及摩诃衍等人的驻锡,但对敦煌整个教团组织机构没有产生太大波澜,致使禅宗无法独立于教下寺院之外。④

总之,虽然吐蕃归义军时期敦煌地区的禅师众多,禅宗较盛,但禅律同居而并未独立,敦煌寺院的性质主要还是律寺。

其次,吐蕃归义军时期的敦煌寺院并没有深处山林,而主要分布在敦煌城,也有

---

① 《大正藏》卷52,第35页。
② 〔日〕竺沙雅章:《中国佛教社会史研究(增订版)》,朋友书店2002年版,第394页。该文原载《东方学报》第31册,1961年,第117—198页。
③ 姜伯勤:《敦煌毗尼藏主考》,《敦煌研究》1993年第3期,第1—9页。
④ 湛如:《敦煌佛教律仪制度研究》,中华书局2003年版,第76—77页。

个别的建在莫高窟。① 虽然这些寺院占有的土地规模和地产收入不等，但总体来看，敦煌寺院占有的土地数量不大，地产收入较小，有的寺院在有的年份甚至没有地产收入；在敦煌寺院经济的收入构成中，有的寺院以利息收入为主，有的寺院以油梁或碾硙收入为主，此外还有布施等收入。② 敦煌寺院的这种经济收入及构成情况与以农业收入为主的农禅经济并不一致。

再次，虽然敦煌僧尼会在寺内从事农业等劳作活动，但并没有"行普请法，上下均力"，很多劳作还是由普通僧人和沙弥承担，寺院的各类劳作也并非一定由僧尼完成。吐蕃在贞元二年（786）攻占敦煌后③，此时原本逐渐走向灭亡的中土寺户制度却在敦煌得以暂时生存了下来。在吐蕃后的归义军时期，虽然敦煌的寺户制度也走向没落，但其仍以常住百姓的形式遗留了下来。在寺户和常住百姓存在的背景下，寺院的许多劳作往往是由这些寺院的依附人口来完成的，如吐蕃时期，寺院土地有寺院自己经营的，也有寺户耕种的；在归义军时期，寺院土地有租佃经营和自营，而在寺院自己经营的土地和庄园上，劳作者除有僧人外，还会有园子、庄头人、外庄直岁、恩子、常住百姓及其家眷等，而且这些人在从事农业劳作的同时，也会从事修造、手工业、加工业、造食、杂役等劳作。④

最后，前面已说，敦煌僧尼的俗居现象很普遍，而这些俗居在外的僧尼会在寺外以家族成员的身份进行各种劳作，而这种劳作不属于禅林内的集体劳作。僧人俗居现象可能会在不同时期由于不同原因而存在于不同地区，如公元 5—7 世纪时期的高昌

---

① 关于敦煌寺院的地理分布，可参见李正宇：《敦煌地区古代祠庙寺观简志》，《敦煌学辑刊》1988 年第 1、2 期合刊，第 70—85 页。此外，荣新江先生认为三界寺在莫高窟。参见荣新江：《敦煌藏经洞的性质及其封闭原因》，载季羡林等主编：《敦煌吐鲁番研究》第 2 卷，北京大学出版社 1997 年版，第 23—48 页；荣新江：《再论敦煌藏经洞的宝藏——三界寺与藏经洞》，载郑炳林主编：《敦煌佛教艺术文化论文集》，兰州大学出版社 2002 年版，第 14—29 页。
② 关于敦煌寺院的地产规模、地产收入及其他收入在寺经济中的构成情况，可参见王祥伟：《吐蕃至归义军时期敦煌佛教经济研究》，第 63—94 页。
③ 学界对吐蕃占领敦煌的时间多有讨论，但观点并不一致，主要有大历十二年（777）、建中二年（781）、贞元元年（785）、贞元二年（786）、贞元三年（787）及贞元四年（788）等说法，其中 2000 年前的相关研究成果及其观点、论据等，金滢坤先生在《敦煌陷蕃年代研究综述》（《丝绸之路》1997 年第 1 期，第 47—48 页）一文中集中进行了介绍。此后，学界对敦煌陷蕃时间的讨论还在继续，如赵晓星先生认为敦煌陷蕃在建中二年，参见赵晓星：《敦煌陷蕃、"归化"、"蕃和"和"丙寅年"时间考——有关敦煌陷蕃前后时间的几个问题》，《江西社会科学》2004 年第 12 期，第 31—37 页；李正宇先生又持贞元四年说，参见李正宇：《沙州贞元四年陷蕃考》，《敦煌研究》2007 年第 4 期，第 98—103 页。可见，时至今日，关于吐蕃占领敦煌的具体时间仍存争议，这里我们暂时采用贞元二年说。
④ 关于敦煌寺户制度的发展及寺户、常住百姓及其家眷、园子、庄头人、恩子等类人在寺院的劳作情况，可参姜伯勤《唐五代敦煌寺户制度》一书中相关章节的讨论，该书有中华书局 1987 年版和中国人民大学出版社 2011 年出版的增订本两个版本。

国就是如此①,且高昌僧侣亦可将自己的财产嘱授给俗家亲人②。不仅边地如此,中原内地亦不排除这种情况存在的可能,如《入唐求法巡礼行记》卷1载扬州"国清寺常有一百五十僧久住,夏节有三百已上人泊。禅林寺常有四十人住,夏即(节)七十余人"。又同书卷2载莱州北海县观法寺有"十二来僧尽在俗家,寺内有典座僧一人"③。这些记载说明在晚唐的扬州、莱州均有在俗家居住的僧侣,但内地的这种俗居现象不像吐蕃归义军时期的敦煌那样普遍,而且敦煌俗居在外的僧人有的还有妻室④,这种现象的形成可能与吐蕃对敦煌的统治有关,而僧尼的俗居及其在寺外的劳作也说明敦煌佛教具有很强的民间色彩。

当然,敦煌僧尼的劳作与农禅有别,并不等于说与禅宗的发展没有任何关系,相反,二者之间关系密切。

首先,敦煌禅僧会参与农业劳作。起码从东晋十六国时期,敦煌就有禅僧的修禅活动,如前秦建元二年(366),禅僧乐僔在莫高窟开凿了第一个石窟用来修禅。此后,至南北朝时期,敦煌地区出现的著名禅僧有单道开、竺昙猷、释道绍、释道法、释法颖、释超辨、释慧远、昙摩密多等高僧,敦煌地区的禅修传统绵延不绝。在吐蕃归义军时期,敦煌僧团中有众多的禅师,莫高窟、东千佛洞、西千佛洞也被称为三所禅窟,在禅窟上有众多的僧人禅修,这些僧人被称为住窟禅师、住窟禅僧、窟禅等。⑤有的僧人还禅律同修,如P.4660《沙州释门都教授炫阇梨赞并序》云沙州释门都教授毗尼大德炫阇梨"先住金光明伽蓝,依法秀律师受业……请住乾元寺,共阴和上(尚)同居。阐扬禅业,开化道俗,数十余年。阴和尚终,传灯不绝"。P.4660《都法律汜和尚写真赞》云沙州释门都法律汜和尚"非论持律,修禅最能。因兹秉节,编入高僧"。P.4660《敦煌三藏法师王禅池图真赞》称敦煌报恩寺的王阇梨为"禅律公"。⑥这些禅僧本身可能会参加农业等劳作活动,如南朝刘宋时,罽宾国沙门昙摩密多"遂

---

① 姚崇新:《试论高昌国的佛教与佛教教团》,载季羡林等主编:《敦煌吐鲁番研究》第4卷,北京大学出版社1999年版,第65—68页。
② 姚崇新:《在宗教与世俗之间:从新出吐鲁番文书看高昌国僧尼的社会角色》,《西域研究》2008年第1期,第45—60页。
③ 分别参见〔日〕圆仁著,〔日〕小野胜年校注,白化文、李鼎霞、许德楠修订校注,周一良审阅:《入唐求法巡礼行记校注》,花山文艺出版社2007年版,第107、234页。
④ 参见李正宇:《晚唐至宋敦煌听许僧人娶妻生子——敦煌世俗佛教系列研究之五》,《敦煌吐鲁番研究》第9卷,中华书局2006年版。
⑤ 学界对敦煌禅窟的研究成果较多,主要研究成果可参湛如《敦煌佛教律仪制度研究》(中华书局2003年版)第55—61页的介绍。
⑥ 郑炳林:《敦煌碑铭赞辑释》,甘肃教育出版社1992年版,第206、209、216页。

度流沙，进到敦煌，于闲旷之地，建立精舍。植柰千株，开园百亩，房阁池沼，极为严净。顷之，复适凉州，仍于公府旧事，更葺堂宇，学徒济济，禅业甚盛"①。昙摩密多不仅在敦煌、凉州弘扬禅业，而且还在敦煌建立精舍，植柰千株，开园百亩，垦殖土地。我们前面引述的敦煌文书中记载的参加农业等劳作活动的僧人一定也有不少是禅僧或禅律同修者。

其次，内地的农禅思想及生活方式会对敦煌僧尼产生影响。在吐蕃攻占敦煌之初，虽然《百丈清规》尚未创制，但随着从南北朝以来，特别是进入唐代以后，寺院和僧侣享免赋役等经济特权的逐渐丧失②，佛教在中土的生存与发展遇到了挑战。为了能够生存发展下去，必须要适时变通，将劳作与修行相结合则是变通方式之一，如道信早就倡导坐作并重的农禅方式，并且《百丈清规》的正式创立已无多时，故此时的农禅思想和生活方式已趋于成熟。同时，在吐蕃攻占敦煌之前，敦煌地区与内地佛教交流密切，唐朝的佛教政策在敦煌地区得以贯彻执行，如在朗达玛灭佛之前，吐蕃多名赞普诏令保护寺院财产，寺院和僧侣免纳税役，故吐蕃本土的寺院和僧侣是享免税役负担的。但在吐蕃统治敦煌时期及其后的归义军时期，敦煌寺院也要承担相关税役而并未享有经济特权，这应是对唐代向寺院和僧尼征税课役政策的沿袭。③ 在这样的背景之下，敦煌地区的禅宗及其农禅思想也会受到内地影响，从而促使敦煌僧尼参加农业等劳作活动。

总之，敦煌地区的僧尼劳作，既与农禅有别，又与禅宗发展密切相关，而造成这种状况的原因与敦煌寺院的地理分布、吐蕃和归义军政权的统治等因素有关。

---

① 释慧皎：《高僧传》，汤用彤校注，第120—122页。
② 参见〔日〕诸户立雄：《中国佛教制度史の研究》，平河出版社1990年版，第338—473页；谢重光：《略论唐代寺院僧尼免赋特权的逐步丧失》，载何兹全主编：《五十年来汉唐佛教寺院经济研究》，北京师范大学出版社1986年版，第240—250页，该文原载《中国社会经济史研究》1983年第1期，第66—72页；谢重光：《魏晋隋唐佛教特权的盛衰》，《历史研究》1987年第6期，第47—60页。
③ 参见王祥伟：《吐蕃至归义军时期敦煌佛教经济研究》，第266—278、293—306页。

元日战后镰仓幕府战功恩赏乱象考*

赵莹波

（上海大学外国语学院）

【摘　要】　元日战争后，日本镰仓幕府面临着如何奖励战争立功的神社、御家人和遗属。由于战争发生在国内，幕府即无战利品，也无新增的土地可供奖赏，更无法准确鉴定御家人在战争中所立下的功勋。因此，幕府只能采取让当事人申请，并让其寻找证人作证，甚至以抽签的形式来处理战争恩赏事宜。忽必烈去世后，即位的元成宗随即派僧人一山一宁携国书赴日本以示睦邻，而幕府也立刻停止对"弘安之役"的恩赏诠议，并颁布"永仁德政令"以缓解与武士的矛盾，但终因无法解决由战争"恩赏"所产生的一系列问题，最终导致镰仓幕府垮台，而此时东亚又迎来新一轮的博弈。

【关键词】　元日战争；镰仓幕府；恩赏分配

元日之战后，由于两次战争都是在日本本土进行，镰仓幕府无法拿出更多的土地奖励给御家人。所谓御家人，是指与将军结成主从关系的武士，将军要保障御家人土地支配权以及授予新的领地和职务（又称新恩给与），而武士要对将军奉公，听从命令。武士主要以土地为生，而土地则为立功所获得的封赏，即所谓的"一所悬命"①。

---

* 本文为国家社科基金项目"宋朝与日本、高丽之间'准外交关系'研究"（15BZS012）和上海市教育委员会科研创新项目"10～14世纪日本史料中'涉外伪文书'整理与研究"（15ZS031）阶段性成果。
① 所谓的"一所悬命"，指中世纪的武士们拼死守卫祖先传下来的一方领地。另外，也可用来形容"万不得已，走投无路"的情况。

有关元日战后幕府奖励战功的研究，中日两国学者虽多有论述①，但或因成书较早，或对战功认定、诉讼等问题缺乏足够强有力的史料支撑。本文拟通过对相关史料的梳理，对镰仓幕府的恩赏分配等问题提出一些思考，不当之处，祈请方家指正。

一、幕府战前备战

公元 1268 年（至元五）蒙古和高丽的国使分别携国书赴日本②，迫使其通交并以武力相威胁，但被拒绝。元朝先后于公元 1274 年（至元十一）和 1281 年（至元十八）发动两次对日战争，均以失败告终，日本史称"文永之役"和"弘安之役"。幕府在文永之战后，积极备战命令御家人修建石头防垒，此防垒高 2.6 米，长 20 公里。③ 公元 1281 年二月即"弘安之役"爆发的前夕，大宰府少贰藤原经资④奉幕府之命，让御家人携带盾牌和石块修筑防御工事。⑤ 此外，御家人还须负责筹备旌旗等作战工具，公元 1300 年（正安二），丰前国御家人成恒道园，奉命在十五天内自带盾牌、旌旗和弓箭等作战工具守护防垒，不可懈怠。"丰前国役所青木横滨石筑地并楯旗征矢等事，不日被参府，今月十五日以前可被终其功，若有缓怠者，可注申侯，仍执达如件。"⑥ 同时，御家人们还要负责修复壕沟石垒破损的地方。⑦ 平均每个御家人在防垒中防卫

---

① 王金林：《日本中世纪史》（上下卷），昆仑出版社 2011 年版；〔日〕石井垂：《日本の中世 1——中世のかたち》，中央公論新社 2002 年版；〔日〕村井章介：《東アジアのなかの日本文化》，放送大学教育振興会 2005 年版；〔日〕義江彰夫：《鎌倉幕府地頭職成立の研究》，東京大学出版会 1978 年版；〔日〕川添昭二：《蒙古襲來研究史論》，雄山閣 1977 年版；〔日〕網野善彦：《蒙古襲来（上・下）》，《日本の歷史》第 10 卷，小学館 1974 年版；〔日〕佐藤進一：《鎌倉幕府訴訟制度の研究》，畝傍書房 1943 年版、岩波書店 1993 年新版；〔日〕網野善彦：《中世莊園の様相》，塙書店 1966 年版。
② 《元史》卷二百八《日本外夷传九十五》；《蒙古国牒状》东大寺尊胜院所藏，参见竹内理三：《大宰府天满宫史料》卷八，大宰府天满宫 1964 年版，第 134 页。
③ 王金林：《日本中世纪史》（上下卷），第 91 页。
④ 大宰府是日本负责西边防卫和对外交涉的都督府，是日本外交的要冲。其政厅被称为"远之朝廷"，其都制被誉为"天下之一都会"。少贰为大宰府官员，位列权帅、大贰之后。
⑤ 据《武雄社文书》记载，弘安四年（1281）二月大宰少贰藤原经资受幕府之命，让御家人武雄赖门携带盾牌和石块保护防御工事。"二月十八日甲申、大宰少貳藤原經資、幕府の命により、武雄賴門をして、楯・石築地上桓楯を用意して、來月一日以前に上府せしむ。去年十二月八日關東御教書今月十八日到來、寫案獻之、如狀者、異國用心事、條條篇目、具被載下之候歟、恐恐謹言、弘安四年二月十八日少貳（經資）花押武尾大宮司殿。"摘自《大宰府天满宫史料》卷八，第 340 页。
⑥ "豐前國御家人成恆道圓，同國警固役所青木橫濱石築地並びに楯旗徵失等の終功を命ぜらる。"摘自《末久文书》，《大宰府天满宫史料》卷九，第 193 页。
⑦ 德治元年（1306）"比志島石築地裹加佐並破損事，先度自惣領成其功之處，末子難澀之由，雖被申之，重破損貳丈，猶以自惣領被經入，有末子難澀者，以使可有沙汰之狀如件。"摘自《比志岛文书》，《大宰府天满宫史料》卷九，第 268 页。

的时间在三个月以上。表1为御家人的防御时间：①

表1　九州御家人边防堡垒防卫时间一览表

序号	时　间	地　点	人　物	防卫时间	出　处
1	公元 1290 年（正应三）6 月 30 日	异贼筥崎警固番役	萨摩国的原田忠俊	3 个月	《祢寝文书》早稻田大学所藏，《大宰府天满宫史料》卷九，第 51 页。
2	公元 1292 年（正应五）10 月 1 日	异国警固番役	萨摩国御家人国分扫部助	3 个月	《萨藩旧记》《大宰府天满宫史料》卷九，第 58 页。
3	公元 1292 年（正应五）6 月 15 日	筥崎警固番役	萨摩国的原田忠俊	3 个月	《祢寝文书》早稻田大学所藏，《大宰府天满宫史料》卷九，第 77 页。
4	公元 1294 年（永仁二）7 月 30 日	警固番役	萨摩国御家人比志岛忠范、国分某、新田宫执印、吉富二郎、町田忠经等。	2 个月	《比志岛文书》《大宰府天满宫史料》卷九，第 110 页。
5	公元 1295 年（永仁三）4 月 16 日	异国警固番役	萨摩国新田宫执印代官	3 个月	《新田神社文书》《大宰府天满宫史料》卷九，第 111 页。
6	公元 1295 年（永仁三）7 月 30 日	异国警固番役	筑前国御家人中村绫	1 个月	《中村文书》《大宰府天满宫史料》卷九，第 114 页。
7	公元 1300 年（正安二）11 月 1 日	异国警固番役	丰前国御家人山田道圆	10 个月	《末久文书》《大宰府天满宫史料》卷九，第 200 页。
8	公元 1304 年（嘉元二）1 月 11 日	异国警固番役	筑前国御家人	12 个月	《中村文书》《大宰府天满宫史料》卷九，第 217 页。
9	公元 1304 年（嘉元二）12 月 31 日	异国警固番役	筑前国御家人	12 个月	《中村文书》《大宰府天满宫史料》卷九，第 233 页。
10	公元 1305 年（嘉元三）闰 12 月 29 日	异国警固番役	岛津久长代官等	10 个月	《岛津家文书》《大宰府天满宫史料》卷九，第 267 页。
11	公元 1306 年（德治元）3 月 23 日	异国警固博德在津番役	肥前国武雄社大宫司	9 个月	《武雄神社文书》《大宰府天满宫史料》卷九，第 275 页。

由表1可知，御家人防守时间分别为三个月、十个月和一年不等。筑前国御家人

---

① 笔者根据《大宰府天满宫史料》卷九归纳而成。

中村袮二郎接到幕府命令，被要求从正月一直坚守到十二月：①

> 异国警固番事，关东御事书、扫部助殿御教书案如此，如状者，自今月至来十二月晦日，可在津之由，相触筑前国地头御家人以下辈，不日可催上云々者，早任被仰下之旨，今月中可被相向役所也，仍执达如件。
>
> 嘉元二年正月十一日沙弥（武藤盛经）（花押）
>
> 中村弥二郎殿

不仅如此，幕府还让御家人修建烽火台以防元军来袭不可懈怠。② 甚至命令镇西御家人，把兵船布置在要害部门。"兵船事，有用意辈者，四月十日以前，可回置要害所之由，所被成越后殿御教书也。有用意船者，期日以前可被回置要害候，仍执达如件。"③ 与此同时，幕府还采取严厉措施防止御家人怠工，让交替参加防守的御家人签名，把未参加的御家人上报幕府"异贼用心结番参否事，萨摩国守护代本性（酒匂）注进状一卷如此，早寻问不参实否，于交名人等，可被执进面面请文也，仍执达如件"④。多年的战争，使得御家人有不少人面临家境衰落，所属领地或典当或买卖，人力和经济不堪重负。

另外，御家人之间也常因对土地的管理权发生纠纷，引起诉讼。加上自"文永之役"后他们并没有得到土地封赏，造成士气低下。但由于大敌当前，幕府执权北条时宗只能强制御家人们精诚团结，全力备战，并命令兵库守备大友赖泰，对违者将予以严惩：⑤

---

① "十一日甲子，武藤盛经、幕命により，筑前国御家人をして，今月より十二月晦日まで，异贼警固番役を勤仕せしむ。"摘自《中村文书》，《大宰府天满宫史料》卷九，第217页。
② 永仁二年（1294）三月二十六日，镇西探题北条兼时，命令筑前和肥前两国修建烽火台不可懈怠。"三月六日丁巳，鎮西探題北條兼時，筑前、肥前兩國をして，異國用心のため烽火の試をなさしむ，壹岐嶋より始て，嶋々高き所二火を可被立之間，大嶋二ハ壹岐嶋の煙を守て，その時をたかへす，たきき多とりつみて，あまたたくへき也，たかいに火のかり煙を守て，たかるへし，大嶋の火を見てたかしまにたきつくへき由，被相触毕，异国用心御大事也。更々不可有缓怠之仪候，仍执达如件。永仁二年三月六日修理亮（北条定宗）（花押）。"摘自《来岛文书》，《大宰府天满宫史料》卷九，第103页。
③ "鎮西探題北條兼時，鎮西御家人をして，兵船を用意し，來月十日以前に要害所に回し置かしむ。"摘自《广濑文书》，《大宰府天满宫史料》卷九，第107页。
④ "鎮西探題北條政顯、薩摩國の異賊警固結番不參の輩の請文を進めしむ。"《萨藩旧记》前编卷八写在官库。摘自《大宰府天满宫史料》卷九，第263页。
⑤ 《大友家文书》，《大宰府天满宫史料》卷八，第339页。

镇西警固事，蒙古异贼等，明年弘安三年四月中可袭来云云，早向彼所，严密可致用心，今年守护御家人，<u>或依所务之相论，或就检断之沙汰</u>，多以不和之间，无同心仪之由，有其闻，插自身之宿意，不顾天下大难之条，甚不忠也，御家人已下军兵等者，随守护命，可致防战之忠，守护人亦不论亲疏，注进忠否，可申行赏罚也，相互于背仰者，永可处不忠之重科，以此旨可相触国中之状，依仰执达如件。

弘安三年十二月八日相模（时宗）守在判

大友兵库头（赖泰）入道

文书中记述了御家人之间因土地和对庄园的管理权产生纠纷的缘由和过程。其中"或依所务之相论，或就检断之沙汰"的"相论"指因土地而引起的诉讼，"检断"为"检察"与"断狱"之意，表"监督执法"之意。这是发生在"文永之役"和"弘安之役"之间的土地纠纷事件。文中称明年蒙古军将要来袭，希望大家严加防守，但却有守护御家人不顾天下安危，因土地诉讼造成人心不和，是对国家不忠。责令大友泰赖对此公正执法予以赏罚。

日本一直有武士请恩的传统，在其主从关系中，臣下对主君的"忠"也不是单方面的绝对忠诚，它是以主君的"恩"为交换条件的。主君最重要的恩赏就是给与臣下领地或承认臣下已有的领地权，而臣下最重要的义务则是为主君战斗到死。如果主君不给家臣以恩赏的话，家臣可直接了当地要求恩赏。例如，参加过蒙古合战的肥后国御家人竹崎季长，他因诉讼失去了土地和财产，陷入困境。他认为，如果能在"文永之役"中立下战功就可得到领地封赏，于是英勇作战。当得知其战功并未被上报到幕府，就直接赴镰仓向负责封赏的"恩赏奉行"安达泰盛[①]申诉。竹崎季长还因此把自己在文永和弘安两次战役中打先锋的功劳，请人画成长卷《蒙古袭来绘词》进献给幕府。安达泰盛任御恩奉行，专门负责对"文永之役"中立功的御家人发放恩赏，他接待了来访的竹崎季长，于是后者便被任命为距其故乡不远的肥后国海东乡（现熊本县宇城市小川町海东地区）的一个地头。[②]

[①] 安达泰盛，镰仓中期的武将，有力御家人。从三代执权北条泰时处拜领偏讳"泰"字。北条时宗去世后，作为御家人的领袖与御内人的领袖平赖纲对立加深。为了解决元日后参战的御家人的生活问题，开始进行弘安德政，并触动了一部分的御家人和公家的利益，招致反感，政治上被孤立。

[②]〔日〕村井章介：《東アジアのなかの日本文化》，第150页。

二、幕府战后恩赏

　　元朝是否会第三次入侵成为幕府的头等大事。为了提高士气，积极备战，既要使广大武士继续协力防备外来侵略，又要适时地对此前战役中有功者进行恩赏，因此幕府前后发布有关法令多达七八十次。①

　　"弘安之役"之后，通过调查认定战功的文书多达二百份②，如果全部实施恩赏，则需要庞大的土地，即使把九州土地全部用来恩赏，也无济于事。公元1284年（弘安七）五月，幕府作出重要两个决定：其一，九州的神社所领，已卖却，或典当给百姓、高利贷者的，一律无偿归还神社；其二，九州御家人的名主职及所领，或卖，或典当，没有超过20年的，只要守护人证明其勤于御家人役者，幕府即可发放安堵下文。其一是对神社在战时祈愿"降伏敌国"的奖励，流失的领地皆无偿回归神社；其二是对御家人的恩赏，是用文书确认御家人对原有所领的支配。③

　　另外，幕府还于公元1286年（弘安九）采取了两项措施，其一在博多设立特殊的和议诉讼机构镇西谈议所，专门用于负责九州御家人的诉讼问题。以前一有纠纷，御家人就只能到关东以及京都的六波罗探题打官司，此时由于战事吃紧，为避免武士非战斗减员，幕府停止了在关东和六波罗等接受诉讼，在博多设立了镇西谈议所。并让九州地区的大宰府少贰藤原经资、兵库的大友泰赖、萨摩的宇都宫同房等负责协商受理其诉讼。④ 其二是从这一年开始对在此前战争中的有功者进行恩赏，前后共进行了七次。⑤ 由新设立的镇西谈议所负责认定，其对象为对战争进行预测、祈祷的神社和立有战功的御家人。

---

① 王金林：《日本中世纪史》（上下卷），第480页。
② 同上。
③ 同上。
④ "七月十六日辛巳，幕府、博多に鎮西談議所を設け，鎮西の輩の關東、六波羅に參訴するをやめ，住國に於て異國警固を勤めしめ，訴訟は，少貳經資淨惠、大友賴泰道忍、宇都宮童房尊覺、澀穀重鄉本佛をして，寄合成敗せしむ。"《新编追加》，《大宰府天满宫史料》卷八，第425页。
⑤ 自弘安九年（1286）以来，还在正应元年（1288），正应二、三年（1289、1290），正应五年—永仁元年（1292—1293），嘉元三年（1350），德治二年（1307）前后七次恩赏战功。参见〔日〕川添昭二：《蒙古襲來研究史論》，第20页。

（一）对神社恩赏

战争期间，幕府命令全国的寺庙和神社①为胜利进行祈祷和预测。② 镇西探题北条政显命令萨摩国的寺庙上报祈祷的次数："大隅国甍名寺杂掌申异国降伏御祈祷卷数事，解状副具书如此，为关东御祈祷之条，无异仪之上者，可被执进彼卷数候，仍执达如件。"③ 并进行奖励："武雄社神官等申异国降伏御祈赏事，奏闻候之处也，仍执启如件。"④ 不过，这种做法有时欠公正，经常会引起纠纷和诉讼。1309 年，肥前国武雄社大宫司藤原国门，由于不服大宰府对"武雄""住吉""高良""阿苏""镜""河上"等六所神社的奖励，认为自己的神社才是预测战争胜负最准确的，并由此向幕府上诉：⑤

> 肥前国武雄社大宫司藤原国门谨言上
> 　　欲早镇西奉行人信浓前司时连矢野加贺守伦纲不执申上者，被经御奏事，任伦旨、院宣、关东□□（御下）知御教书，达理诉，宰府精撰注进六个所武雄住吉高良阿苏镜河上内，最前注进当社，漏平均御报赛愁吟不残事。
> 　　延庆二年六月日

他还在报告附件中申诉，自己的神社才是降服异国的尊神，"当社者、本朝拥护之灵场、异国降伏之尊神也"。而且在文永和弘安两次战役中，都是在自己的神社最先报告和预测战争的走势后，其他神社才跟进，"去弘安八年并永仁二年两度，当社最前注进之处，于后日之注进余社者"。

（二）对御家人恩赏认定

幕府在对御家人恩赏之前，首先让他们自己申请，并寻找证人以证明自己在战斗

---

① 神社由于在战争中祈福和预测战争因此也在奖励之列。
② "鎮西探題北条政顕、薩摩国中の寺社をして、異賊防御の祈禱をなさしむ。異賊防御御祈禱事，去年十二月十日关东御教书如此，早任恩祈之旨，可抽恩祈之由，可被相触萨摩国中为宗寺社关领之仁也，仍执达如件。嘉元二年（1304）正月四日（北条政显）扫部助御判下野前司入道殿（岛津总宗）。"摘自《萨摩旧记》前编卷八《国分寺文书》，《大宰府天满宫史料》卷九，第 217 页。
③ "鎮西探題北条政顕、大隅国甍明寺をして異国降伏祈禱卷数を注進せしむ。"摘自《甍明寺文书》，《大宰府天满宫史料》卷九，第 343 页。
④ "大宰大貳平仲兼、綸旨により、肥前国武雄社の異国降伏祈禱の賞の事うを行う。"摘自《武雄神社文书》，《大宰府天满宫史料》卷九，第 116 页。
⑤ 《武雄神社文书》，《大宰府天满宫史料》卷九，第 314 页。

中的表现和战功，如果是阵亡者，可由家属提出申请并提供证人，还规定遗属儿子可以继承。无男丁者，可由亲戚继承，但女人不能继承，"异国警固不落居之程者，不可让女子，无男子者，以亲类为妻子，可让之"①。公元 1286 年（弘安九）幕府下令让兵库守备大友赖泰和大宰府少贰经资，把立功的御家人名单，和可用于奖励的土地数量等情况上报幕府：②

  蒙古合战勋功赏事，交名并田数注文遣之，早注文可令分付之，屋敷在家畠地等者，追田数分限，可令省充，次神社佛寺免田并甲乙人给分河海野畠山等者，暗难配分，然者所出并所务之故实，分明可令注进，彼状到来之时，面面可成御下文也，但于今年所当者令收纳，可注申员数状，依仰执达如件。

弘安九年十月十九日相模守（贞时）
陆奥守（北条业时）
兵库头入道（大友赖泰）殿
大宰少贰入道（少贰经资）殿

  在命令中，除了上报蒙古合战中的立功人员的名单和需要奖励的土地数量，并且上报所能提供奖励的宅基地数量外，还提供需要奖励的神社、寺庙以及河滩、山地的数量。

  由于通过认定战功文书多达二百份，这需要庞大的土地，然而根据九州各国用来恩赏的土地，显然是杯水车薪。另外，对战功的认定，由于需御家人及其遗属寻找证人来进行，因此进展并不顺利。对于能直接认定战功的，则直接授予土地和官职，例如，安富深江的御家人，被赐予肥前国神崎庄内竹村乡的田庄，并被授予杵郡伊佐早之内船越村等地头之职："安富深江，弘安四年七月蒙古合战勋功之赏，肥前国神崎庄内竹村乡买得之地，同国彼杵郡伊佐早之内船越村等之给地头职。"③ 又如，筑前国

---

① "二十五日庚寅，幕府，镇西御家人をして，异国警固落居せざる间は，所领を女子に让るを止め，男子なき者は，亲类に谲らしむ。一镇西御家人所领事弘安九七二十五，异国警固不落居之程者，不可让女子，无男子者，以亲类为妻子，可让之。一镇西御家人诉讼事，急可有沙汰，且九、十、十一、十二四个月，可被事切欤。"摘自《新编追加》，《大宰府天满宫史料》卷八，第 429 页。
② "十月十九日壬子，幕府，大友赖泰、大宰少貳藤原經資をして，交名并びに田数注文に任せて，蒙古合戰勳功賞を分付せしむ。"摘自《大友文书》，《大宰府天满宫史料》卷八，第 429 页。
③ 《深江系图》，《大宰府天满宫史料》卷八，第 357 页。

志贺泰赖等御家人，因在"文永"和"弘安"战役中立有战功，被赐予筑前国三奈木庄：①

> 泰朝、志贺大友，文永十一年，蒙古國之賊，日本ニ襲來時，九州島之諸將發向之、泰朝其一人也，同十二年，蒙古用心番相勤ル，弘安四年，蒙古又襲來時，築前國ニ駛向，蒙古之多勢ヲ討破，兩度勳功賞，賜築前國三奈木莊。

镰仓幕府时期出现两种新情况。一是地头对庄园的侵占；二是"地头请"与"下地中分"。御家人被任命为地头，拥有新的土地，并不断加强对现地的支配权。另外，围绕着土地支配权还是与领主发生纷争，幕府也曾规劝两者协商解决，实施"地头请"和"下地中分"。所谓"地头请"，即"地头土地承包制"，地头可以承包一定份额的年贡收入，用以管理庄园。"下地中分"即"领地均分法"，土地由领主和地头折半支配。因此，使得一批担任地头的御家人发展成为在地领主。②

战争瞬息万变，很难了解全貌，对其战功的认定非常难，不能只听一家之言。所以幕府让那些在战争中立功的御家人，寻找战功证明人。据记载："肥前国御家人山代又三郎荣申度度合战证人事，申状遣之，任见知实正，以誓状词，可令申给候也，仍执达如件。"③时任镰仓幕府镇西奉行的北条时定，就御家人山代又三郎参加战斗一事，认为其当事人的誓言，证词真实可信，证人有效，"任见实正，以誓状词"。其签发时间为公元1281年即"弘安之役"结束第二个月，④这或许是文献中最早御家人通过证人认定战功的事例吧。

认定战功时，不仅需本人提供申请，还需有证人的证明书，其中包含参加战斗的时间和地点，以及和谁一起战斗的内容。公元1282年（弘安五）二月，萨摩藩御家人源时范请曾一起作战并负责管理武士庆典和伙食的官员"大炊亮"⑤为其作证，其申报书如下：⑥

---

① 《丰后诸侍系图》，《大宰府天满宫史料》卷八，第360页。
② 王金林：《日本中世纪史》（上下卷），第228页。
③ 《山代松浦文书》，《大宰府天满宫史料》卷八，第341页。
④ 同上。
⑤ "大炊亮"为五位下官职，与"大炊助"相当。当时日本朝廷官职，从正一位到正八位。大炊助，是负责管理典礼、宴会上食物的调理，诸国收获粮食配给的部门的次官。官位依此为"长官：大炊头；次官：大炊助；判官：大炊允"。
⑥ 《比志岛文书》，《大宰府天满宫史料》卷八，第345页。

萨摩国御家人比志岛五郎二郎源时范申

　欲早依合战忠勤预御注进子细事

　副进

　白大炊亮殿所赐证状案文件状，去年六月二十九日蒙古人之贼船数千艘袭来壹岐嶋时，时范相具亲类河田右卫门尉盛资，渡向彼嶋，令防御事，大炊亮殿御证状分明也，次月七月七日鹰嶋合战之时，自陆地驰向事以同前，爰时范依合战之忠，重为预御裁许，粗言上如件。

弘安五年二月日

源时范转述了大炊亮为自己提供的证词，证明自己和亲戚河田右卫门在壹岐岛、鹰岛一起并肩与蒙古作战。证人大炊亮证明源时范参加了壹岐岛和鹰岛之战，且作战勇敢，并发誓自己所言为事实，如作伪证将受到大小神灵的惩罚。文书中"副进"有彼此相互证明之意，因此，大炊亮的证词同时也起到了让对方证明自己立有战功的作用。

另外，还有为战死者申请战功并由证人提供的誓约证明书，例如："去年异贼袭来时，七月二日于壹岐岛濑户浦令合战由事，申状并证人起请文令披见毕，可令住进此由于关东候，谨言。弘安五年九月九日北条时定（花押）龙造寺小三郎左卫门（季时）尉殿"①"起请文"为誓约证明书，被证明人龙造寺季时生前为肥前守，官位从五位下，死于壹岐岛的濑户浦之战。② 镇西奉行北条时定审阅后，批准并令紧急报请关东的镰仓幕府。另外，龙造寺季时的弟弟季友也在战争中一同战死，他们的弟弟家益被赐予肥州龙造寺邑及筑前比伊乡、筑后荒木邑地领地职。③

（三）对御家人抽签恩赏

对御家人战功认定后，由于需要恩赏的实在太多，土地有限，幕府只好采取抽签的方法，对其予以奖励。丰后国御家人都甲左卫门五郎，曾参加弘安之战的鹰岛之

---

① 《龙造寺文书》，《大宰府天满宫史料》卷八，第346页。
② "季时小次郎肥前守，从五位下，母称宿阿尼，……弘安中蒙古袭来时，季时合战壹岐岛濑户浦，显高名讨死。"摘自《龙造寺系图》大林藏，《大宰府天满宫史料》卷八，第346页。
③ "家益六郎，法名村金，母同上，兄季时与蒙古合战时，与季友共警固博德防战，兄弟讨死，因是家益继家督，赐肥州龙造寺邑及筑前比伊乡、筑后荒木邑地领地职。"摘自《龙造寺系图》大林藏，《大宰府天满宫史料》卷八，第356页。

战，且有幸被抽中恩赏：①

> 丰后国御家人都甲左卫门五郎大神惟亲法师寂妙谨言上
> 欲早任傍例，预御注进蒙抽赏，去弘安四年后七月七日肥前国鹰嶋蒙古合战事，早预御注进，为蒙抽赏，恐恐言上如件。
> 弘安九年三月日沙弥寂妙（大神惟亲）（花押）

另外，御家人西牟田弥次郎永家，也因参加鹰岛之战，并被幸运抽中，被赐肥前国神崎庄郡数个："西牟田弥次郎永家弘安四年，大元大将督六万艘，率十万人，寇镇西，此时永家战于松浦之鹰岛抽功，于是为之赏，赐肥前国神崎郡中数个。"② 御家人江上太郎因参加文永和弘安之战，被抽中恩赏，被赐予肥前国神崎庄内之地并筑后国山门和山下二郡，并被授予左卫门之职。"江上左卫门尉太郎九郎种宗始种氏法名宗阿。文永、弘安两度之合战抽军功，了为其恩赏，任左卫门尉，赐肥前国神崎庄内之地并筑后国山门，山下二郡之内。"③

那么，以上这些最终能抽签得到奖赏的御家人，得到的封赏究竟有多少呢？日本史料《筑后国史》记载了公元1305年（嘉元三）对横沟资为的奖赏，由此可见一斑：④

> 弘安四年蒙古合战勋功赏配分事
> 一人横沟马次郎资为法师
> 田地五町筑后国三潴庄田胁村午尾田孙太郎迹
> 一所一町二十六条一甲东预町
> 一所一町美栗町
> 一所一町荐町
> 一所一町高房
> 一所一町须田町
> 屋敷二宇
> 一宇弥次郎丸

---

① 《都甲文书》，《大宰府天满宫史料》卷八，第359页。
② 《西牟田系图》，《大宰府天满宫史料》卷八，第362页。
③ 《江上系图》，《大宰府天满宫史料》卷八，第362页。
④ 《筑后国史》三十七《横沟氏系谱小传九》，《大宰府天满宫史料》卷九，第248页。

一宇八郎太郎

右、孔子配分如此、早守先例、可令領知之状如件、

（北条政显）

嘉元三年四月六日上总介平朝臣花押

横沟助三郎殿

御家人横沟资为受的恩赏是筑后国三潴庄和两间房子，其面积为"田地五町"，大小仅相当于现代 0.05 平方公里。① 另外，文书最后出现了"孔子配分"字样，这表示一种"神供"（供献祭祀时所支出费用等）。换言之，他虽然得到了恩赏，但这些恩赏中还要包括一些对寺庙供献上的义务等。

由此可知，在有限的土地下，一些武士分配到的仅是一些俸禄的恩赏，并没有土地的实际使用权。幕府由于没有足够的土地可供大量的恩赏，维系御家人对幕府向心力的恩赏地，竟然还要用抽签的方式来实施，而且分配到的土地是好是坏全凭运气，即使分配到土地也不大，这反而造成了更大的不满。

三、战后恩赏的乱象

由于大量有功御家人没能及时得到应有的恩赏，或者即使有幸抽签得到，也会面临很多问题。例如，肥前国御家人青方高继，状告弟弟青方高光侵占了本应属于他继承的土地，这块土地为其祖父在"弘安之役"立功得到的奖赏，而今却无端被弟弟占有。② 除此之外，甚至还出现御家人因对战功恩赏不满而放火事件。③

---

① 赵莹波：《浅谈唐宋元时期东南沿海与日本肥前国的海上交通和贸易》，《史林》2016 年第 6 期，第 42 页。
② "肥前国御家人青方高繼，亡父高家勳功の地同国神崎庄内田地三町を，弟高光等の押妨する訴う。""肥前国御家人青方八郎高繼謹言上欲早被停止舍弟藤四郎高光（青方）与吉田左卫门太郎入道迹辈，内通同心奸诉，蒙御成败，亡父高家相传勋功地当国神崎庄内田地三町屋敷以下事。右、田薗等者，为去弘安四年异贼合战勋功赏，祖父青方太郎入道觉心心拜领之地也，子息高家高继、高光等亡父相传领掌地也。爰至高继者，为高家嫡子之间，彼亦尤高继领知不可有违之处，就舍弟高光就掠并领之由，吉田左卫门太郎入道迹辈致内通相论之条，太奸谋次也然早被停止彼滥诉，高继为预裁许，粗支言上如件。文保三年（1319）六月日。"摘自《青方文书》，《大宰府天满宫史料》卷十，第 50 页。
③ "国分次郎友贞申萨摩国分寺领追捕放火狼藉事，重诉状如此，同彦次郎友任不应度度召文云云，相寻实否，载记请之词，可被注申候，仍执达如件。元亨三年（1323）二月二十八日修理亮（北条英时）御判。"摘自《萨摩旧记》前编卷十《国分寺文书》，《大宰府天满宫史料》卷十，第 124 页。

元日战争后，虽然由于对战后恩赏不足，加速了御家人贫困和衰落，但幕府北条得宗①的专制却得到加强。御家人作为镰仓幕府的政治和军事基础，御家人的稳定也就是幕府的稳定，所以御家人陷入了贫困，则自然会危及幕府的基础。于是，为了挽救幕府的统治，幕府于公元1297年颁布了旨在经济上救助御家人的"永仁德政令"。②但事与愿违，"德政令"招来了经济和社会方面的混乱，反而加剧了御家人贫困。仅靠强制性"德政"已经无法挽救。③

　　另外，由于恩赏的不公、"永仁德政令"的失败，标志着幕府权威的丧失，导致"恶党"的出现。"恶党"是指反抗庄园领主以及幕府体制的新兴武士，他们一边利用政治、社会的动荡，以武力拒绝缴纳年贡，一边抢夺年贡米，导致了旧秩序的崩溃。④公元1333年（元弘三），御家人倒戈，镰仓幕府灭亡。

　　由于日本战后"恩赏"乱象，导致幕府日趋没落，而此时，东亚局势也出现变化。公元1294年元世祖忽必烈去世，对日本来说，缓解或消除了与元朝第三次战争的可能性。而巧合的是，幕府也在这一年停止了"弘安之役"的恩赏诠议。⑤元成宗即位后，立刻着手改善与日本的关系，并于1297年派元僧一山一宁携国书出使日本，开启了与日本的睦邻关系。"成宗三年三月癸巳，缅国世子信合八的奉表来谢，赐衣遣还。命妙慈弘济大师、江浙释教总统补陀僧一山赍诏使日本，诏曰：有司奏陈，向者世祖皇帝尝遣补陀禅僧如智及王积翁等两奉玺书通好日本。"⑥一山一宁搭乘的是日本的商船⑦，而更为巧合的是，幕府也在这一年颁布了旨在缓和御家人矛盾的"德政令"。

---

① 得宗是指北条氏嫡系的当主（家督）。到来镰仓后期，幕府的实权被包括北条氏家族的得宗和其直系家臣御家人把持，专制的倾向在逐渐加深。
② 永仁德政令内容：1. 禁止越级上诉（或再审）；2. 禁止把御家人的所领作为抵押买卖；3. 御家人之间领地买卖和抵押以及买卖未满20年的无常返还。御家人与非御家人（凡下）之间的领地抵押和买卖无偿归还。4. 不受理有关金钱借贷的诉讼。
③〔日〕佐藤进一编：《中世法制史料集》第一卷《镰仓幕府法》，第302页。参见王金林：《日本中世纪史》（上下卷），第503页。
④《図説日本史》，東京書籍2003年版，第90—92页。
⑤ 李寅生：《中日古代帝王年号及大事对照表》，四川辞书出版社2004年版，第125页。
⑥《元史》卷二〇《本纪第二〇》。"正安元年十月八日，宋朝僧正子云，一宁参着镰仓，一宁持大元国书。"摘自《北条九代记》，《大宰府天满宫史料》卷九，第153页。
⑦ "大德二年（永仁六）夏，我商船薄明州……皇帝圣旨下省、赐师金缕衣及妙慈弘济大师号，泛溟波到日本，通一国之好……剧遂附日本船，于是乎，风浪鼓荡，樯析柁摧，修补仅成，驰三四日，到高丽绝徼，又速奔一日，出没涛山浪岳间，漂簸而着于博多，本朝正安元也。"摘自《妙慈妙济大师行记》，《大宰府天满宫史料》卷九，第153页。参见〔日〕木宫泰彦：《日中文化交流史》，胡锡年译，商务印书馆1980年版，第390页。

中日之间开始出现缓和迹象，日本商船也开始赴元开展贸易，船上时常搭载有入元僧。① 另外，在"弘安之役"期间，无法赴元的天龙船也重新入元。"历应年中，新建'天龙船'，由是有人入元之船，必彼方后至元五六年之间也，自弘安四年至此五十八九也，此间不可有两国通商之使。"② 天龙船是室町幕府的官船，也有学者认为是取代镰仓幕府的室町幕府为恢复与元朝的邦交而特别派遣的。③ 另外，在此稍前，高丽也先后派遣国使洪君祥、金有成借送还被耽罗扣押的两名日本船员为名，携国书向其示好，并替元朝来招安日本。④ 从此，东亚又开始了新一轮的博弈和整合。

---

① 一三〇五年、一三〇六和一三〇七年连续三年都有日本商船赴元庆元开展贸易，并有入元僧搭乘。参见〔日〕木宫泰彦：《日中文化交流史》，第 390 页。
② 〔日〕田中健夫：《善鄰國寶記新訂續善鄰國寶記》，集英社 1995 年版，第 96 页。
③ 〔日〕木宫泰彦：《日中文化交流史》，第 395 页。
④ 《九条九代记》："正应五年十月，高丽使金有成等到着，翌年被召下关东讫。"《东国通鉴》："忠烈王十八年九月壬午（廿四），元遣洪君祥来，命我护送日本人还其国，又令招谕日本。"摘自《大宰府天满宫史料》卷九，第 82 页。

丝路文脉

石家庄毗卢寺释迦殿壁画内容新考
——兼及敦煌本《佛说孝顺子修行成佛经》的壁画流传

王晶波　韩　红

（兰州大学敦煌学研究所）

【摘　要】　作为石家庄毗卢寺壁画的重要组成部分之一，释迦殿壁画内容长期以来未得到清晰认识。本文以壁画榜题为依据，结合敦煌唐写本《佛说孝顺子修行成佛经》和明代《释迦如来十地修行记》《金牛太子宝卷》等文献所载，对毗卢寺释迦殿壁画内容及其来源重新进行考释，判定壁画所绘为释迦如来十地修行故事，其中部分内容源自唐写本《佛说孝顺子修行成佛经》。有关考释，不仅有助于正确认识毗卢寺释迦殿壁画内容、深入了解《佛说孝顺子修行成佛经》及释迦如来十地修行故事在明清时代的传播影响，也为我们认识其他佛教寺院的同类壁画提供一个有益的视角与例证。

【关键词】　金牛太子；孝顺子；佛本生故事画；十地修行

石家庄毗卢寺位于河北省石家庄市新华区杜北乡上京村，因主殿毗卢殿中央佛台上供奉的毗卢遮那佛而得名。经学者考察，该寺初建于唐天宝年间[①]，后来经历多次重建，如元至正，明洪武、永乐、宣德、正统、景泰、天顺、成化、弘治、嘉靖，以及清乾隆时期均曾有重修记录，是一座历经千余年而香火不绝的古寺。现存主要有伽蓝堂、祖师堂、释迦殿、钟楼、鼓楼、毗卢殿等建筑。其中，主殿毗卢殿的水陆会壁

---

① 参见孙启祥：《毗卢寺壁画》，河北美术出版社2007年版；张世标：《石家庄毗卢寺》，《文物世界》2008年第5期，第59页。

画，由于艺术水平较高而且保存亦佳，得到学界较多关注，有不少论著加以介绍①，专门研究的也有不少，有从艺术角度进行探讨的②，也有从社会历史宗教思想等方面进行了多角度的论述与研究③。而前殿释迦殿则因壁画保存状况较差，漫漶不清，尤其是内容认识不清，故学界对之关注较少，从未公布壁画照片，仅有少量文章对其内容、时代进行讨论。其中，以《石家庄毗卢寺释迦殿壁画考释》（以下简称《考释》）一文为代表，对殿内残存壁画、墨书题记并结合碑刻资料进行释读分析，考证释迦殿壁画内容及风格、年代及画匠，解读壁画所绘佛本生故事在民间的流传。④ 该文从总体上对释迦殿壁画进行了考察，将壁画内容与相应榜题进行识读辑释，并据此对释迦殿壁画的性质进行了初步判定。文章首次详细揭示了毗卢寺壁画内容及相关榜题，为人们认识了解释迦殿壁画及其内容提供了重要依据。不过，由于考释者未能找到壁画内容的文献出处，故虽识读出榜题，但对壁画所绘具体内容及意义性质等仍未能做出清晰准确的判断。笔者近期考察敦煌存唐写本《佛说孝顺子修行成佛经》时，发现其内容与毗卢寺释迦殿壁画内容有不少相同之处，经仔细对比分析，判定释迦殿壁画的一部分内容的确源自这部失传千年的佛教典籍，是久佚的佛教本生故事经典《佛说孝顺子修行成佛经》（即《银蹄金角犊子经》）在民间长期传播演变的结果。⑤ 本文以

---

① 康殿峰主编：《毗卢寺壁画》，河北美术出版社 1998 年版；金维诺主编：《河北石家庄毗卢寺壁画》，河北美术出版社 2001 年版；王素芳、石永士编著：《毗卢寺壁画世界》，河北教育出版社 2002 年版；高春秋、王树谦编著：《毗卢寺的历史与传说》，河北教育出版社 2003 年版；孙启祥：《毗卢寺壁画》，河北美术出版社 2007 年版。

② 从艺术角度展开对毗卢殿壁画研究的文章如下：陈耀林：《毗卢寺和毗卢寺壁画》，《美术研究》1982 年第 1 期，第 67—75 页；朱训晓：《毗卢寺初考》，载中国人民政治协商会议、河北省石家庄市郊区委员会文史资料编辑委员会编：《石家庄市郊区文史资料》第 1 辑（1989 年），第 15—27 页；马天瑜：《石家庄毗卢寺壁画画风源流之研究》，河北师范大学研究生学位论文，2006 年；王志庭：《毗卢寺及其壁画溯源刍议》，《大众文艺》2011 年第 11 期，第 189 页；陈丽荷：《石家庄毗卢寺水陆壁画的绘画构图研究》，《现代装饰（理论）》2014 年第 11 期，第 201 页；等等。

③ 有关毗卢殿壁画社会历史方面研究的文章如下：孙英臣：《关于毗卢寺民间宗教信仰活动的调查与思考》，《河北省社会主义学院学报》2012 年第 4 期，第 38—41 页；孙启祥：《毗卢寺创建年代、壁画绘制年代略考》，《文物春秋》1994 年第 2 期，第 60—61 页；苏金成：《石家庄毗卢寺水陆画研究》，东南大学硕士学位论文，2006 年；苏金成：《石家庄毗卢寺水陆画宗教思想探析》，《艺术百家》2007 年第 4 期，第 181—183 页；曹静、谷晓龙：《燕赵文化的典范——毗卢寺壁画考证》，《石家庄职业技术学院学报》2008 年第 3 期，第 8—9 页；李欣苗：《毗卢寺壁画中五岳主神辨识》，《文博》2004 年第 2 期，第 54—59 页；等等。从佛教艺术史角度提及的也有不少，如赖永海、王月清主编：《中国佛教艺术史》，南京大学出版社 2017 年版，第 227 页。

④ 张永波、田亚涛：《石家庄毗卢寺释迦殿壁画考释》，载河南省古代建筑保护研究所编：《文物建筑》第 5 辑，科学出版社 2012 年版，第 57—63 页。

⑤ 王晶波：《从敦煌本〈佛说孝顺子修行成佛经〉到〈金牛宝卷〉》，《敦煌学辑刊》2017 年第 3 期，第 77—94 页。

《考释》一文所揭壁画内容及榜题为依据，结合敦煌写本《佛说孝顺子修行成佛经》和明代《释迦如来十地修行记》等文献所载，对毗卢寺壁画重要内容组成之一的释迦殿壁画内容及其来源重新进行考释，以期为正确识读释迦殿壁画内容、了解《佛说孝顺子修行成佛经》《释迦如来十地修行记》在明代的传播影响、认识其他佛教寺院的同类壁画，提供一个新的视角与例证。

一、敦煌本《佛说孝顺子修行成佛经》及其相关问题

为使读者对文章所论背景及内容有一个完整的认识，这里先谈一下有关唐写本《佛说孝顺子修行成佛经》的问题。

敦煌存唐写本《佛说孝顺子修行成佛经》（以下简称《孝顺子》）[①]，是赖敦煌石窟才得以保存下来的一部佛本生故事经典，本名《银蹄金角犊子经》（以下简称《犊子经》），又称《孝顺子应变破恶业修行经》。该书最早著录在隋彦琮《众经目录》（602）[②]中，其后，明佺《大周刊定众经目录》（695）[③]、智昇《开元释教录》（730）[④]、圆照《贞元新定释教目录》（800）[⑤]也都著录了它。后二书，除本名《银蹄金角犊子经》外，还著录了《孝顺子应变破恶业修行经》这一别名。《佛说孝顺子修行成佛经》之称仅见于敦煌本，同样也是它的别名。以上四种经录都将《犊子经》（即《孝顺子》）归入"伪经"之属。因被当作"伪经"看待，历代大藏经均未予收录，九世纪之后，《犊子经》亦不再有记录。

二十世纪八十年代末，方广锠先生依据敦煌存《孝顺子》，从故事结构、表现方法、思想文化特点等方面举出 13 个证据，证明该经不是伪经，而是印度佛教初期密

[①] 该写本由三个卷号缀合而成，分别是中国国家图书馆藏的 BD04264 号、俄罗斯圣彼得堡东方文献研究所藏的 Дх.02142 与 Дх.03815 号。其中，俄藏的两个卷号可以缀合，内容顺序在前；国图藏本内容在后。这两处藏本中间有残缺，不能直接缀合。图版可参见：中国国家图书馆编、任继愈主编：《国家图书馆藏敦煌遗书》第 57 册，北京图书馆出版社 2007 年版，第 258—261 页；俄罗斯科学院东方研究所圣彼得堡分所、俄罗斯科学出版社东方文学部、上海古籍出版社编：《俄藏敦煌文献》第 9 册，上海古籍出版社、俄罗斯科学出版社东方文学部 1998 年版，第 44 页。
[②]《仁寿录》卷四，《大正新修大藏经》第 55 卷，台北新文丰出版公司 1983 年版，第 174 页。
[③]《大周刊定众经目录》卷十五，《大正新修大藏经》第 55 卷，第 473 页。
[④] 智昇《开元释教录》卷十八："《银蹄金角犊子经》一卷，或云：《孝顺子应变破恶业修行经》。"见《大正新修大藏经》第 55 卷，第 676 页。
[⑤]《贞元新定释教目录》卷二十八，《大正新修大藏经》第 55 卷，第 1021 页。

教所撰的佛本生故事,属于翻译典籍①。他的考察,使得这部被误认为"疑伪经"千余年的经典最终洗清了"不白之冤",结论得到学界认同。

其后,围绕《孝顺子》,中外学者多有讨论和发现。

首先,是在韩国发现了《释迦如来十地修行记》之《第七地·金犊太子》。《释迦如来十地修行记》是编成于元泰定五年(1328)的讲述释迦如来十个最有名本生故事的集子,其中的《第七地》讲述金牛太子本生故事,在韩国又称《金犊太子》。日本学者牧野和夫、齐藤隆信与中国学者方广锠等根据韩国所存《释迦如来十地修行记》之《第七地·金犊太子》,考察了这部佛本生故事典籍在韩国流传的情况,认定《第七地》的故事来源就是《孝顺子》②;李小荣先生则根据《孝顺子》残卷中提到的以猫换太子的内容,讨论了它与古代"狸猫换太子"故事的关系,认为"狸猫换太子"故事的来历受到了《孝顺子》一类佛典的影响③。也有学者认为《孝顺子》八世纪之后在中国失传,故怀疑清初流传的"狸猫换太子"故事是否有可能受到了朝鲜回传的《金犊太子》的影响④,等等⑤。

笔者在以上学者研究的基础上,对《孝顺子》的流传及影响进行了进一步的考察,发现这个佛本生故事其实并未如学者所说八世纪后已在中国失传,它的影响也不止于朝鲜半岛所存的《第七地·金犊太子》,以及清代评书《三侠五义》中"狸猫换太子"故事,而是仍旧广泛流传于明清时期的民间社会,故事的基本内容、情节乃至佛本生故事的特点也大体上一仍其旧,只不过不再使用《孝顺子》或者《金犊太子》之名,而是随着社会时代的改变,采用了新的名称与形式。这个传播的媒介,主要就是明清时期民间影响极大的宝卷,其代表作品,就是《金牛太子宝卷》(也称《金牛宝卷》)⑥。除以口头讲唱及传抄的方式流传外,故事还以图画的形式传播,这种图画传播的主要代表就是本文讨论的石家庄毗卢寺释迦殿壁画。

---

① 方广锠:《敦煌写经〈佛说孝顺子修行成佛经〉简析》,《南亚研究》1988年第2期,第60—72页。
② 〔日〕牧野和夫、〔日〕齐藤隆信:《中国国家图书馆藏〈佛说孝顺子修行成佛经〉俄罗斯科学院圣彼得堡分所藏同经断简と朝鲜顺治十七年刊〈释迦如来十地修行记〉所收〈第七地金犊太子〉について》,《日本实践女子大学文学部纪要》第45集(2002年),第1—24页;方广锠:《关于〈佛说孝顺子修行成佛经〉的若干资料》,《南亚研究》2007年第1期,第69—77页。
③ 李小荣:《〈狸猫换太子〉的来历》,《河北学刊》,2002年第2期,第149—152页;《敦煌密教文献论稿》之第九章第五节《〈狸猫换太子〉与佛典》,人民文学出版社2003年版,第359—378页。
④ 方广锠:《关于〈佛说孝顺子修行成佛经〉的若干资料》,第77页。
⑤ 有关研究的具体情况,可参见王孟:《谈敦煌遗书〈佛说孝顺子修行成佛经〉的研究》,《敦煌研究》2015年第4期,第83—88页。
⑥ 王晶波:《从敦煌本〈佛说孝顺子修行成佛经〉到〈金牛宝卷〉》,第77—94页。

概括起来说，学界目前对敦煌本《佛说孝顺子修行成佛经》已经形成如下认识：

1. 《孝顺子》就是《银蹄金角犊子经》，历史上一直被误认为伪经，而实际上是印度佛教早期密教时所编写的佛本生故事典籍，至少在七世纪初就已翻译传入中国。

2. 作为经典的《孝顺子》(《犊子经》)虽然失传，但作为佛本生故事并未失传，可能在宋时已经被改编为民间讲唱本文，到元时编入《释迦如来十地修行记》，流传到朝鲜半岛；明清至民国时这个故事除随《十地记》流传外，更以单本《金牛太子宝卷》之名广泛传播。

3. 中国民间的《狸猫换太子》故事，其真正源头来自《孝顺子》一类的佛典，而非宋代李宸妃生子被换的宫廷传说。

《孝顺子》(唐代)所载佛本生故事，内容大致如下：

(前残)栴陀罗颇黎国王在外的时候，其第三夫人生了太子，另外两位夫人设计用狸猫调换太子，将太子喂食母牛，谎说三夫人生了猫子。三夫人被打入磨坊做苦工。母牛生下银蹄金角牛犊，国王十分喜欢，两位夫人又设计加害，假装生病要吃牛犊心肝，国王无奈，交屠户杀牛，牛犊求屠户放过，屠户以天帝释所变黑狗心肝替之。牛犊逃出，行至舍婆提国，逢王女招亲，选中牛犊，王怒欲杀女，天帝释变作大臣劝解，遂逐牛犊公主出城。牛犊与公主行至金城，牛犊脱去牛皮，变回人身，称作金城国天子。太子公主潜回栴陀罗颇黎国探母后，又集金城、舍婆提国两国兵马赴栴陀罗颇黎国，对国王讲明真相，救出母亲，国王欲杀两位夫人，太子阻之。国王让位出家，太子报恩，封屠户为国相。太子及母亲肉身成佛。两位夫人不思悔改，被天帝释惩罚而死。

承接《孝顺子》而来的《释迦如来十地修行记·第七地》(元明)的内容基本相同：

开头点明如来在波利国中为太子。波利国王梦凶，离国避祸，其第三夫人普满生太子，另两位夫人殊胜、净德合谋以猫子换出太子，多般害之不死，投牛圈使母牛吞下。普满被罚在磨坊推磨。母牛产金角银蹄牛犊，王爱之。牛犊夜至磨坊认母。两位夫人诈病要吃金牛心肝，屠户以家犬心肝替之，放牛逃生。金牛东至高丽国，被公主抛绣球招为婿，二人被逐。金牛得天帝释赠仙果，脱皮变现人身，为金轮国王迎去嗣继王位。太子带兵回本国见父，说明真相，救出母亲，宽恕两位夫人，封屠户为大臣。太子携母归金轮国奉养。太子、普满坐化。

《金牛太子宝卷》(明清民国)所述故事梗概如下：

周时亳州吴员外之女金花一心向佛，往灵山途中为老石精劫去，天兵及波利国王将之救回，波利王纳金花为第三妃，称普满夫人（娘娘）。王梦不祥，离宫避灾。金花生太子，二位王后以猫子换太子，多般害之不死，喂母牛吞食。普满被打入冷宫推磨。母牛生金角银蹄小牛犊，王爱之。二后诈病欲食牛心肝，陈屠户以犬心肝替之。金牛出城，至高丽国被公主招为婿，与公主被逐出。金牛得太白金星（或观音）赠仙丹仙果，脱去牛皮变现人身。至金轮国成为国王。太子带兵归国救母，见父说明因由，救出母亲，饶恕二后，将王位让给陈屠户。太子与父母岳父母超升净土。

由以上故事的大概内容可见出，从隋唐到明清民国，虽然历经千年，除个别情节、国名有所变化，但《孝顺子》故事的基本内容、情节结构、人物、性质都大体相同，保持了最早传入中国时的旧貌，没有发生大的改变，可以说，直到民国时期的《金牛太子宝卷》，这个故事的佛本生性质都一如其旧。

二、释迦殿东壁"金牛太子"故事来源与敦煌本《孝顺子》

据笔者 2018 年 1 月考察所见，释迦殿内壁画保存状态尚可，人物场景与故事画面虽不甚清晰，亦可大体辨认，较《考释》一文中所说"漫漶损毁严重"的情况稍好一些。据毗卢寺博物院工作人员介绍，该院此前曾请敦煌研究院保护所人员帮助除尘，目前这样的壁画效果应该就是此次除尘保护的结果吧。

释迦殿现存壁画 83 平方米，分布在殿内四壁。殿南北壁均设有门，将南北两壁一分为二，故有六壁壁画，按顺时针方向依次可为南墙西壁、西壁、北墙西壁、北墙东壁、东壁、南墙东壁。有关壁画内容，释迦殿门口悬挂的解说牌上是这样介绍的："墙上壁画为明嘉靖年间所绘，内容是佛传故事和中国民间传说《狸猫换太子》故事，其特点是：一、以连环画的形式展现。二、汉化的佛传故事。"《考释》一文调查的结果是这样的：南墙西壁、西壁、北墙西壁，所绘"为同一题材的佛传壁画，宣扬释迦牟尼佛一生的故事"；北墙东壁、东壁、南墙东壁，所绘"为同一题材相关内容，为佛本生故事壁画，讲释迦牟尼前无数生的事迹"[1]。也就是说，该文以前后门为界，将释迦殿东西两边的壁画内容分为两个部分，西侧为佛传故事，东侧为佛本生故事，其中主要是中国民间传说《狸猫换太子》故事。

那实际的情况又如何呢？我们先从东壁壁画谈起。

据《考释》一文所录榜题，可知东壁所绘内容与所谓"狸猫换太子"故事有关。

---

[1] 张永波、田亚涛：《石家庄毗卢寺释迦殿壁画考释》，第 58 页。

此壁共录出榜题71条①,经笔者辨别考识,其中可归入此故事的有42条,移录如下:

□请金牛太子入金轮国、金轮王同玄武□人□山、□□金轮王山降□、天□牛空而去、仙人送药牛□脱皮、官主听牛□□□□、金牛太子换本国见父王、王将二始□生□罗□、高丽国□□□□、太子与母祷告恬□梳妆、官中高楼抛彩毬牛接毬、□□太子□□□鹿、□□□□替牛死之、旃拖(陀)罗受命害牛、金牛脱皮走高丽国、王宣屠夫害牛、二始宣医官定计害牛、贬入冷官推磨、金牛入冷官替母推磨、宣医官治二世用牛心□□、医官进牛心肝与二始、二始宣生凄定计、二始宣医要牛皮、使臣取金牛皮、金牛太子还国三圣升天、波利国请金轮王还国、金轮王开赦、□□□□;□云山王桔草为庵、□□降生波利国为、□□波利国王、波利国王嘱咐三官入山游□、王生清凉罪责、西宫生太子离(狸)猫底(抵)换、抱太子□□尺高□□□未□、□□抱太子见二后入笼蒸、送太子喂虎不食抱回、抱太子喂恶牛吞之□□、□□化□见子、普满王□报王得知、王迴还宣普满罪责、普满同夫升天。②

由此榜题可知,东壁所绘内容,正是敦煌本《孝顺子》所讲的"银蹄金角牛犊",即"金牛太子"的故事。《考释》作者认这一故事为"根据北宋宫廷生活内容演绎的'狸猫换太子'故事","推测可能为佛本生故事中与此类似的佛教寓言小品",并联想到"《鹿母夫人》之类",可谓有识,但归之为"民间画工为便于当地百姓理解,通过乡民熟悉的故事移花接木直接采用中国古代历史故事替换"③,即将其认定为"中国古代历史故事",则失于武断。因不明故事内容,所释录榜题顺序颠倒错乱,个别文字亦有误。

今依敦煌文书 BD04264《佛说孝顺子修行成佛经》、韩国高大本《释迦如来十地修行记》以及《金牛太子宝卷》等文献所提供的故事情节,将释迦殿的这些壁画榜题重新按照故事情节发展排序,并以榜题为线索,列出其他文献中相同或相近情节梗概,以表格的形式并列呈现,以具体表现出其情节发展变化及所受影响之轨迹。

---

① 参见张永波、田亚涛:《石家庄毗卢寺释迦殿壁画内容考释》,第59—60页。
② 张永波、田亚涛:《石家庄毗卢寺释迦殿壁画内容考释》,第59—60页。
③ 张永波、田亚涛:《石家庄毗卢寺释迦殿壁画内容考释》,第63页。

表 1 释迦殿壁画榜题故事情节对比

榜题情节顺序 \ 文献与时代	孝顺子 敦煌存唐写本	第七地 高丽大学藏明刻本	金牛太子宝卷 国图藏民初石印本	释迦殿东壁榜题 明嘉靖末年绘
1	残（流通分有交代）	如来昔日在波利国中，为太子		□□降生波利国为
2	残			□□波利国王
3	残（后文可见）	嘱咐三宫，统人马往清凉山躲灾	玻璃国王嘱咐三宫入山躲灾	波利国王嘱咐三宫入山游□
4	残	二后买通产婆害太子	两宫与国舅定计命稳婆害太子	二始宣生凄（婆）定计
5	第三夫人生太子猫子换却	普满生太子猫儿换之	三宫生太子猫儿换之	西宫生太子离（狸）猫底（抵）换
6	残	刀割绳绞，凌辱不死	被闷、刀斩、高楼抛下均不死	抱太子□□尺高□□□未□
7	残	无	入铁笼蒸七日、抛黄河，不死	□□抱太子见二后入笼蒸
8	残	送入山涧虎狼不餐	丢山上喂虎狼不食	送太子喂虎不食抱回
9	将太子投牛圈产牛吞之	投牛圈母牛吞之	裹青草喂牛吞之	抱太子喂恶牛吞之□□
10	二后作书谎报三夫人生猫子	二夫人谎称小夫人生怪儿	表章奏君请回还	普满王□报王得知
11	王命遣入磨坊作工	王命剪发齐眉，罚在磨坊推磨	无	王生清凉罪责
12	残	无	万岁回宫问普满（金花）罪责	王回还宣普满罪责
13	残（后文磨坊磨麦）	打入磨坊作苦工	打入冷宫粗作	贬入冷宫推磨
14	残	金牛入磨坊认母替母推磨	金牛冷宫认母舔疮	金牛入冷宫替母推磨
15	残	二夫人买通医官诈病	两宫与国舅定计买嘱医官	二始宣医官定计害牛
16	残	王宣医官入宫看病	王召太医入宫	宣医官治二世用牛心□□
17	王命诸臣勿在宫中煞牛	宣屠户归家杀牛	王宣陈屠户杀牛	王宣屠夫害牛
18	屠儿受黄门命打煞牛儿	屠户受命	陈屠户受命杀牛	旃拖（陀）罗受命害牛

(续表)

文献与时代 榜题情节顺序	孝顺子 敦煌存唐写本	第七地 高丽大学藏明刻本	金牛太子宝卷 国图藏民初石印本	释迦殿东壁榜题 明嘉靖末年绘
19	天帝释变黑狗死之	取家犬杀之	杀亲子替牛儿（他本为家犬）	□□□□替牛死之
20	屠儿送犊子心肝至宫里	医官制心肝成药	宫娥将牛心肝进于两宫	医官进牛心肝与二始
21	无	无	娘娘宣内使取牛皮	二始宣医要牛皮
22	无	无	云端落下金牛皮	天□牛空而去
23	无	无	陈大将牛皮交公差	使臣取金牛皮
24	无	无	无	□□太子□□□鹿
25	犊子行三千里至舍婆提国	随老人东至高丽国	行至高丽国	高丽国□□□□
26	王女金钟盛蒲桃酒选中犊子	高楼抛彩球打中牛身	宫主高楼抛珠球中牛	宫中高楼抛彩球牛接球
27	至金城国自脱牛皮	仙人赠丹牛儿脱皮	金星赠仙丹金牛食之脱皮	仙人送药牛□脱皮
28	无	无	牛儿向公主述说身世经历	宫主听牛□□□□
29	无	旃檀林内，结草为庵	无	□云山王桔草为庵
30	无	天帝释托梦金轮王荐金牛太子嗣位	无	金轮王同玄武□人□山
31	无	金轮王至旃檀林茅庵请太子	无	□□金轮王山降□
32	号金城国天子	请金牛太子入金轮国为王	至金轮国揭榜为君	□请金牛太子入金轮国为王
33	无	离了金国，西过高丽	金牛与公主回到高丽国	金牛脱皮走高丽国
34	太子带两国兵马回国	带兵马还本国见父王	太子带三军回国见父王	金牛太子换本国见父王
35	无	无	无	□□化□见子
36	太子见母沐浴梳妆	太子为母祷告舔目梳妆	太子祷告为母舔目梳妆	太子与母祷告恬□梳妆

(续表)

榜题情节顺序 \ 文献与时代	孝顺子 敦煌存唐写本	第七地 高丽大学藏明刻本	金牛太子宝卷 国图藏民初石印本	释迦殿东壁榜题 明嘉靖末年绘
37	国王欲杀二夫人	王欲治二夫人等重罪	国王要杀两宫等	王将二始□生□罗□
38	太子祈佛，不能生害	太子祈宽免国王大赦罪人	太子求宽恕诸人	金轮王开赦
39	无	无	无	波利国请金轮王还国
40	太子共母，不转凡身，即得成佛	与母同回金轮国先后坐化	太子与父母公主入五台山修行十六年后度众人往非相天宫	金牛太子还国三圣升天
41	无	无	太子度父母上云门	普满同夫升天
42				□□□□（榜题不清。在"金轮王开赦"与"□云山王桔草为庵"之间。）

从壁画榜题与其他文献情节的比较来看，释迦殿东壁所绘之金牛太子故事的佛本生故事性质相当明显，故事内容也非常丰富，情节详细，结构完整。相比之下，几种文献所载内容情节基本相同，仅少数情节稍有差异，如"抱太子□□尺高□□□未□""□□抱太子见二后入笼蒸""二始宣医要牛皮、使臣取金牛皮"等，不见于《孝顺子》及《第七地》，而与《金牛太子宝卷》相同；另外一些情节，如"□云山王桔草为庵""金轮王同玄武□人□山""□□金轮王山降□"等，与《第七地》相近，而不见于《孝顺子》和《金牛太子宝卷》。一些人名国名，如普满夫人、金轮国，壁画榜题与《第七地》《金牛太子宝卷》相同，《孝顺子》则未出现普满之名，金轮国作金城国。另有一些情节，各本全有，但内容稍有不同，如招亲形式，《孝顺子》用金钟葡萄酒，其他几种采用高楼抛球形式；太子见母、沐浴梳妆，《孝顺子》仅有见母、沐浴梳妆，其他文本则都加上了太子为母祷告、以舌舔母目的内容。

从根本上说，隋唐时期的佛教本生经典《佛说孝顺子修行成佛经》是毗卢寺释迦殿壁画故事的最早来源，就故事的发展脉络而言，释迦殿壁画榜题的情节内容，大约处在唐写本、明刻本与民初印本之间，具体内容则与其同时代流行的《金牛太子宝卷》一系讲唱文本的关系更密切一些。

三、释迦殿壁画与《释迦如来十地修行记》

"金牛太子"故事画之外,释迦殿东壁与北墙东壁、南墙东壁还绘有其他的佛本生故事画,如"婆罗国化布施昭阳将宝莲□与金□□长者""□竹林恶友害善友夺宝""土地指引善友游婆罗国""第八世为青衣童子""苏陀女童子昭化同献燃灯""童子同苏陀长者求布施"等,《考释》一文亦未能全部究其出处,仅指出"目前只确定壁画中的'善友恶友'故事出自《大方便佛报恩经·恶友品》"①。对西侧的壁画也只判定是"佛传故事"。

考察释迦殿壁画内容,除应具体了解画面所绘,还应注意与寺院修建相关的碑石文献与方志记载。据毗卢寺的调查②,毗卢寺所存相关各种石刻碑帖题记有十数通,这些文献记述和反映了从元代至正、明弘治—嘉靖年间到清乾隆、道光年间寺院重修的情况,其中特别值得注意的是《重修毗卢禅寺碑记》一文。该文由"赐同进士出身、前都察院右副都御史华阴刘文庄"撰于明嘉靖十四年(1535),记载了僧人道住(也称道铸)四十年间主持重修毗卢寺的事迹,其中载道:

> 既而购材鸠工群后,举旧者新之,缺者增之,丹垩金碧,辉映焕然,规制严伟,优异前日矣。其前殿三间,中塑释迦佛一、阿难迦叶二,栋施五彩,壁画十地。后殿三间,中塑毗卢佛一,菩萨二……皆因旧而重修者也。

这是目前所见的唯一一处直接提及前殿(即释迦殿)壁画内容的记载,明确指出前殿有建筑三间,其中塑有释迦与阿难、迦叶二弟子的佛像三尊,梁栋施以五彩装饰、墙壁绘画"十地"内容的情况,众多研究者都给予了重视,也往往引用此文概括介绍释迦殿及壁画内容,但迄今尚未有人对"栋施五彩,壁画十地"加以具体说明,尤其是关键的"壁画十地"四字,更无一句解说。其实,人们已经认识到这四个字是解读释迦殿壁画内容的关键,但因未能明了"十地"之义,故对释迦殿壁画的整体认识也就无法做到清晰明确。

现在,当我们了解了敦煌本《孝顺子》及明刻本《释迦如来十地修行》的内容,

---

① 张永波、田亚涛:《石家庄毗卢寺释迦殿壁画考释》,第63页。
② 孙启祥:《毗卢寺创建年代、壁画绘制年代略考》,《文物春秋》1994年第2期,第60—61页。

再结合释迦殿壁画的内容榜题，就可以明白，所谓"壁画十地"，指的就是释迦殿壁画所绘内容，是有关释迦如来"十地修行"的故事，简称"十地"。"地"在梵语中有住处、住持、生育之义，可以理解为住持所修功德、增长菩提，也可以理解为阶段或者次第。"十地"，即指菩萨修行过程的十个阶位或位次，亦称"十住"，常见的说法有三乘十地、菩萨十地，名称多种，各不相同，所达果位亦各有别，如三乘十地被认为是声闻、缘觉、菩萨三乘共修的位阶，又称共地，有干慧地、性地、八人地、见地、薄地、离欲地、已作地、辟支佛地、菩萨地、佛地；而菩萨十地则为大乘佛教所独有的菩萨修行的十个阶位，包括欢喜地、离垢地、发光地、焰胜地、难胜地、现前地、远行地、不动地、善慧地、法云地。以上这些也可分别用初地、二地乃至九、十地来表示。菩萨修行是个历时的过程，所以十地是一地一地逐级提高，后地胜于前地，最后成就佛道。

笔者目前所见到的记述释迦如来十地修行故事的典籍，是韩国高丽大学所藏的明刻本《十地记》。其书选取了释迦如来前无数世中具有代表性的九个本生故事，加上他出家修行最终悟道成佛的故事，编为一集，代表释迦由最初发菩提心修菩萨道，到不断精进提高，最后终于成佛的十个阶段或位次，故称"十地修行"。据高丽大学所藏明刻本的后记，该书成于元泰定五年（1328），编者不详。高大本《十地记》刻于明正统十三年（1448），是它的重刻删校本，由明代河南伊王府出资，承奉官普秀负责刊刻流通，后传至朝鲜半岛并保存下来。①

《十地记》所载的十个修行故事，分别是：

第一地：善鹿王以身代母鹿

第二地：忍辱太子舍身饲鹰

第三地：多宝国王舍身求法偈

第四地：摩诃萨埵舍身饲虎

第五地：忍辱仙人割截身体感化歌利国王

第六地：善友太子

第七地：金牛太子

第八地：善惠童子

第九地：须怛拏太子

第十地：释迦太子

---

① 详情参见王晶波：《从敦煌本〈佛说孝顺子修行成佛经〉到〈金牛宝卷〉》，第80—85页。

将毗卢寺释迦殿壁画榜题与《十地记》所载内容对照，二者有同有异，除了明显一致的第七地/东壁金牛太子故事外，笔者发现，南墙东壁、东壁、北墙东壁的壁画内容情节大致可以与《十地记》中的第二地、第六地、第八地、第九地及第十地的内容相对应，但具体人名、情节方面仍有不同。而北墙西壁、西壁、南墙西壁的内容，均不见于《十地记》。今将内容相同相近可以对应的部分列表如下：

表 2　释迦殿壁画榜题与《十地记》内容对比

出处 情节	韩国高大本《十地记》	毗卢寺释迦殿壁画榜题
	第二地：昔日如来在善住国中出身为忍辱太子……不恋皇宫快乐，心生顿悟，具奏父皇，父皇允奏，太子即便离城，往宝峰山上结草为庵，勤修善行……忽见白兔一只奔走向前，口出人言：望君相救性命……又见苍鹰赶来……乃为鹰曰：你要我身上血肉充饥，情愿舍与汝……	南墙东壁：辞后归山弃位修行、太子宝峰山中修行、□□王□□、□进石窟□
	第六地：昔日如来在波罗国太子，名善友……一日因出四门游戏，见生老病死之苦。……同往东洋大海婆羯罗龙王宫求此聚宝明珠。……至于海岸苦竹林中，……被恶友心生毒害，用铦竹刺坏其两目，欲令其死，夺取宝珠回国呈献父王。……尔时，善友太子在竹林中苦痛难忍，扪抹两无路，感得林中土地神化民人引出林处，恓惶回程。……正是五月端午节令，人民聚会……善友妃忽听楼下琴声音韵函雅……其夫人认得是太子……报知父王国母，宜至殿前。……召此医官与太子治眼，百药不效。尔时，父皇并国太夫人，焚香望空，祈祷三世诸佛，天仙地祇，水府灵神，愿我太子采宝一事果有真诚，愿此双目还复如旧。……尔时，善友同妻不恋皇宫富贵，辞别父母回向山，结草为庵，修行亦道然后功成行满，二人亦同坐化。	东壁：游罢四门□□□□、太子□□布林泉、太子入海□龙借□□、□竹林恶友害善友夺宝、土地指引善友游婆罗国、□□□□□王、五月五日妻见善友、善友太子见□王、夫妇二人祷告
	第七地：金牛太子故事（见上节）	东壁：金牛太子（略）
	第八地：如来昔日在雪山为童子，名善惠……造莲花国内，沿街教化……高门张一榜文，言曰：苏多长者有一女名苏多女……看榜文罢，速向门首，长者从门而出……苏多女出来……问答往来，周而复始，问答迅速，如雨如雷，对谈讲论七回……长者见仙童得胜，动静非凡，堪与女为夫……仙童答曰……只求法物，不用亲事。再三推托不已。……长者将此七件宝物，分付仙童，欢喜拜谢长者……女曰：将花何用？童曰：家家布列香花接燃灯佛，故买此花，贡献于佛……女曰：许我成亲，此花方卖。童子不从。女曰：今生不允，愿当来世，同道修行，结花为因，以花为愿。童子用花之际，即许。遂将七朵鲜花，分付童子前去献佛，同结良因……	东壁：第八世为青友童子、苏陀女童子昭化同献燃灯、苏陀女与单子相见、童子献宝仙人升空、童子与外道讲法、童子同苏陀长者求布施、青衣童子见化长者、长者与童子七□宝日、□□童子献□□

(续表)

出处 情节	韩国高大本《十地记》	毗卢寺释迦殿壁画榜题
	第九地：如来昔日在瞻波国中为太子，号须怛挐……太子将领妻儿同载一车，累路上，逢之贫人，衣服宝物及车牛尽行布施……直到檀溪山中，各立草庵，修行外道……老人答曰：久闻太子怜贫爱老，布施之心，老夫年庚九十，亦无男女侍奉，特来乞化男女，将家煎汤煮水，太子肯否？……太子将一双儿女分付公公……忽一日，又有老人至庵前……如前特来乞化夫人，于家作伴，未知允否？……夫人忽然惺识破劫前之事，辞别太子，随老人去当来必证佛位……	北墙东壁：婆罗国化布施昭阳将宝莲□与金□□长者、□皇□□□□象、□□王□□□□宫皇城、□□公在路□皇始□□、□□□□降生双子、□□□□皇始□ 东壁：婆罗门化昭阳王龙马去、婆罗门化王宝坐云去、婆罗门化昭阳王八般大力、婆罗门化昭阳五百香象、昭阳王济贫人
	第十地：昔日如来……投胎于摩耶腹中……出东门观看时，净居天化作一老人，发白背曲，扶杖而行。……复出南门，净居天化为病人，面黄骨露，呻吟气喘，不能自持。……出城西门，时净居天人念言：先现老病，今化作一死尸，停在路旁。……太子复出北门，燃灯佛庆其太子，化作僧人，身披火焰袈裟，右手执锡杖，左手托龙盂。……尔时僧人与太子说已，化道金光而去，太子念言：先见老病死，今遇僧人，开悟心怀，銮驾回朝。	东壁：昭阳游东门见老人、昭阳游南门见病人、昭阳游西门见死尸、昭阳进北门见无救□人、昭阳游罢四门还朝

上述内容的异同可分为三类：

一是情节相同的一类。即第六地、第八地的内容与壁画榜题内容一致，尤其是善友恶友的内容，几乎相同，而第八地的善惠童子虽然在壁画中称作青衣童子，但情节基本一致，苏多女与苏陀女的名字写法不同，是译音造成的结果，更可证二者是同一故事。

二是可判定为相同故事的一类。即第二地的内容，因壁画残损，仅"太子宝峰山修行"一句能对应上，但亦可判断二者所述是同一故事，所以邻近的榜题也应属第二地。

三是有差异有调整的一类。即第九地第十地的内容。第九地本是讲须怛挐太子布施的故事，第十地则是释迦太子出生、成长、娶妻及游四门见人生之苦一心出家修道最终成佛的故事，原是两个故事，但从榜题看，壁画中似乎是将二者揉而为一，即将须怛挐太子乐善布施、释迦太子游四门观人生之苦的内容合在一起，称之为昭阳王，可见二者内容相近但又有较大相异。

从壁画榜题看，与《十地记》内容情节相同或相近的部分，都分布在释迦殿的东侧，即南墙东壁、东壁、北墙东壁，分别是南墙东壁/第二地，东壁/第六、七、八、九地，北墙东壁/第九地，涉及十地中的五地，榜题共计81条。壁画面积也恰好是整个释迦殿的一半。

除东侧壁画外，《考释》一文还录出释迦殿西侧的另外三壁，即南墙西壁、西壁、北墙西壁的榜题80条，其内容不见于《十地记》，出处无考。不过，虽然不能确定其内容文本的来源以及哪些分属哪一地，还是可以推测，这三壁所绘内容，应当是第二、六、七、八、九地之外的另外五地，即第一、三、四、五及第十地的内容，这部分内容的性质并非《考释》一文所说的仅是佛传故事，实际应包含第一、三、四、五地的佛本生故事，以及第十地的佛传故事。

结合以上对释迦殿东侧壁画内容及"栋施五彩，壁画十地"记载的考察比较，可以确认，释迦殿的壁画内容，确实是释迦如来十地修行的故事，但其文本依据，并不是高丽大学所藏的明刻本《十地记》，而是另有所本。二者应属同一个系统，也可能有着共同的来源或者祖本，但由于不同的传播形式、传播途径，以及不同的受众要求，故其内容在流传过程中产生了较大的分化。

释迦殿壁画内容所依据故事与高丽大学明刻本《十地记》分属不同的文本，从榜题中亦可找到证据，如榜题中并不像《十地记》中称"第×地"，而是称"第×世，如"第八世为青友童子"。这种称法，与《金牛太子宝卷》倒有一些相似。国图本《金牛太子宝卷》末尾说：

> 此部《金牛太子宝卷》，是周朝兴基，成为八百六十年天下，分为列国，我佛慈悲，化现度人，歌利王割截身体，成为忍辱仙人，再化昭阳、宝莲、善友、恶友、金牛、鹿王，第九世化现释迦文佛，涅槃成西。后于汉明帝金人感梦，庄立佛像，释教启开。梁武帝大兴佛教沙门，广建丛林。达摩降世小林寺①，面壁九年。一花五叶，教分南北。漕洞灵济，祖祖相传，大明正德，三降尘寰，苦悟大乘正法，广度众生，不论在家出家，只要辨心，同成正觉。此乃无中化有，有中归无。佛心无处不慈悲，普愿世人同登觉道。金牛太子宝卷大序团圆。

这段话大致概括了释迦前世修行度人的故事，以及汉地佛教尤其是禅宗流传的历史。前一部分的故事其实也就是十地修行故事，但数量并不足十地，内容顺序也与

---

① "小林"即"少林"。

《十地记》及释迦殿壁画有所不同，但其中"第九世化现释迦文佛"的说法，与释迦殿壁画"第八世为青友童子"的榜题，竟如此相似，令人猜测它们可能有某种联系。后面部分提到"大明正德"的年号，表明了此本《金牛太子宝卷》的形成时间在大明正德（1506—1521）之际，而这一时间，又与释迦殿壁画绘制的嘉靖（1522—1566）年代前后相接，故笔者推测，释迦殿壁画的十地修行故事，与《金牛太子宝卷》所提及的十地修行故事，都是明代民间流行的通俗十地修行故事影响的结果。

释迦殿壁画的十地修行故事，内容更加通俗，加入了更多中国化的因素，尤其是西侧未能辨识来源的部分，如北墙西壁的"与孔子问答""东华门□□"，西壁的"西州接引""报道五台""奔走西域""卢沟桥践行"等榜题，中国的人名地名频频出现于佛本生或佛传故事，显然是普通的民间佛教信徒或者讲唱艺人在原来佛本生故事基础上附会演绎的结果。又因故事绘于寺院墙壁，观者主要是没有多少文化知识、不识文墨的普通民众，选择通俗易懂的内容，能得到更大认同，也会发挥更大宣传作用。

而《十地记》内容中虽然也有汉地影响的因素，但所占比例并不多，文本主要内容多来自佛教经典与本生故事集，且流传有序，民间信徒改编发挥的空间不大，受众也是具有一定文化素养或者粗识文墨的读书人，所以能够保持文本内容的相对稳定，通俗化或者汉化的程度相对较弱。

释迦殿的功用，《重修毗卢寺记》（1535）中有明确记载："所谓出入开阖，则有山门；祝寿焚修，则有如来之殿；护持金田、洪传释脉，则有伽蓝、祖师之堂；设水陆、供天神，则有毗卢之殿……"如来之殿，当然就是释迦殿，可知该殿是民众信徒向释迦如来祈求福寿及焚香修炼之所，壁画、殿名、塑像，三者一体，共同表明了释迦殿的性质与功用。

四、释迦如来十地修行故事与金牛太子故事的壁画传播

古代佛教寺院中绘制如来十地修行的故事，并不止石家庄毗卢寺释迦殿一处。笔者调查发现，明代绘有此类故事画的寺院，还有山西省平遥县的耶输祠。据明嘉靖四十一年（1562）《重修耶输神祠钟楼碑记》：

> 详夫耶输神祠者，其来远矣。始自周而至今，经万而有余。留墓冢显于遗炭之景，建宝塔而存千年之名。是于前代之间，始立正殿一所，内塑妆耶输圣像容仪，两壁彩绘十地修行故事。次建两庑，东则三大士菩萨、二八罗汉；西则子孙

圣母，侍列诸神。概县凡有官员士夫及富民人等，有缺子嗣者，敬来求之，必获应验，叙得子嗣，满愿随心者矣。此庙起盖年深，摧残颓毁，屡代重修不计其数也。近于嘉靖三十二年发心，众纠首人等，镕造簧一颗，敬发晨昏。又于三十三年，仍发诚心，续盖钟楼一所，不日而完成也。更有座庙，地基南北五十步，东西四十步，器用之物，俱不具此。恐后无凭，欲刻贞珉，垂为不朽云耳。①

这里所说的耶输神祠，明清时期也称耶殊夫人庙、耶殊庙、南神庙、南神圣母庙②，现称源相寺，位于平遥县城以南一公里的干坑村，始建年代无考。该庙正殿"内塑妆耶输圣像容仪"，《重修耶殊夫人庙记》（1510）说得更加明白："山西汾洲平遥县干坑里地方，在县治之南三里许，有耶殊夫人之庙，乃晋梵王储君悉达之妃也。志守贞诚，端一闲雅。质诸太姒而有光，故能飞上天台，已作王母之仙列。"③可知耶输神祠所祀主神是释迦牟尼出家前的妻子耶输陀罗夫人④，罗睺罗的母亲。正因如此，该庙被当地人作为求子祛病的神祠，"凡有官员士夫及富民人等，有缺子嗣者，敬来求之，必获应验，叙得子嗣，满愿随心者矣"（《重修耶输神祠钟楼碑记》），"凡生民命脉则王护之，平邑晋藩焚香士女，或祈男子之有生，或祷痘疹之无虑，举皆感应"（《重修耶殊夫人庙记》）⑤，所以到清末也就有了"南神圣母庙"的称呼。

正殿中除耶输主像之外，更加值得注意的是"两壁彩绘十地修行故事"的记载。这个耶输神祠主祀的虽然是耶输陀罗，但耶输夫人本人并没有十地修行的故事流传，所以此耶输神祠正殿的"两壁彩绘十地修行故事"，应该就是释迦如来的十地修行故事。这样的题材内容，与释迦夫人的身份及耶输祠的主题实际是一致的，二者并不矛盾。

---

① 张正明主编：《明清山西碑刻资料选》第1辑，山西人民出版社2005年版，第316页；史若民、牛白琳编著：《平、祁、太经济社会史料与研究》，山西古籍出版社2002年版，第300页。
② 《重修南神庙碑记》（1789），史若民、牛白琳编著：《平、祁、太经济社会史料与研究》，第302页。
③ 《重修耶殊夫人庙记》（1510），史若民、牛白琳编著：《平、祁、太经济社会史料与研究》，第298页。
④ 此碑记所载之"耶输"，又写作"耶殊"，如正德五年（1510）《重修耶殊夫人庙记》、正德八年（1513）《平遥县敬神安民之记》。《释迦如来十地修行记》"第十地"中写作"耶输"。所指为佛祖释迦牟尼出家前的妻子耶输陀罗，罗睺罗的母亲。后来随释迦牟尼姨母摩诃波阇波提一同出家，成为最早的比丘尼之一。不过也有学者误认此"耶输"为基督教的"耶稣"，并依此判定《重修耶输神祠钟楼碑记》为一篇与景教有关的道教碑文，并以论证了明代景教衰亡后融道教入、佛教的历史过程。为免读者疑惑，引起歧义，特此说明（参见王卡：《明代景教的道教化——新发现一篇道教碑文的解读》，《世界宗教文化》2014年第3期，第16—18页；该文又收入刘固盛主编：《道家道教与生态文明》，华中师范大学出版社2015年版，第39—44页）。
⑤ 史若民、牛白琳编著：《平、祁、太经济社会史料与研究》，第298页。

可惜的是，这些殿堂壁画虽经后代多次重修补绘，最终未能保存下来①，今天能看到的，也仅有碑文了。

从碑文看，耶输祠在明代时已被称作"古迹"②，"此庙起盖年深"，"历年既久"，可知正殿的修建当远早于明正德时期，又经历了明代正德、嘉靖，清代乾隆、嘉庆、道光、光绪期间的多次重修续修，两壁的十地修行故事画虽无法确定始绘时间，但也应早于此《重修耶输神祠钟楼碑记》撰写的嘉靖四十一年（1562）。此壁画的绘制、流行时间，与相隔不远的石家庄毗卢寺释迦殿十地修行故事画的时间，存在相当大的重合时段，因此也可以推测，二者在内容、性质上可能也更为接近，应是较高大藏明刻本《释迦如来十地修行记》更加通俗化和汉化的十地修行故事，故推测这两处十地修行故事画也许有着共同的粉本。

至于"金牛太子"故事画，结合其故事在明代宝卷中流传广泛的情况，可以推测，耶输神祠中若完整绘制了"十地修行故事"，其中也一定包含有关"金牛太子"故事的"第七地"，具体内容也很可能与民间流传的《金牛太子宝卷》一类讲唱文本接近。

"金牛太子"故事的壁画流传，除在上述明代寺院中随十地修行故事壁画流传之外，历史上也可找到更早的流传痕迹。那就是晚唐五代天水麦积山石窟"银蹄金角犊儿"本生故事画。五代学者王仁裕在他的笔记《玉堂闲话》中有一篇关于麦积山窟崖的记述：

> 麦积山者，北跨清渭，南渐两当。五百里冈密，麦积处其半。崛起一石块，高百万寻，望之团团，如民间积麦状，故有此名。其青云之半，峭壁之间，镌石成佛，万龛千室。虽百人力，疑其鬼功。隋文帝分葬神尼舍利函于东阁之下，石室之中。有庾信铭记，刊于岩中。古记云：六国共修。自平地积薪，至于岩巅。从上镌凿其龛室佛像。功毕，旋旋折薪而下。然后梯空架险而上。其上有散花楼、七佛阁、金蹄银角犊儿。由西阁悬梯而上，其间千房万屋，缘空蹑虚，登之者不敢回顾。将及绝顶，有万菩萨堂，凿石而成。广若今之大殿，其雕梁画口，

---

① 参见董金宝主编：《平遥佛教文化史辑》，山西人民出版社 2012 年版，第 36 页；雷桂萍：《平遥县南神庙剧考论》，中国戏曲学会、山西师范大学戏曲文物研究所编：《中华戏曲》第 47 辑（2014 年），第 74—89 页。

② 正德八年（1513）《平遥县敬神安民之记》，史若民、牛白琳编著：《平、祁、太经济社会史料与研究》，第 299—300 页。

绣栋云楣，并就石而成。万躯菩萨，列于一堂，自此室而上，更有一龛，谓之天堂。空中倚一独梯，攀缘而上，至此，则万中无一人敢登者。于此下顾，其群山皆如培楼。王仁裕时独能登……时前唐末辛未年，登此留题。于今三十九年矣。

文中云："其上有散花楼、七佛阁、金蹄银角犊儿……"[①] 所谓"散花楼""七佛阁"，都是麦积山上具有代表性的佛窟建筑，今尚有存；"金蹄银角犊儿"是什么呢？王仁裕记之于"散花楼""七佛阁"之后，为麦积山上的代表性建筑或内容自是无疑。今人大多认为所指应是第5窟"牛儿堂"中的一个牛儿塑像。该窟始凿于隋，成于唐初，其中塑像时代被学界定为初唐。牛儿塑像位于窟中龛前廊左侧，并不是一个独立的牛儿塑像，而是与天王相配，是一尊被天王双足踩着的卧地小牛塑像[②]（如图一所示）。这个形象看不出与"金蹄银角犊儿"有什么关系。这应是附会与误认。实际上，第5窟的牛儿只是一尊护法天王的坐骑[③]。类似的牛形塑像在河南安阳灵泉寺大

图一　麦积山第5窟龛前廊左侧牛儿塑像

图片来源：《中国美术全集·雕塑编8·麦积山石窟雕塑》

住圣窟也有留存，该窟门东侧的浮雕图像那罗延神王便立于一卧牛形兽背之上[④]；云冈第8窟后室门拱东壁雕刻有摩醯首罗天，坐骑是一只回首的卧牛[⑤]；河南龙门石窟杨某造卢舍那洞右壁也有踩牛天王[⑥]。这些石窟造像中的卧牛均为天王坐骑。对麦积山第5窟"牛儿堂"中牛儿形象，我们亦当作如是观，而不应附会为王仁裕《玉堂闲话》中提到的"金蹄银角犊儿"。

---

① 李昉等编：《太平广记》卷397，注出《玉堂闲话》，中华书局1961年版，第3181页。
② 中国美术全集编辑委员会编：《中国美术全集·雕塑篇8·麦积山石窟雕塑》，上海人民美术出版社1988年，第171页。
③ 《中华文明大辞典》"麦积山牛儿堂塑像"条认为这天神是大自在天。参见卢德平：《中华文明大辞典》，海洋出版社1992年版，第738页。
④ 李炜、彭红斌、万青：《安阳灵泉寺石窟档案艺术价值探析——以大住圣窟二神王图像为例》，《山西档案》2015年第2期，第121页。
⑤ 王恒：《云冈石窟佛教造像》，书海出版社2004年版，第157页。
⑥ 李淞：《长安艺术与宗教文明》，中华书局2002年版，第309页。

从王仁裕的记载看,"金蹄银角㹀儿"也应当与"散花楼""七佛阁"一样,是麦积山上的代表性佛窟建筑或内容,而他特地强调"金蹄银角㹀儿"的形象特征,也叫人联想起唐五代时期流行的《银蹄金角犊子经》,从而推测,"金蹄银角㹀儿"一名很可能是"银蹄金角㹀儿"的误写,而这个被称为"金蹄银角㹀儿"的建筑,极有可能是指绘制有《银蹄金角犊子经》佛本生故事画、展现释迦如来神迹的一个窟室①。现在虽然已经看不到这些壁画了,但从王仁裕的记载,并结合前面所论的毗卢寺释迦殿壁画及耶输夫人庙壁画的有关内容,我们仍可以判断,最迟在晚唐五代时期,《银蹄金角犊子经》的佛本生故事已有了壁画传播的形式。后来,这个故事又作为释迦如来的一个代表性的修行故事,被收入到释迦如来十地修行故事之中,以壁画的形式,随十地修行故事被绘制在佛教寺院的殿堂中,如石家庄毗卢寺释迦殿的"壁画十地"及平遥耶输夫人庙的"两壁彩绘十地修行故事"。

不过,虽然如此,我们还是应该承认,《孝顺子》所讲述的佛本生故事最主要的传播形式,仍是文本传播与民间讲唱传播,如元明以来通过《释迦如来十地修行记》及其他十地修行故事的文本传播,明清、民国时期以《金牛太子宝卷》为主的民间讲唱形式传播,以及"牛犊娶亲"类型的民间故事传播②。本生故事画只是它传播的一种辅助形式,虽然记载不多,迄今只发现三处,存世的仅毗卢寺释迦殿一处,但这种传播形式的历史却也长达千年之久。

---

① 关于此点,李小荣亦有相同推论。参见李小荣:《〈狸猫换太子〉的来历》,《河北学刊》2002年第2期,第151页。
② 王晶波、韩红:《"牛犊娶亲"故事的佛教源流及其演变》,《甘肃社会科学》2018年第1期,第100—107页。

刘萨诃与番禾瑞像：中古丝路上的"两种佛教"

尚丽新

（山西大学国学研究所）

【摘　要】　在不同社会背景下番禾瑞像的起源和演变都与佛教向世俗统治阶级争取正统地位有关，而刘萨诃信仰则典型地展现了佛教入华后在民间传播的原始状况和传播方式。这"两种佛教"因刘萨诃预言番禾瑞像的传说而产生交集，从而典型地体现了佛教在中古上、下层社会的传播和发展变迁。

【关键词】　刘萨诃；番禾瑞像；凉州瑞像

从20世纪70年代起，得敦煌学之因缘，有关刘萨诃和番禾瑞像（学界又称"凉州瑞像"）的研究，迅速成为学术界的热点问题，国内外诸多优秀的学者如陈祚龙、孙修身、史苇湘、饶宗颐、霍熙亮、肥田路美、巫鸿等人都从不同的角度对与刘萨诃相关的问题作了十分深入的探索；近年来，随着新的文物和文献资料的不断出现，随着佛教史、考古学新视野的不断拓展，更为新颖、更为深刻的研究成果仍在产生，刘萨诃和番禾瑞像成为学术界持久不衰的热点。

刘萨诃是一位活动在4世纪下半叶到5世纪初的游方僧人。出家前是个目不识丁的稽胡族下级军吏，因为三十岁时巡游地狱的偶发事件出家为僧①，随后去江东寻觅礼拜阿育王塔、阿育王像。此后，主要在稽胡人聚居地（今天晋陕交界的黄河两岸）和河西走廊传教，受到稽胡和西北民众的崇拜。4世纪起不断产生的高僧刘萨诃的传

---

①　现存最早、最详细记录刘萨诃地狱巡游事件的是南齐王琰的《冥祥记》。唐道世《法苑珠林》卷八六引，《大正藏》第53册，日本大藏出版株式会社1932年版，第919—920页。

说是反映佛教信仰在民众间传播的一个非常具有典型性的个案。

据文献记载，520年，在河西走廊的番禾（今甘肃永昌）出现了著名的能预测兴衰治乱的番禾瑞像。番禾瑞像的神异在于它将国运与法运结合在一起，如果相好完备则太平斯在，如果像首落去则法难与国亡同时降临。番禾瑞像出现的深层原因是北朝佛教在向权力阶层争取正统地位，它巧妙地将法运与国运合一，由此不难理解那些关于瑞像灵异的记载都是以权力阶层与瑞像的关系为中心的，瑞像受到权力阶层的追捧亦在情理之中。

刘萨诃传说反映的是中古民间佛教信仰的状况，番禾瑞像表达的则是倚靠权力阶层获得正统地位的上层佛教的发展。二者一民间、一官方，代表了佛教入华以来的两个发展方向。意味深长的是，这两个方向在刘萨诃传说中产生了一个交集——刘萨诃预言了番禾瑞像的诞生，他是番禾瑞像的代言人。刘萨诃与番禾瑞像的组合让中古佛教的发展传播问题变得复杂起来。本文试图通过对刘萨诃与番禾瑞像的解读对中古佛教在上、下层社会的传播与发展变迁做一点探讨。

一、番禾瑞像的诞生与演变

刘萨诃于元魏太武太延元年（435）在番禾望御山授记、番禾瑞像于正光元年（520）从望御山中挺立而出之事，见载于道宣的《广弘明集》卷十五、《续高僧传》卷二五、《集神州三宝感通录》卷中（《法苑珠林》卷十三同）、《集神州三宝感通录》卷下（《法苑珠林》卷三一同）、《释迦方志》卷二。《续高僧传》卷二五云此事"见姚道安制像碑"，《集神州三宝感通录》卷中云"备于周释道安碑"。可见道宣关于番禾授记的材料来源是姚道安的制像碑。敦煌石窟遗书 P. 2680、3570 等卷中《刘萨诃因缘记》关于番禾授记的记载亦源出道安碑："又道安法师碑记云：'魏时刘萨河，仗锡西游，至番禾望御容谷山遥礼。弟子怪而问曰，和尚受记。后乃瑞像现，果如其言。'"而这位道安，据陈祚龙考证就是《二教论》的作者、北周京师大中兴寺、籍隶冯翊胡城、俗姓姚氏之道安。① 这就和周武灭佛有密切联系了，道安对番禾瑞像热切关注的背景正是周武灭佛。北周建德三年（574）五月，北周武帝下令"初断佛、道二教，经像悉毁，罢沙门、道士，并令还民"。② 当然，北方佛教的法难早在周武灭佛

---

① 陈祚龙：《刘萨诃研究》，《华冈佛学学报》第三卷（1973年5月），第35页。
② 《周书》卷五《武帝上》，中华书局1974年版，第85页。

之前就开始了。

1. 法难与番禾瑞像

沿着法难这条线索，张善庆、沙武田把番禾瑞像的产生与末法时代联系起来。"凉州瑞像就成为佛法式微时期的护法，是应末法时代降临而出现的，在一定程度上凉州瑞像就是末法时代的一个符号。"① 法华宗三祖慧思的《南岳慧思大禅师立誓愿文》指出延和三年（434）正是末法时代的开端，而434年正是刘萨诃授记番禾瑞像的前一年。"这样凉州瑞像就具备了应末法时代降临而示现的特征。"② 张善庆在其《凉州瑞像示现之"正光说"献疑》一文中进一步剖析番禾瑞像是在末法思想指导下在正光元年（520）之前就出世了的。正光元年北魏明帝举行了三教论衡，成为灭佛的前奏；随着寺院经济的膨胀、僧团的堕落，世俗政权和寺院僧侣之间形成了尖锐的矛盾，政府最终采取了灭佛的极端行为。"'正光'在北朝史学家和隋唐高僧眼中是中国佛教僧团发展的一个重要转折点"③，北周的道安和唐初的道宣都是亲历了三教论衡的高级僧侣，他们对于佛教与政权的关系怀抱强烈的忧患意识。残损的佛像在末法时代屡见不鲜，番禾瑞像在520年之前应已在凉州出世，但被道宣刻意地系于正光初。"《集神州三宝感通录》凉州瑞像因缘故事属于后代对凉州地区造像活动的比附。无首佛像的出现之所以被系在'正光'元年，与凉州瑞像的特质以及'正光'在中国佛教发展史上的特殊意义有关系，更与凉州瑞像因缘故事的撰写者密不可分。因此'正光说'大概也是《集神州三宝感通录》的权宜方便。"④

综上所述，张善庆、沙武田的观点可概括为：番禾瑞像435年被授记、520年诞生这种记载是道安、道宣这类知识僧侣在末法时代为应对法难所作的权宜之计，这种末法、法难主要来自世俗政权对佛教的规约和打压。这一观点应该是北周以来北方政治中心的高级知识僧侣对瑞像的解读。世俗政权的打压、佛教僧团内部的堕落、与儒道二教争夺帝王的信仰与势力而冲突不断，这其中最重要的是佛教需要重新设置其与世俗政权的关系。番禾瑞像的最重要的功能是对治乱兴衰的预测，"灵相具者，则世乐时平；如其有缺，则世乱人苦"⑤，将法运与国运相结合无疑是聪明之举。但是，这样的番禾瑞像似乎放之于北周至唐代整个北方皆可，这就无法解释这尊瑞像为何在

---

① 张善庆、沙武田：《刘萨诃与凉州瑞像信仰的末法观》，《敦煌研究》2008年第5期，第10页。
② 张善庆、沙武田：《刘萨诃与凉州瑞像信仰的末法观》，第11页。
③ 张善庆：《凉州瑞像示现之"正光说"献疑》，《敦煌学辑刊》2017年第3期，第150页。
④ 张善庆：《凉州瑞像示现之"正光说"献疑》，第153页。
⑤ 道宣：《集神州三宝感通录》卷中，《大正藏》第52册，第417页。

520年之前产生于番禾。

2. 北凉佛教与番禾瑞像

番禾瑞像诞生于520年之前,这在考古学界亦有支持者。20世纪80年代在永昌金川西村农舍发现的石雕番禾瑞像以及永昌圣容寺东临河处的小型石窟中石雕瑞像,丁得天均判定其造像时代为北魏。① 番禾瑞像产生于番禾,自然应从北凉时的番禾说起。番禾即今甘肃永昌县,"番禾县扼守凉州西部,是丝绸之路和佛教东传的必经要道,有佛教传入的外部条件。'五凉'时期各路王侯争夺的目标都是'畜牧甲天下'的凉州,番禾县正是拿下凉州的桥头堡,实乃兵家必争之地,长年争战使得各个阶层都希望能安定下来,宗教就变成了人们的'精神鸦片',佛教正好顺应了这个愿望"②。说到番禾的佛教,自然会想到北凉的沮渠蒙逊。永安十二年(412),沮渠蒙逊(412—433)迁都姑臧(凉州),改元玄始,正式建立北凉。玄始十年(421),沮渠蒙逊攻克敦煌、高昌等地,在敦煌得到昙无谶(384—433),大力发展佛教。《魏书·释老志》云:"沮渠蒙逊在凉州,亦好佛法。有罽宾沙门昙摩谶,习诸经论。于姑臧,与沙门智嵩等,译《涅盘》诸经十余部。又晓术数、禁咒,历言他国安危,多所中验。蒙逊每以国事咨之。"③

古正美认为北凉的佛教模式是中国系统性引用后贵霜(the Latter Kushan,187—244)在犍陀罗(Gaandhaara)所发展的佛教转轮王模式。④ "北凉所发展的佛教,即是后贵霜王在犍陀罗及罽宾地区发展佛教意识形态时,所使用的佛教信仰及造像模式。这种模式的运用,因为包括翻译经典、剃度僧人、提倡弥勒信仰、建造塔寺及开窟造像这些技术性的活动……只有像昙无谶这种曾游学罽宾,对后贵霜文化有深刻了解的专家,才能为北凉主持这种佛教意识形态的发展事业。"⑤

造像是信仰的一个重要内容,古正美认为"所谓'凉州瑞像',应与阿育王提倡的佛教转轮王建国信仰的活动,或法国学者戈岱司所言的,东南亚国家的帝王用佛教

---

① 张小刚:《关于凉州瑞像的一些新资料——兼谈黑水城出土凉州瑞像》,《西夏研究》2012年第4期,第30页。
② 丁得天、高倩:《刘萨诃及番禾瑞像的几个问题》,《吕梁学院学报》2011年第6期,第54页。
③ 《魏书》卷一一四《释老志》,中华书局1974年版,第3032页。
④ 古正美:《北凉佛教与北魏太武帝发展佛教意识形态的历程》,《中华佛学学报》第13期(2000年),第233页。
⑤ 古正美:《北凉佛教与北魏太武帝发展佛教意识形态的历程》,第234页。

信仰建国的活动有密切的关联"。① 需要注意的是，转轮王信仰是与弥勒信仰密切结合的，北凉造像的两种模式是"一佛（弥勒佛）、一转轮王"模式和弥勒坐支提（形似塔，弥勒下生时的坐具）下生模式，支提中的弥勒下生在世间即为转轮王，转轮王和弥勒佛是合一的。② 北凉造像的主角是弥勒佛，据此古正美做了一个非常大胆的推测，她认为番禾瑞像实则是一尊弥勒立像："'御容山石佛瑞像'，身穿通肩长佛衣，右手在胸前作'大拇指押食指（火轮甲），余指散舒微屈风幢'的弥勒菩萨'瑜伽—曼陀罗'手印。左手则在胸前下方握住佛衣角。此'御容山石佛瑞像'很明显的是一尊弥勒菩萨或弥勒佛王立佛。"③

我们不能说古正美的推测没有道理。在末法时代，弥勒下生为转轮王建立起政教合一的佛国，游学罽宾的昙无谶带来的这套理论对沮渠蒙逊是相当有吸引力的，于是沮渠蒙逊也将自己视为弥勒的化身，受了菩萨戒，造起了白衣弥勒像。④ 作为北凉佛教的重镇番禾也造出了弥勒像（即番禾瑞像的前身），当然，这个时期它宣扬的是转轮王和弥勒相结合的政教合一。

义和三年（433），昙无谶被暗杀，随后沮渠蒙逊死，其子沮渠牧犍立，自称河西王。缘禾七年（439），北魏灭了北凉。部分北凉僧侣随着战俘进入平城，太子晃奉北凉僧人玄高为师，平城的佛教发展起来了。太平真君七年（446），北魏太武帝采纳崔浩的建议打击佛教，下诏令全国灭佛，"有司宣告征镇诸军、刺史，诸有佛图形像及胡经，尽皆击破焚烧，沙门无少长悉坑之"⑤。太平真君八年（447），沮渠牧犍即因谋反而被北魏太武帝诛杀。北凉佛教遭到沉重打击。直至北魏文成帝（452—466 在位）复佛之后，北凉佛教又得以复兴，"这就是为何北魏在复佛（452）之后，在云冈及龙门石窟所用的造像理论及方法，都见有承传北凉的造像理论及造像方法的原因"⑥。北凉佛教与北魏统治者的离合恰恰也是北凉佛教从河西走廊东传的过程，也是北方正统佛教建立进程中非常关键的一步，政教关系和三教关系成为重中之重；权力阶层也在不断寻找符合自己统治的政教结合模式，不一定要照搬印度的转轮王治世传统。北魏太武帝和北周武帝的灭佛事件其实也是佛教中国化进程中政教关系的调整。进入帝都

---

① 古正美：《凉州瑞像与敦煌的白衣佛像》，丁得天、杜斗城主编：《丝绸之路与永昌圣容寺国际学术研讨会论文集》（未出版），2016 年，第 4 页。
② 古正美：《凉州瑞像与敦煌的白衣佛像》，第 6、7 页。
③ 古正美：《凉州瑞像与敦煌的白衣佛像》，第 23 页。
④ 古正美：《凉州瑞像与敦煌的白衣佛像》，第 20、21 页。
⑤ 《魏书》卷一一四《释老志》，中华书局 1974 年版，第 3035 页。
⑥ 古正美：《北凉佛教与北魏太武帝发展佛教意识形态的历程》，第 264 页。

的北凉佛教也会发生因时、因地的改变，弥勒下生为转轮王的信仰变得不合时宜，知识僧侣对弥勒造像重新解读，就番禾瑞像而言，弥勒佛渐渐被置换成了释迦佛。

不过，在北凉统治过的河西走廊，北凉佛教的传统得到了更多、更深刻的保留。这可能也是河西走廊（尤其是敦煌）遗留的番禾瑞像的造像特别多的原因。正是由于北凉佛教曾经的辉煌，使得这尊能预测兴衰治乱的瑞像没有出现在平城，也没有出现在长安，而是意味深长地扎根在番禾。

番禾瑞像本是凉州佛教为传达转轮王信仰而制的弥勒造像，后来随着北方政教关系的变化被知识僧侣解读为能化解法难、预测政教兴衰的释迦佛造像，更因北周、隋、唐的权力阶层的弘扬而在全国范围产生影响。

二、刘萨诃与民间的佛教信仰

以上我们围绕着番禾瑞像的诞生问题勾勒出番禾瑞像的蕴意从北凉到唐代的变迁，但是，确实有一个重要的问题还没有答案，那就是——为什么要选择刘萨诃作为番禾瑞像的代言人呢？要想回答这个问题，首先得弄清楚刘萨诃信仰的实质。

1. 刘萨诃被民间社会视为佛、菩萨

在史实与传说交织的各种史料构建的迷宫中，首先需要引起重视的就是刘萨诃的身份，可以说这是解读刘萨诃的民间佛教信仰本质的一把钥匙。从各种史料中我们可以归纳出刘萨诃的两种身份：一是"名僧""高僧""和尚""圣者""上人"等。二是"胡师佛""刘师佛""观音菩萨""苏合圣"。显而易见，前一种身份是经过权力阶层和知识僧侣认可的，而后一种身份则是刘萨诃的民间身份。刘萨诃的民间身份，是我们判定刘萨诃信仰的本质——民间的佛教信仰的最重要的依据之一。

道宣在刘萨诃辞世大约200年后，经过实地调查，以客观严谨的态度记录了今山陕交界黄河两岸稽胡居地刘萨诃信仰的状况。据道宣的记载，刘萨诃在稽胡人中有三种身份——佛、观音菩萨和苏合圣。将刘萨诃称为"苏合圣"，是稽胡人的特权。在关于刘萨诃所有神异传说中，最有趣的莫过于"苏合圣"了。道宣《集神州三宝感通录》卷下载："昼在高塔，为众说法；夜入茧中，以自沉隐；旦从茧出，初不宁舍。故俗名为苏何圣。'苏何'者，稽胡名茧也。以从茧宿，故以名焉。""然今诸原皆立土塔，上施柏刹，系以蚕茧，拟达之栖止也。"① 道宣的这番记载显然表明刘萨诃在稽

---

① 道宣：《集神州三宝感通录》卷下，《大正藏》第52册，第434—435页。

胡八州之地是备受供奉的蚕神。为什么能在稽胡居地较早地产生出"苏合圣"这么一个独特的佛教化的蚕神？五胡十六国时期，活动在中原历史舞台上的是北方少数民族，他们一般都是不谙耕织的游牧民族，元魏入主中原之后，为解决衣食问题，将农桑政策放在极为重要的地位。也许就是在那一时期，稽胡充分认识到耕织的重要性，其农业和纺织业有了一定的发展。大约在5世纪末的时候，稽胡这个以山居狩猎为主的民族掌握了养蚕缫丝技术之后，就产生了他们自己的蚕神——苏合圣。也许只是历史的一个偶然——"萨诃"恰恰是"蚕茧"的意思。稽胡居地的自然环境根本不适合种桑养蚕，除了在纬度较低的高原地区可以养蚕之外，大面积的山区是根本不可能养蚕的。那么，苏合圣为什么会得到八州稽胡的共同供奉呢？我猜想苏合圣不仅是蚕神，恐怕也是农神。稽胡可能还没有来得及创造出他们复杂的神佛谱系，就以蚕神来代替农神，苏合圣在实际上扮演着耕织之神的角色，护佑着稽胡人的农业经济。对于居于深山、劫掠为生的稽胡来说，"苏合圣"之创造，传达出发展民族经济文化以求生存发展的深层的一种民族愿望。

从稽胡居地至河西走廊，刘萨诃同样具有佛和观音菩萨两种身份。道宣亲眼看到刘萨诃被稽胡人当作"佛"来供奉。《集神州三宝感通录》卷下载"何遂出家，法名慧达。百姓仰之，敬如日月。然表异迹，生信愈隆。……故今彼俗，村村佛堂无不立像，名'胡师佛'也。今安仁寺庙立像极严，土俗乞愿，萃者不一。"① 道宣在《续高僧传》和《释迦方志》中又提到了一种名叫"刘师佛"的造像。我认为"刘师佛"就是"胡师佛"。② 胡（刘）师佛最主要的功能是预测吉凶，《集神州三宝感通录》卷下载："每年正月，舆巡村落。去住自在，不惟人功。欲往彼村两人可举，额文则开，颜色和悦，其村一岁死衰则少；不欲去者十人不移，额文则合，色貌忧惨，其村一岁必有灾障。故俗至今常以为候。"③ 刘萨诃被作为佛来供奉，不限于稽胡居地，也不是随着稽胡族的汉化而消失的。直至明代，在河西的酒泉，刘萨诃的仙逝之地，他仍被当地人作为"佛"来供奉。万历四十五年（1617）修成的《肃镇华夷志》卷二《古

---

① 道宣：《集神州三宝感通录》卷下，《大正藏》第52册，第434页。
② 关于道宣所记载的"胡师佛"形象是刘萨诃的造像还是番禾瑞像的造像，学术界一般认为是刘萨诃的造像，但也有争议。史苇湘认为"胡师佛"和"刘师佛"是两个形象，前者是刘萨诃的像，后者是番禾瑞像的像（史苇湘：《刘萨诃与敦煌莫高窟》，《文物》1983年第6期，第8—9页）。而巫鸿却将二者均视为番禾瑞像的像（巫鸿：《再论刘萨诃——圣僧的创造与瑞像的发生》，《礼仪中的美术——巫鸿中国古代美术史文编》，生活·读书·新知三联书店2005年版，第435页）。其实，通过细读道宣的相关记述，可以肯定"胡师佛"是刘萨诃的造像。
③ 道宣：《集神州三宝感通录》卷下，《大正藏》第52册，第434页。

迹》载:"手迹崖:城西二里周家寺后沙崖上有手印,人以为古迹奇异。俗妄言乃佛见讨来河水盛,恐没其城,以手推崖,脚登河崖,故水不能淹城。"① 这位"佛"是谁呢?正是刘萨诃。据《肃镇华夷志》卷二《祠祀》目载:"西峰宝寺:城西三里。据《神僧传》云:昔蒙逊时,有僧人名慧远,游居武威,一旦云,肃州人有水难,吾当速救。于是,寅时起身,巳时至肃,正见讨来河水势侵城,用手一指,水即回波,后圆寂于此,遂建浮屠,以藏其骨,人遂以手助崖为右迹,后人因此遂充拓为寺。而西峰今将平矣。有重修碑记云。"② 此碑立于明弘治十五年(1502),现藏酒泉市肃州区博物馆。碑文记载:"肃城之西,旧有浮屠刹宇,古传慧达神僧飞锡至此,知其地可作宝林。"③ 可见"慧远"为"慧达"之误。而"俗妄言"三字恰恰透露出这条传说源出民间,民间是一直将刘萨诃称为"佛"的。

刘萨诃除了"佛"的身份之外,还有一个观音菩萨的身份。在稽胡居地,刘萨诃被认为是观音菩萨"假形化俗"。《集神州三宝感通录》载:"俗亦以为观世音者,假形化俗。故名惠达。"④ 同样,在河西走廊,他亦被视为观音。据《太平寰宇记》记载,酒泉有刘萨诃的门人为他所立的庙。⑤ 此庙的主尊毫无疑问应该是刘萨诃像,值得注意的是主尊左侧有观音像,刘萨诃的灵骨正放在观音像的手上。《续高僧传》卷二五:"达行至肃州酒泉县城西七里石洞中死。其骨并碎,如葵子大,可穿之。今在城西古寺中塑像手上。"⑥《集神州三宝感通录》卷下载:"行出肃州酒泉郭西沙碛而卒。形骨小细,状如葵子,中皆有孔,可以绳连。故今彼俗有灾障者,就碛觅之,得之凶亡,不得吉丧。有人觅既不得,就左侧观音像上取之,至夜便失,明旦寻之,还在像手。"⑦ 无疑暗示了刘萨诃与观音之间的对应关系。在敦煌,刘萨诃亦被视为观音化身,作于曹氏政权时期的 S.3929V《董保德佛事功德颂》中有云:"疑是观音菩萨,易体经行;萨诃圣人,改行化现。"早在魏晋南北朝时,就出现了观音被俗化为普通人这一现象,诸如杯度为闻声而至的观音示现,天台宗第二代祖师慧思(515—577)

---

① 李应魁撰,高启安、邰惠莉校注:《肃镇华夷志校注》,甘肃人民出版社2006年版,第160—161页。
② 同上书,第151页。
③ 吴浩军:《酒泉刘萨诃资料辑释》,《敦煌学辑刊》2008年第2期,第102页。
④ 道宣:《集神州三宝感通录》卷下,《大正藏》第52册,第434页。
⑤《太平寰宇记》卷一百五十二《陇右道·肃州·酒泉县》载:"刘师祠,在县南。师姓刘,字萨诃。沮渠时西求仙,回至此死,骨化为珠,血为丹。门人因立庙于此,今人诚心者谒之,往往获珠丹焉。"乐史撰,王文楚等点校:《太平寰宇记》,中华书局2007年版,第2946—2947页。
⑥ 道宣:《续高僧传》,《大正藏》第50册,第645页。
⑦ 道宣:《集神州三宝感通录》卷下,《大正藏》第52册,第435页。

被礼敬为观音化身，梁代异僧宝志被认为是十一面菩萨之化身，梁高祖亦被称为观音，等等。这是外来佛教本土化、民俗化的一个典型表现。刘萨诃从冥游故事中那个被观音训导的罪人摇身变为观音的化身，由一个消极的接受神谕者变为一个能够发出命令的积极的神，他承担着为所有信众祈福禳灾的神圣而功利的使命。

刘萨诃怎样变成了神？从道宣对刘萨诃的记载中可以抽离出这样一个法则：人——感通——法术——神。胡师佛塑像能轻能重、去住自由且又能预测吉凶，苏合圣晚间安歇于蚕茧中；刘萨诃具有神奇的法术，不仅在道宣的记载中，敦煌遗书《刘萨诃因缘记》所载的为驴耳王治病、使其驴耳变为人耳的故事也可以作为佐证。这些神异故事，大约在5世纪末、6世纪初时都已经流传开来，也就是说，至晚在那个时候，他已经上升成神，亦可见他在生前就有相当的影响。当然，刘萨诃由凡入神的过程是在稽胡族和河西各民族发展过程中特定历史文化背景下完成的，他是北方民众造神运动的产物。

2. 刘萨诃在河西走廊

从上文中可以看出刘萨诃在河西走廊的早期记载也特别少。就连对刘萨诃用力最勤的道宣，也没有深入河西走廊去做调查，关于刘萨诃在河西的活动他只在《续高僧传》和《集神州三宝感通录》里记载了刘萨诃酒泉迁化之后舍利的灵异。上文中我们推测刘萨诃在河西走廊被奉为佛、观音的材料是道宣之后的记载，主要是晚唐五代的敦煌文献和明代的《肃镇华夷志》。知识僧侣和权力阶层对刘萨诃的记载是零星而片面的，上层社会是不会对民间信仰倾注太多的关注的，他们之所以会对刘萨诃记上一笔恰恰是因为他们热切关注的番禾瑞像。

由此也许可以理解为何在正统的北凉佛教史上没有给刘萨诃留下任何记载了。刘萨诃在河西走廊活动的时候，正逢沮渠蒙逊大力发展佛教的时期，二者不太可能没有交集。可惜，实际上，关于刘萨诃与北凉佛教的关系是没有留下文献记载的。不过，没有记载不代表没有影响，我们还是可以做一些合理的推论的。宋乐史《太平寰宇记》卷一五二"酒泉县"条载："刘师祠，在县南。师姓刘，字萨诃。沮渠时西求仙，回至此死。骨化为珠、血为丹。"① 明代《肃镇华夷志》卷二载："昔蒙逊时，有僧人名慧远，游居武威……"在这两种方志中，都把刘萨诃在河西的时间定位到了沮渠蒙逊统治时期，方志专记天下四方之事，受意识形态的影响最小，反而倒是客观的。那么，可以设想一下，一个行遍南北中国、以神异著称、在稽胡居地已被奉为神明的民

---

① 乐史撰，王文楚等点校：《太平寰宇记》，第2945页。

间高僧，到了佛法大盛的北凉，怎么可能没有收获呢？

当然，刘萨诃与上层社会的交集极少，只有敦煌本《刘萨诃因缘记》中记载了一个驴耳王的传说："于是驴耳王焚香敬礼千拜，和尚以水洒之，遂复人耳。王乃报恩，造和尚形象送定阳。擎舆之人，若有信心之士，一二人可胜；若无信心，虽百数，终不能举。"这个驴耳王无法落实成具体的某位帝王，这个传说是刘萨诃法力高强的一个证明。所以，不太好假设刘萨诃与沮渠蒙逊、昙无谶的交往。《名僧传》和《高僧传》中所记载的神异僧无一不是与权力阶层有近距离的接触、得到社会上层的重视的。刘萨诃的种种神异没有早期记载，也从一个侧面说明刘萨诃没有进入北凉的上层社会。

不管刘萨诃走没走上层路线，他在河西民间是极有影响力的。在酒泉刘萨诃为民众退去了洪水，留下了预测吉凶的灵骨，在敦煌他开窟造像、并用锡杖划出宕泉，充分满足了河西民众祈福禳灾的心理。可以肯定，凭借神异的法术，北凉时刘萨诃在河西走廊的传教是成功的，大约在他生前河西民间已将之神化，他迁化之后各种传说更加滋生蔓延，说明他的地位和影响在不断上升。刘萨诃在河西走廊，如同在稽胡的八州之地一般，是被民众敬奉的神佛。

而且，刘萨诃西行北凉时昙无谶正在翻译诸如《大般涅盘经》《胜鬘经》《楞伽经》之类提倡大乘佛性论的经典，"一方面要提倡人人皆能成佛的信仰，一方面也要提倡弥勒信仰，使人人都相信自己能在世值遇弥勒，修行成佛。为了使北凉的人民都能修行成佛，昙无谶在北凉也译有《优婆塞戒经》《菩萨戒经》及《菩萨戒坛文》这些说明将如何修行成佛的经典，作为北凉人民修行佛教的手册"[①]。大乘佛教的这种人人皆能成佛的信仰不仅坚定了刘萨诃这个目不识丁的稽胡僧人成佛的信念，也为民众将刘萨诃视为神佛提供了理论基础。

不过，刘萨诃的神佛身份是民间认可的，没有得到官方和正统佛教的承认。这种状况随着刘萨诃被选为番禾瑞像的预言者而发生改变。

三、"两种佛教"的交集和相互影响

佛教入华以来，在全社会范围内传播和发展，一边是精英僧侣走上层路线倚靠国主立教传道，在教义和宗派上不断发展；另一边则是民众的信仰实践活动。可以说，

---

① 古正美：《北凉佛教与北魏太武帝发展佛教意识形态的历程》，第239页。

番禾瑞像代表的是依附权力阶层争取正统地位的佛教，而刘萨诃代表的则是侧重信仰实践的民间化的佛教。可惜的是，佛教史主要是由权力阶层和知识阶层记载的，对于民间化的佛教却缺乏真心的关注。非常幸运的是，由于历史的偶然，刘萨诃得到了正统佛教和权力阶层的关注，成为"两种佛教"的交集，把中古佛教史上这"两种佛教"的相互影响演绎了出来。

1. 刘萨诃与番禾瑞像的交集

番禾瑞像本是北凉的弥勒造像，后来随着世俗政权与佛教矛盾的加深而被赋予预测国运和法运的新含义。试想，在当年法难重重的背景之下，如果没有刘萨诃的加入，番禾瑞像是否还会产生巨大的社会影响、能否得到上层统治阶级的青睐？

经历了北魏太武帝、北周武帝的灭佛之后，被损毁的佛像非常多，跌落像首的番禾瑞像仅为其一，仅凭一个"灵相具者，则世乐时平；如其有缺，则世乱人苦"的神话不可能引起权力阶层的持久关注。能体现出治乱兴衰的瑞像不只是番禾瑞像，在慧皎、道宣的记载中这样的瑞像有很多，南朝陈时长干寺阿育王像[1]、南朝宋时荆州北的一尊瑞像[2]、襄州岘山华严寺卢舍那瑞像[3]等等。例如《法苑珠林》卷十三所载的荆州瑞像："宋孝武时，像大放光，江东佛法一期甚盛。宋明帝太始末，像辄垂泪，明帝寻崩，嗣主狂勃，便有宋齐革运。荆州刺史沈悠之，初不信法，沙汰僧尼。长沙一寺千有余僧，应还俗者将数百人，举众惶骇，长幼悲泣，像为汗流五日不止。"[4] 这类与番禾瑞像寓意相同的瑞像仅限于一时一地，很快淹没在历史的洪流之中。

番禾瑞像比这些瑞像更有背景，这个背景就是刘萨诃。北凉时期，刘萨诃生前已经在河西走廊有了强有力的影响，他迁化之后，从他的灵骨传说可以看出他在河西民间的影响力更加强大；刘萨诃这个番禾瑞像的预言者和代言人是极有分量的，通过刘萨诃，可以将民间佛教信仰的力量聚集起来。高级僧侣惯用的"不依国主则法事难立"的上层路线在权力阶层发动的法难面前已经行不通了，迫不得已只能转而走民间路线，这也是不得已而为之。可以设想，灭佛运动中，正规的僧尼、庙宇都在打击范围之内，越是高级的僧侣可能遭受的打击越大，北方佛教史上诸如昙无谶之流都成为罪人，不适合担任番禾瑞像的代言人。不管是历史的偶然，还是高级

---

[1] 道宣：《集神州三宝感通录》，《大正藏》第52册，第414页。
[2] 道世：《法苑珠林》，《大正藏》第53册，第385页。
[3] 道宣：《广弘明集》，《大正藏》第52册，第203页。
[4] 道世：《法苑珠林》，《大正藏》第53册，第385页。

僧侣的精心策划，以刘萨诃为号召、通过自下而上的力量来复兴佛教是当时最聪明的一个选择。

2. 番禾瑞像地位的上升

周初、隋初、初盛唐以及敦煌归义军时期的统治者，无不以手中的行政权力加大番禾瑞像信仰的传布。今存最早的关于番禾瑞像的记载是北周道安的《制像碑》，《制像碑》出现表明在道安时代，番禾瑞像已经成功地引起统治阶层的重视。《制像碑》原文今已不存，从道宣的转述中可以肯定碑中有这些内容：无首瑞像的出现与"魏道陵迟"，北周的"相好还备，太平斯在"，像首又落与"周灭佛法""邻国殄丧"。1979年在甘肃武威出土的天宝年间的征士天柱山逸人杨播、赤水军使京兆王公俚所制石碑《凉州御山石佛瑞像因缘记》记载了北周保定元年（561）周武帝敕令凉、甘、肃三州力役三千人在番禾为瑞像造寺，"周保定元年（561）敕使宇文俭检覆，灵验不虚，便敕凉、甘、肃三州力役三千人造寺，至三年功毕"①。这样一种官方行为，势必使得瑞像传说流布三州。

从道宣时代起，统治阶级对番禾瑞像的礼敬被作为记述的中心内容。道宣《续高僧传》颇费笔墨记载了隋代经像大弘"炀帝躬往礼敬厚施"。道宣还在《律相感通》中指出被刘萨诃的前身利宾菩萨藏于山中的番禾瑞像是大梵天王所造的，这尊佛像可能是迦叶佛或释迦佛的像。大约在武周时代，番禾瑞像为释迦佛之像就十分明确了，大英博物馆藏敦煌17窟石室出土的武周时代的番禾瑞像刺绣幡画中，主像的两旁绣有阿难、迦叶二弟子和文殊、普贤二菩萨。北凉时期的弥勒佛成功地被置换成释迦佛，彻底抛弃弥勒下生为转轮王的寓意，番禾瑞像的寓意明确地定位在预测国运和法运上。

天宝年间武威石碑《凉州御山石佛瑞像因缘记》记录了隋至唐天宝年间感通寺番禾瑞像的各种灵异事件：开皇十年（590）凉州总管燕国公宇文庆诣寺礼拜"见青衣童子八九人，堂内洒扫，就视不见"，唐兵部尚书郭元振因诣寺画像得以与西突厥平安和好，唐中宗令御史霍嗣光持幡花袈裟诣寺敬礼时"光现大云寺"，开元年间鄯州都督郭知运、陇右诸军节度使河西节度使副将杜宾客诣寺礼拜时遇到一个婆罗门法师预言其不久有大厄，宜修福德以免祸。② 敦煌 P.3619 卷有一首陇右河西节度使哥舒翰

---

① 孙修身、党寿山：《〈凉州御山石佛瑞像因缘记〉考释》，《敦煌研究》1983 创刊号，第 102—103 页。
② 孙修身、党寿山：《〈凉州御山石佛瑞像因缘记〉考释》，第 102—107 页。

部将浑维明的《谒圣容①》："法雨震天雷，祁山一半颓。鳞鳞碧玉色，寂寂现如来。缧（螺）髻随烟合，圆光满月开。从兹一顶谒，永劫去尘埃。"② 这些以权力阶层为中心人物的灵异事件和上层人士对番禾瑞像的赞美标示着上层统治阶级对番禾瑞像的信奉。

陷蕃时期和归义军时期，尤其是归义军时期敦煌又掀起了一个番禾瑞像崇拜的高潮。绘有猎师李师仁逐鹿，见化寺、佛、僧及山裂像出的故事画的莫高窟第 98 窟即是归义军节度使曹议金开凿的功德窟，绘有相同壁画的第 61 窟是曹议金第三子曹元忠及其妻浔阳翟氏开凿的功德窟。莫高窟 72 窟南壁的壁画《刘萨诃与凉州圣容佛瑞像史迹变》是以番禾瑞像为主角的，共有十四尊番禾瑞像出现在画面的中部和上部（一般来说，壁画上部的位置多属神灵，中部多属帝王贵族和僧侣，下部属普通人），其中最大的两尊占据了画面的中心位置。番禾瑞像在榜题中被称为"圣容像"，"圣容像乘五色云赴会时""天使……礼拜圣容佛时""请丹青巧匠邈圣容真身时""请工人巧匠量真身造容像时"这样的榜题记载着番禾瑞被权力阶层的崇奉和传布。

权力阶层对番禾瑞像的信仰，更表现在践履之上。据肥田路美统计，能够确认的从唐至宋、西夏时期的表现番禾瑞像的图例有 50 例左右③，这些图像大多出现在敦煌莫高窟、敦煌西千佛洞、酒泉文殊山石窟、安西榆林窟。可以肯定，这些洞窟是河西贵族为了宗教信仰开凿的。番禾瑞像如此频繁地出现在这些洞窟中，这表明它是河西上层社会普遍信奉的神灵。

番禾瑞像一直得到北周、隋、唐统治者的垂青的原因非常明显。在国运与法运相结合的这条主线上贯穿着有关番禾瑞像的各种跌宕起伏的故事，它以像首的"安"或

---

① 番禾瑞像又被称为圣容像。可能与感通寺被改名为圣容寺有关。关于改名为圣容寺的时间学界有争议，可参见孙修身：《古凉州番禾县调查记》，《西北民族文丛》第 3 辑，西北民族学院历史系民族所编印，1983 年，第 147—154 页；祝巍山：《永昌圣容寺圣容瑞像和刘萨诃佛迹与敦煌莫高窟》，中共永昌市委宣传部编：《永昌圣容瑞像寺》，金川市印刷厂，2002 年；刘克文：《半截残碑话瑞像：永昌圣容寺历史考析》，中共永昌市委宣传部编：《永昌圣容瑞像寺》；丁得天：《甘肃金昌佛教文物遗迹的调查与研究》，兰州大学 2012 年硕士学位论文，第 26 页；党寿山：《永昌圣容寺的历史变迁探赜》，《敦煌研究》2014 年第 4 期，第 104 页；王志鹏：《敦煌 P.3619 卷一首有关凉州瑞像诗歌的考释》，《石河子大学学报》2015 年第 3 期，第 28 页；公维章：《英藏敦煌文献〈凉州御山感通寺圣容天上来（首题）残文〉考释》，丁得天、杜斗城主编：《丝绸之路与永昌圣容寺国际学术研讨会论文集》（未出版），2016 年，第 113—114 页。
② 王志鹏：《敦煌 P.3619 卷一首有关凉州瑞像诗歌的考释》，《石河子大学学报》2015 年第 3 期，第 26 页。
③ 〔日〕肥田路美：《凉州番禾县瑞像故事及造型》，牛源译，《敦煌学辑刊》2006 年第 2 期，第 165—180 页。

"落"昭示政治的"治"或"乱",番禾瑞像不仅是政治的晴雨表,也是佛教兴衰的晴雨表,它能将国运与法运结合在一起,相好还备则太平斯在,像首落去则法难与国亡同时降临。当然,统治阶级更愿意把它作为政治清明、世乐时平的见证,点缀升平的祥瑞,如天宝石碑所载"大唐贞观十年有凤□五色双鹤导前百鸟蔽日栖于像山"。

3. 刘萨诃的正统地位的确立

刘萨诃成为番禾瑞像的预言者,这是刘萨诃得到上层社会重视的标志性事件。在6世纪之前,上层社会并未注意到刘萨诃在民间强大的影响力。虽然萧梁时刘萨诃就已经名列宝唱的《名僧传》和慧皎的《高僧传》。不可否认的是,这两篇传记的真正主人是那些来历非凡的阿育王塔、阿育王像,而不是刘萨诃。南朝的知识僧侣之所以会将刘萨诃载入史册,有两个原因。第一个原因是为了彰显梁武帝的转轮王佛教政治。刘萨诃所礼拜圣迹不限于江东的几个阿育王塔像,慧皎别有用心的记录再明显不过了。第二个原因是为了用这些南方的圣物来确立南方佛教的正统地位,诚如巫鸿所言:"大约形成于东晋时期的这种南方观点符合了慧皎的需要。当时南北之间的争斗仍在继续,慧皎在杭州嘉祥寺所写的刘萨诃传记表达了他对确立南方佛教正统地位的努力。"① 南北佛教界完全忽视了刘萨诃的预言和法术,刘萨诃在北方民间广为流传的一系列的神异事件并没有引起上层社会的重视,而奇异的预言和法术是北方民众信仰刘萨诃的最重要的原因。

北周的道安的《制像碑》最早记录了刘萨诃预言番禾瑞像,从道宣和敦煌本《刘萨诃因缘记》的引述来看,《制像碑》讲述的是番禾瑞像诞生这一中心事件。唐初道宣的《续高僧传》也是以番禾瑞像为中心的,诚如巫鸿所言:"道宣将刘萨诃对于番禾瑞像的预言作为他所写传记中的刘萨诃唯一一个生活事件加以记录,而把其余的笔墨尽量用在渲染刘萨诃死后番禾瑞像的种种灵异。换言之,这篇传记的本身主角已经不再是刘萨诃,而是这身神奇的佛像。"② 也就是说,他们是先注意到瑞像,然后才注意到瑞像的预言者刘萨诃。而且,那些关于瑞像灵异的记载都是以权力阶层与瑞像的关系为中心的。正是因为对番禾瑞像的重视,上层社会才会注意到瑞像背后的刘萨诃,圣像的出现是刘萨诃由民间社会进入上层社会的契机。不过,进入上层社会的刘萨诃的地位下降了。在番禾瑞像的地位不断上升的同时,刘萨诃却由民间的"胡师佛""观音菩萨""苏合圣"而下降为佛教史上的"名僧""高僧""和尚""圣者""上人"。

---

① 巫鸿:《再论刘萨诃——圣僧的创造与瑞像的发生》,第435页。
② 同上书,第437页。

从番禾瑞像产生之后直到归义军时期，一直在努力确定圣像与圣僧的身份地位。对此，道宣可谓功不可没。在确定圣僧和圣像的身份和地位上，道宣尽了最大的努力。道宣真正感兴趣的是番禾瑞像而不是刘萨诃。这可能就是他亲历稽胡聚居的八州之地后不再深入河西去作调查，而是以天人感应的感通方式召唤出利宾菩萨的原因。在《道宣律师感通录》和《律相感通》中，他为刘萨诃找到了前身——利宾菩萨。在迦叶佛时，番禾民众不信佛法，以杀害为事，大梵天王造了一尊佛像，利宾菩萨以神力使这尊佛像如真佛一样巡化四方、教导人民。三百年之后，番禾被邪恶控制，利宾菩萨在世界毁灭之前将佛像藏到山神寺中，直至他转世为刘萨诃，才将佛像感应出来。① 这个利宾菩萨的故事不是道宣记录的民间传说，而是道宣思考的结果（道宣声称《道宣律师感通录》和《律相感通》记录的是他与"天人"的对话）。"利宾菩萨"的故事，其实是道宣潜意识中对法难的恐惧和对抗，和道安记录的番禾瑞像故事同出一辙。这个故事有效地将刘萨诃与番禾瑞像区分开来，刘萨诃的身份不再是"佛"，而是番禾本土的一位菩萨（印度的佛教神灵谱系中没有这么一位"利宾菩萨"）。而且，道宣暗示了大梵天王所造的这尊佛像可能是迦叶佛或释迦佛的像。道宣的这种解释为后来的标准的圣像为主圣僧为辅的模式打下了基础。

关于刘萨诃与番禾瑞像的关系，图像比文字更容易说明问题。在莫高窟72窟南壁的壁画上看得最为清楚。在这幅壁画上，刘萨诃在整幅壁画中出现了五次，分别出现在壁画的上、中、下三个部分。刘萨诃的高度不足画面中部圣容像高度的四分之一，榜题称之为"刘萨诃和尚"或"圣者刘萨诃"。出现在画面中心位置两尊圣容像旁边的刘萨诃最能说明问题，其一榜题为"刘萨诃和尚赴会思发修僧时"，其二榜题为"刘萨诃和尚焚香启愿时"，表明刘萨诃是参加释迦说法大会的众神之一，他要对他授记的圣容像顶礼膜拜。除了南壁的壁画，72窟西壁龛外帐门上的画像也很能说明问题，帐门南侧上段画泗州和尚，榜题为"圣者泗州和尚"，帐门北侧上段画刘萨诃，榜题"圣者刘萨诃和尚"。从二者对等的位置可以看出刘萨诃的地位与另一位神异僧泗州和尚相当。此外，刘萨诃的图像还出现在第98窟、第61窟中心佛坛背屏后，这些画面仍以高大的番禾瑞像为主，在瑞像脚下、很小的空间里画着刘萨诃劝诫猎师李师仁的场面。总之，各种相关图像表明，番禾瑞像是释迦牟尼佛的瑞像，而刘萨诃是辅助瑞像的圣僧。在权力阶层的眼中，圣像远比圣僧重要得多——圣像有权对时政作

---

① 道宣：《律相感通传》卷一，《大正藏》第45册，第876页；道宣：《道宣律师感通录》卷一，《大正藏》第52册，第437页；道世：《法苑珠林》卷十四，《大正藏》第53册，第395页。

出或积极、或消极的评价，而圣僧刘萨诃只是辅助政教而已。这是石窟中大量复制瑞像的原因，瑞像是佛教谱系中的正神，它与其他瑞像共同组合成"瑞像图"，以各种不同的形式出现在标示着不同的仪式功能的位置上。圣僧的作用很大程度上被限定在一个"戒杀"的榜样上：刘萨诃劝诫猎师李师仁情节也经常出现在中心佛坛的背屏后，且敦煌本《刘萨诃因缘记》的重心放在地狱巡游上，相关篇幅占了全文的一半多。敦煌遗书中的相关文献还表明，刘萨诃以其奉行戒约、福佑一邦成为僧人的典范。P.2971卷内记壁画佛师的次序："东壁第一须菩提……第十一师毗丘，第十二达摩师，第十九世亲，第二十罗什法师，第二十一佛图澄，第二十二刘萨河，第二十二惠远和尚。"① 这说明刘萨诃成为与鸠摩罗什、佛图澄一类的"高僧"。归义军时期的名僧道真曾造刘萨诃像施入三界寺，② 道真晚年在莫高窟中修行时被时人比作刘萨诃。③ 归义军时期的另一位名僧法宗作《萨诃上人寄锡雁阁留题并序》（S.4654A）呈献给敦煌王曹元忠，在盛赞刘萨诃的同时又旌美曹元忠的奉佛之举，非常自然将传法与辅政结合起来。由此可见上层僧侣对权力的敬畏尊崇，他们的理想多了几分"王者师"的色彩。

刘萨诃得到统治阶层的认可还有一个"惩革胡性"以安定统治的原因。刘萨诃的稽胡人身份以及早年从杀生害命到皈依佛门的经历使他成为一个"革惩胡性""奉行戒约"的榜样。道宣在《续高僧传》中就已经总结胡师佛的功能在于"因之惩革胡性、奉行戒约者殷矣"，天宝年间的《凉州御山石佛瑞像因缘记》则更为直接地点明"□□凉都会万里□通征税之□往来□时之所填委戎夷杂处害为常不有神变之奇宁革顽嚣之……"。对于率直、强悍、充满叛逆精神的稽胡族和西北地区的其他民族，这样一位具有神奇之变的偶像对移风易俗起了至关重要的作用。

经过正统佛教和权力阶层的规约，刘萨诃进入到正统的佛教神灵谱系之中，被权力阶层和知识僧侣定位为佛教史上的"高僧"。

4. "两种佛教"的交互影响

刘萨诃被选作番禾瑞像的预言人是上层僧侣利用民间信仰对抗法难、复兴佛教的

---

① P.3570反面与P.3727的反面都有"隋净影寺沙门惠远和尚因缘记"，故此处的惠远亦应是净影寺惠远，敦煌郡人，后迁居上党高都，俗姓李。年十三出家。北周武帝废除齐地佛教时，大统法上等五百余人无人敢出面抗谏，独慧远辩难数次。隋统一天下，师遂至洛邑大弘法门，闻风而来者，络绎不绝，名驰帝阙。开皇十二年春，下敕令掌翻译。同年圆寂于净影寺，年七十。参见道宣：《续高僧传》卷八，载《大正藏》50册，第489页c—492页b。
② 约作于935年S.5663A《中论》卷第二道真题记云："道真造刘萨诃和尚（像）……已上施入经藏供养。"
③ S.3929V《董保德佛事功德颂》："疑是观音菩萨，易体经行；萨诃圣人，改行化现。"

结果，而刘萨诃与番禾瑞像的像主僧辅的组合模式是知识阶层和权力阶层规约民间信仰的结果。不过，对于普通民众而言，并不会对番禾瑞像和刘萨诃做严格的界分，只要是灵异的、具有祈福禳灾功能的，民众是一并供奉的。

番禾瑞像固然打着上层社会的烙印，但它在民间也有强大的生命力，其原因并不是很难探究。从信仰心理上来说，归根到底是祈福心理和对巫术、预言的崇拜心理。番禾瑞像的最重要的功能是对治乱兴衰的预测，"灵相具者，则世乐时平；如其有缺，则世乱人苦"恰好迎合了人们对太平盛世的渴盼心理。而崇拜具有神奇的预测吉凶的功能的某种灵物或预言，从原始社会时就一直存在，佛教传入之后，尤其是在民间，是与巫术、方术相结合的，始终不乏这些具有巫术功能的崇拜物的。就刘萨诃传说而言，定阳的胡师佛像、酒泉的刘萨诃的灵骨，与番禾瑞像同样具有预测吉凶的功能。因此，从根源上来看人们对番禾瑞像的信仰实则是对巫术、预言的崇拜心理。从社会根源上来看，番禾瑞像信仰的盛行与王朝末期各种社会矛盾的尖锐化和统治阶级的大力推行密不可分。番禾瑞像信仰的隆盛期一般都出现在政局动荡的"末世"以及"末世"过后政治比较清明、生活比较安定的一段时间里。北魏末年、北周末年、敦煌陷蕃时期，都是政治黑暗、战乱频仍、生灵涂炭的乱世，在这种乱世之中，对现实倍感绝望和无奈的处于社会底层的民众最容易滋生对救世主的幻想，能够体现和执行业报的各路神明，都是安抚苦难灵魂的一剂良药。

虽然经过权力阶层和知识阶层一番功利的和理性的净化之后，刘萨诃的民间性被遮蔽起来，在历史记载中看到的只是权力阶层与上层僧团结合在一起的圣像为主、圣僧为辅的信仰现象；但不要忘记，刘萨诃之所以被选中作为番禾瑞像的受记者，是因为他在河西民间强大的影响力。既然稽胡人称他为"佛"，明代酒泉民间仍称之为"佛"，那么，我们完全有理由推测在北朝至唐宋的河西民众也称之为"佛"。传说中公元520年诞生于河西番禾山崖中的瑞像只是一尊佛像，民众不会关心它具体是哪位佛。鉴于刘萨诃在河西巨大的影响力，民众会很自然地把他与瑞像的主人等同起来，番禾瑞像即是刘师佛或胡师佛的像是顺理成章的。民间信仰不会像正统宗教那样秩序井然，他们的神灵谱系是变化无常的，能取得民众信仰的最充足的理由就是灵应，所谓灵则信。刘萨诃仙逝之后，他的灵骨在200年之后仍然具有预测吉凶的功能，番禾瑞像发生影响距离刘萨诃去世不足百年，河西民众不会舍弃他们非常熟悉的、法术无边、灵应无限的本地神而另择他神。番禾瑞像出现其实是民众刘萨诃信仰的延续。在唐五代时的河西走廊，番禾瑞像和刘萨诃的神职功能是一样的——天宝年间在武威出土的石碑记载了番禾瑞像不仅能够阻止各种破坏性的灾难，而且将远近民众的各种乞愿——应验:"至今无恙,事俱验□。若乃乡曲贱微之人,远方羁旅之士,或飘□独往叩地申冤,或孑尔孤游瞻颜乞愿……"① 产生于归义军时期的敦煌遗书里又有刘萨诃成功地预言了莫高窟,以锡杖划出宕泉、为敦煌带来涓涓流水的传说。② 可见,这位"高僧"又是地方神,保佑着敦煌的佛法兴隆、生活安定。总之,在民间,刘萨诃可能等同于番禾瑞像,民众将之笼统地称为"佛"。在民间的意识里,圣僧与圣像很可能是同一的,至少在信仰功能上。

四、结语

中国佛教史上并不缺乏具有各种神异功能的高僧(最典型的莫过于与刘萨诃具有相同时代背景的佛图澄),能预示治乱兴衰的瑞像也不止番禾瑞像,但像刘萨诃和番禾瑞像那样长久地在西北中国发生影响的圣僧和圣像却是绝无仅有的。这恰恰说明在对待刘萨诃的问题上无法像处理其他的神异僧和瑞像那样简单。那些神异僧和瑞像只属于一个时代,依托于一个政权而盛极一时,随着政权的消亡这些圣僧和圣像也就成为历史。只有刘萨诃和番禾瑞像能发生那样复杂、强烈而又久远的影响,因为它一直有一个强大的民间信仰的基础,既可以得益于某种机缘与上层社会的国运佛法紧密相关,又能在权力阶层的规约改造消弭之后,继续在民间发生影响。恰恰是因为他不仅仅属于一个时代、一个政权,而是属于大西北的广土众民。

综上所述,刘萨诃和番禾瑞像在宗教史上的意义至少有两个:第一,刘萨诃信仰是民间形态的佛教信仰。刘萨诃信仰不是知识阶层的哲学形态的佛教信仰,它典型地展现了佛教入华后在民间传播的一个侧面,折射出民间佛教信仰的原始状况和传播方式。第二,刘萨诃和番禾瑞像信仰表现出民间佛教信仰与哲学形态的正统佛教和上层权力社会的互动。它详细地展现了下层的粗俗的、践履型民间佛教信仰进入上层社会,被上层社会利用、改造和崇奉的全过程,典型地体现了佛教在上、下层社会的传播和发展变迁。

---

① 孙修身、党寿山:《〈凉州御山石佛瑞像因缘记〉考释》(《敦煌研究》1983年创刊号,第103页)一文对武威石碑有整理,但有讹误之处。笔者目睹碑文拓片之后,又重做辨识。
② P.3570、P.2680、P.3727敦煌本《刘萨诃因缘记》:"莫高窟亦和尚受记,因成千龛者也。"S.3929V《乾宁三年(896)沙州龙兴寺上座沙门俗姓马氏香号德胜宕泉创修功德记》:"奇哉宕谷,石化红莲。萨诃受记,引锡成泉。千佛净土,瑞气盘旋。后尔镌窟,数满百年。"

丝路文献

明清回回学者"回、儒观"述论
——以明清汉文伊斯兰教典籍序跋为中心

杨晓春

(南京大学历史学院)

【摘　要】　明清时期相当数量的汉文化伊斯兰教典籍序跋为探讨中国回回学者对儒学的态度、对伊斯兰教和儒学关系的认识(参考当时的用词,可略称为"回、儒观")提供了比较充分的史料。总体看来,回回学者多强调回、儒之间的互通、互补关系,并多用伊斯兰教的事物比附儒家的事物,展现出回回学者比较成功地处理了伊斯兰教与中国主流文化儒家学说之间的关系。

【关键词】　回回学者;"回、儒观";汉文伊斯兰教典籍;明清时期

进入中国的回回人,是伊斯兰文化的承担者,面临着与中国主流文化儒释道之间的关系。我曾经通过明代清真寺汉文碑刻考察过回回士人对于儒释道的态度,认为大都是肯定儒家而反对佛道的;也考察过明末回回宗教学者王岱舆对儒释道的态度,认为王岱舆对儒释道都有所批评,但是对佛道的批评要更甚于儒家,而且还试图将儒家学说包容到伊斯兰教体系中来。[①]

显然,中国回回学者主要需要处理的是伊斯兰教和儒家学说之间的关系。在明末以来的汉文伊斯兰教文献中,回回人多以"回、儒"代指伊斯兰教和儒家学说两种思想体

---

① 杨晓春:《明代清真寺汉文碑刻所见穆斯林士人对汉文化的态度》,《回族研究》2005年第1期。杨晓春:《元明时期汉文伊斯兰教文献研究》,中华书局2012年版,第137—143、153—165页。

系。如康熙二十年（1681）马承荫《〈清真指南〉序》称王岱舆"回、儒博学"①；咸丰二年（1852）蓝煦《〈天方正学〉序》谓"世人于回、儒，往往分视之"，又谓"回、儒经书，文字虽殊而道无不共"，"回、儒两教，道本同源"；② 光绪四年（1878）马安礼《〈祝天大赞〉序》则更以"教"称之二者："向者滇中祸乱十八年，其起衅之由，实因回、儒两教，分门别户，各不相下，以致寻仇起祸，酿为乱阶。"③ 考虑到所称比较简洁，本文借用这一称法，并简称回回学者对于伊斯兰教、儒学特别是两者之间的关系的看法为"回、儒观"。

清代回回学者马注、刘智、金天柱、蓝煦、马德新、唐晋徽的一大批著作，往往大量使用儒家概念，援引儒家学说，以为伊斯兰教教义、教理演说的帮助，甚至有时用儒家的论述来证成伊斯兰教的理念，以往学术界用"以儒诠经"来概括，很好地抓住了此类著作的特点。"以儒诠经"，是现代学者的用词，而清代的回回学者则早已用"以儒证经"④ "以儒证回"⑤ 一类的表述，其本质是与"以儒诠经"一样的。

刘智等人，往往对于儒家学说有深入的理解（马德新是个例外，但是他的汉文著作的写作和翻译得到熟悉儒家学说的弟子的帮助），他们的作品，也显示出用词典雅的特点。这些著作，或者面向教内读儒书者，或者面向教外人士，所以不仅仅是为了阐述伊斯兰教，也是为了释教外人的疑惑，是回回宗教学者在伊斯兰教著作写作实践中贯彻他们的回、儒观的结果。

刘智等人著作的"以儒诠经"的特色，学术界讨论较多，本文不拟具体分析这些著作本身，而是希望充分利用明清汉文伊斯兰教文献序跋，来比较广泛地考察回回宗教学者对于回、儒两种思想体系之间的关系的态度。总的看来，回回学者多强调回、儒之间互通、互补的关系，显示了身处汉文化环境中的回回学者认识、处理回、儒两种文化之间关系的基本取向。

以下将从回回学者认识回、儒关系的具体角度，分为回、儒互通，回、儒互补，

---

① 马注：《清真指南》卷一，《清真大典》第 16 册，清同治九年（1870）广州濠畔街清真寺藏板重刊本，第 498 页。
② 蓝煦：《天方正学》卷首，《清真大典》第 17 册，影民国十四年（1925）北平清真书报社铅印本，第 141 页。
③ 马德新：《祝天大赞》卷首，民国八年（1919）粤东濠畔清真古寺藏板刊本。
④ 清光绪十一年（1885）马锡蕃《〈清真指南〉叙》，载马注：《清真指南》卷首，台北珪庭出版社 1979 年影清光绪十一年（1885）成都宝真堂重刊本（此本只影卷首卷一）。
⑤ 清光绪十年（1884）苏元泰《续刊〈真功发微〉序》，载《真功发微》卷首，《清真大典》第 15 册，影清光绪十年（1884）锦城宝真堂藏板重刊本，第 265 页。

回、儒比附三个方面分别论述。此外，作为补充，从《回回原来》中的一则例子，来说明这样的态度对于普通回回民众的可能的影响。最后，则略作总结和讨论。

一、回、儒互通

所谓"回、儒互通"，是说伊斯兰教和儒家学说不但不相冲突，而且能够互相沟通，大抵强调两者的一致性。具体的理解，有的是说两者有共同之处，有的是说两者可以互相印证，有的是说两者同源。

（一）回、儒相同

约顺治十四年（1657）前后丁彦《〈真诠〉弁言》曰：

> 清真教古正学也，厥指一主于昭事上帝。而佛老之谈，只字不容躏入。其人其志，固不在子舆氏距杨墨之下，然其教流传虽久，并无汉书可传，或者疑之。王子岱舆曰："谓无语言文字者，彼髡之妄也，吾教大者在钦崇天道，而忠信孝友略与儒者同。可以揭日月而行中天，可以垂金石而昭来许，自古无汉书可传，以典籍皆天房国本，不及译故耳。"①

《弁言》中引及王岱舆的言论，称王岱舆强调"忠信孝友略与儒者同"，这种态度具有相当的典型性。所谓"忠信孝友"是处理人伦关系的一些原则，这在伊斯兰教中并非本质的内容，但在儒学中却居于核心的位置。

康熙三十年（1691）米万济《〈教款微论〉自叙》曰：

> 余反而思之，何教为正道耶？久之豁然有悟曰：理一也，而人之所得，有正偏之不同，深浅之不一。兼才有优劣，智有大小，以致教道有不齐之说焉。熟而思之，惟清真之道得之最正，受之甚深也与，何则？盖佛老之谈，偏且妄也，儒已辟之久矣，其傍枝侧末，何足挂于齿颊哉！观儒者之论理，最正无偏，其正诚修齐之道，明理尽性之功，可谓详且尽矣，无可加矣。但先天之原本，后世之陟

---

① 王岱舆：《正教真诠·清真大学·希真正答》，余振贵点校，宁夏人民出版社 1988 年版，第 7 页。按：此《弁言》不载国家图书馆藏清嘉庆六年（1801）粤东城南清真堂板刊本和《清真大典》第 16 册影清同治十二年（1873）锦城宝真堂藏板重刊本。

降，主宰止一之所以，生死来去之原委，概未及言之。其所以不言者，恐有以惑世耳。噫！殊不知释玄左道，承其隙而以轮回果报之谬谈、鬼怪邪魅之妄论以惑之矣。始而不言，恐以惑世；继而世人已被其惑，而不知援，至于坏乱至极；虽有圣帝良臣，及夫维持世道之君子，出而剪除之，无非辍其俗尚以正其风化已耳，而人心之离惑，终不能释，流衍日久，足致三教鼎立焉。其间识其非而不被其惑者，惟清真正教也。是知吾道，非得之正也，则于纲常伦理，立身行己之道，不能与儒有符节之合；非受之深也，则于先天后天之化生，为人善恶之报应，不辟佛老纂理之妄，其道之正若是也。①

米万济此《叙》，批评佛道而肯定儒家，谓"儒者之论理，最正无偏"，也在"正道"之列，但是也指出儒家对于"先天之原本，后世之陟降，主宰止一之所以，生死来去之原委，概未及言之"。所谓"是知吾道，非得之正也，则于纲常伦理，立身行己之道，不能与儒有符节之合"，仍然强调伊斯兰教在纲常伦理方面与儒家完全吻合。

约康熙四十九年（1710）刘智《〈天方典礼〉自序》曰：

> 愚承先君子志，译《天方礼法》书讫，览者曰："卷目浩繁，读者病之，盍择其要以便初读者？"因于全书中，择其最关于民生日用者，汇为一帙，曰《典礼择要》。览者曰："简矣，第恐初学有所不解也。"因复于《择要》中，撮其初学所之当晓者，分节而解之。或引全书之所有，或旁搜他书之所载，要皆天方学也。解中有理明而义未尽者，复为广义；有义尽而理未畅者，又为实义；有义理明畅而学浅者疑其非，乃质诸儒语以释其疑；有事属寻常而见小者訾其异，又设为问答以针其惑。
>
> 夫是礼也，虽事属寻常，而理寓高远，终身佩服而勿忘，即浑乎天理而无间也；虽理似隐深，而事极明著，引类取譬而有得，即灿然微妙之有征也；虽载在天方之书，而不异乎儒者之典，遵习天方之礼，即犹遵习先圣先王之教也。圣人之教，东西同，今古一，第后世不之讲求，而遂渐失之矣。惟幸天方之礼为独存。②

---

① 米万济：《教款微论》卷首，《回族典藏全书》第 37 册，影民国二十五年（1936）北平清真书报社铅印本，第 6—7 页。
② 刘智：《天方典礼择要解》卷首，《四库全书存目丛书》子部第 95 册，影清康熙四十九年（1710）杨斐菉刊本，第 521 页。

《天方典礼》专讲行为规范，刘智所云"虽载在天方之书，而不异乎儒者之典，遵习天方之礼，即犹遵习先圣先王之教也"，仍是强调伊斯兰教和儒家在"典礼"方面的相同之处。

乾隆三年（1738）金天柱《〈清真释疑〉自序》曰：

> 予何人，斯敢为妄作，而以贤智多前辈？然而天地之大，五方风气之异，语言衣服制度之殊，即中夏论之，皆有同异，何足乖张？惟是人纲人纪，悉归于大同。孟子曰："杨无君，墨无父。"释老又用保举恩父，则又举君父而假之，遂置其君父于不用，均之无耳。吾教振纲常，饬伦纪，般般可据，与杨、墨、释、老，大相径庭。今于害仁义而废君臣，灭纲常而绝父子者反舍之不究，一遇吾教之人，即以琐屑之事，故为挑逗，议论横生；殊不知吾教自隋唐相沿至今，版图千百余年，代国家出力报效，与儒教何异？各教之疑者既不知吾教之大义，且隐隐挟一入主出奴之见，殊失吾教之所以然。致清真之理，卒沦没于庸众人之齿颊，不大显于斯世也，悲夫！①

此《序》强调伊斯兰教"振纲常，饬伦纪，般般可据，与杨、墨、释、老，大相径庭"，"自隋唐相沿至今，版图千百余年，代国家出力报效，与儒教何异？"则所谓"人纲人纪，悉归于大同"，是说人伦关系方面的原则伊斯兰教与儒家是相同的。

乾隆十年（1745）马廷辅《〈清真释疑〉序》曰：

> 其道之大者，五伦五事之必遵，与儒教无异，但饮食衣服之制，冠婚丧祭之典，大概从朴素之风，取清真之义，世世率由，无敢擅易。②

"五伦五事之必遵，与儒教无异"，也是强调人伦规范方面伊斯兰教与儒家是一样的。与金天柱序一样，认为语言、饮食、衣服等是与儒家不同的。

同治四年（1865）马锐《复初夫子〈大化总归〉叙》曰：

---

① 金天柱：《清真释疑》卷首，《清真大典》第18册，影清光绪七年（1881）镇江城内清真寺藏板重刊本，第4页；另参清乾隆三十三年（1768）长乐斋藏板中州买长发王永安重刊本。
② 金天柱：《清真释疑》卷首，清乾隆三十三年（1768）长乐斋藏板中州买长发王永安重刊本。

真一之理，生天生地，生人生物，谁主宰是？孰纲维是？曰：真主主宰之，而纲维之也。且夫真一之理，与各教异，与儒家同。《易》曰："天得一以清，地得一以宁，圣人得一以贞。"孔子传道曾子曰："吾道一以贯之。"此论一之确证也。周子《太极图说》："无极而太极，太极生两仪，阳变阴合，而生五行。五行一阴阳也，阴阳一太极也，太极本无极也。"吾教真主，其在无极、太极之上乎！《图说》又云"无极之真"一语，朱子解："无形无象而有真实之理具于其中。"此论真字之确证也，岂似二氏言"有生于无，无涉于幻"，沦于空虚而无着乎？抑真一之理，体用具备。《中庸》言："诚者天之道也，诚者物之终始。"周子云："至诚无为，寂然不动者诚也，感而遂通者神也。元亨诚之能，利贞诚之复。"《通书》由本而溯末曰："一实万分，万物各正，大小有定，自末而缘本。"曰："二气五行，化生万物。五殊二实，推本则一，起万为一。"朱子解此理："处之浑沦，如一粟种地，生苗生花结实，一粒有百粒，每粒颗颗完全，以百粒复种，依然生花结实。此体中含用，用终还体也。"古有归根复命之说，其斯之谓欤！夫此真一之理，又岂外人伦之间乎！①

马锐所论，与前引各位学者不同，他以为"真一之理，与各教异，与儒家同"。"真一"是明末中国伊斯兰教学者所新创的概念，指伊斯兰教的根本的理念，在王岱舆的著作中曾予充分的解说。可见马锐是认为伊斯兰教的根本理念与儒家相同的，所以提出"真一之理，与各教异，与儒家同"之后，便广引儒家文献之论"一"与"真"。

　　光绪二年（1876）保熊兆《〈西来宗谱〉跋》曰：

　　　　我教敦伦守礼，世演宗风，雅同儒学，绝不似蔑伦灭纪、吃菜事魔辈自放于礼法外者也。②

保熊兆的看法仍是强调伦理方面伊斯兰教与儒家的相同。

　　光绪十年（1884）马中龙《重刊〈清真释疑〉序》曰：

---

① 马德新：《大化总归》卷首，清同治十二年（1873）锦江沙福春重刊本。
② 马启荣：《西来宗谱》卷末，《回族典藏全书》第35册，影清光绪二年（1876）粤东省城内怀圣光塔寺藏板刊本，第102页。

回人自隋唐入中华，与汉民杂处，汉民习孔孟教，回民习穆罕默德教，其俗不同，其事亦异，而皆因地制宜，以潜移默化乎人心。尝慨孔子与穆罕默德生不同时，向使同时，而于数万里之外，两相聚合，各言其教之所由，互证其道之不悖，当必相视而笑，莫逆于心，所谓地不同而道同者，确然不谬。乃自俗人偏于一得，存分门别户之见，甚至礼拜之所，诵经之地，埋葬之时，恐汉人身有不洁，拒不令见，而人之疑愈甚。共处圣明之世，不啻一家之人，顾可听其蓄疑于心，而不亟思释然乎？①

马中龙的总体的看法，"地不同而道同"，与马锐相仿，但是没能像马锐那样有所论证，只是一种单纯的理念，以此来反驳俗人的门户之见。

光绪十九年（1893）唐晋徽《〈清真释疑补辑〉重跋》曰：

语云"早晚二十四拜"，非无因也，此天命之善性而人同禀命于先天者也。不与儒书所云"顾諟明命""对越在天""昭事上帝""潜通帝谓"者适相合乎？且拜中祝祷之序，先由本身与父母君师，次及亲友与存没男女，非谓胞与同善之量、忠孝信义之道不可须臾离乎？且每拜必先沐浴，每日五时，正与《礼记》所云"日五盥者"暗合。至天命之斋，每年有一月不食，寒暑轮流，遏欲存理，上体天心，正与《桂海字汇》叀即古斋字暗合。《旧唐书》冯元淑贫，不与马刍，云"令作斋"，足征五代时犹行此斋也。删书断自二典，以前者固不可考，然自尧舜禹汤、文武周公，以至孔孟，其忧勤惕厉，遥接心传者，或践形以尽性，或制外以养中。若孔子曰"某之祷久矣"，又曰"获罪于天，无所祷"，不拜，何以云祷耶？孔子沐浴而朝，朝既且，然则祷之沐浴可知矣。又曰"吾十有五而志于学"，言自十五入大学后，即以诚正修身为齐治均平之本，其言明德新民、戒欺慎独、斋明祭祀，如在其上者，夫岂徒托空谈而即为躬行君子耶？孟子曰"存心养性，所以事天"，又曰"恶人斋戒沐浴，可祀上帝"，恶人尚可，则非恶人者更无不可，是战国时犹常行此沐浴事天之礼也。

虽在俗论，言上天生人，亦未必需人事之拜之，然试问君之设臣，臣可不拜君乎？若不朝觐引见，君亦许之乎？亲之生子，子可不事亲乎？若不出告反面，

---

① 唐晋徽：《清真释疑补辑》卷首，《清真大典》第 18 册，影清光绪十一年（1885）成都清真寺藏板重刊、光绪二十年（1894）增补本，第 58 页。

亲其许之乎？况"民生于三，事之如一"，谓报君亲师生成教养之恩也，然非默默中有天为玉成之，安见教养者尽能成立耶？且天之生人，心同理同，故孟子以性善断之，若为不善，非才之罪。此正如君使臣出仕，均命之忠，在臣领命之初，亦自以为必忠。奈一至宦所，君门既远，威福自由，忠心渐衰，贤者恐且不免，否则忠不复存矣。顾曰："君未命之忠乎？"又如父母之教子，皆命其孝，在子孩提之始，亦不待教而知孝。奈长而习惯，日与亲远，嗜好目便，孝行顿薄，智者犹勉服养，否则孝若罔闻矣。顾曰："亲未教以孝乎？"知此，则益恍然于性善之说矣。

盖人非圣贤，孰能无过。天以仁慈为心，于有过之人而不遽加罪者，望其回心速改也。惟见其怙过不悛，甚至恶贯满盈，始施雷霆之威，亦天之不得已耳。人若知过必改，对天悔罪，天未有不恕之者。试观大将在外，君命有所不受，君亦不遽谴责，惟有悖逆过甚者，始加显戮，以正其罪。否则俟其改悔，自行检举，君仍予以自新之路矣。又观人子不得顺于父母，纵至顽嚣，子果负罪引慝，斋慄以祗，载见之父母，亦有时而允若。足见天帝君亲，上下一体，至诚感格，呼吸相关，有明证也。

吕子曰："自古以来，宇宙之完人甚少，其余都是半截人。汤武反之也，其未反之前，尚非圣人，亦难免有过，一改便入圣域。足知天心仁爱，以前之过都饶得了。人何苦而甘于自弃哉？罔念作狂，克念作圣，天定胜人，人定亦能胜天。此中转机，虽曰天主张，究由人自取耳。"所以自古圣人，代天明道，无论中外相隔数万里，后先相越数千年，而传心之学，均以身体力行为天下先，甚至于日用饮食之小节，亦载诸《曲礼》《家语·乡党篇》等书，皆有成法可遵，固望人整躬率物，世世奉行，纳斯民于轨中，尽束身于民教耳。惟因中华儒书，未及明定事天拜规，兼以吾教天经，传来少迟，且有语言文字之异，以致汉宋诸大儒留心圣学者，非不极力担当，以传道为己任，推勘尽致，煞费苦心，惜皆徒以言教，未以身教。纵有德行多人，均第谓谨言慎行、问心无愧斯已耳。每以古圣躬行实践者，率皆目为寓言，草草读过，不复遵行。

如读汤之《盘铭》，明明有一盘在，原为洗身之具，与《礼记》略同。乃讲者偏曰此特喻人以洗心耳，竟将洗身一层删去，遂令千古士子皆疑《礼记》沐浴器规尽为虚设，即遇亲丧祭祀大典，亦概不洗身，反谓吾已洗心矣。独不思面垢不忘洗、衣垢不忘澣，自古人情皆然，身垢不洗，纵曰洗心，果何所表见乎？秽污罪体羞对神明，尚望其来格乎？冬腊严寒，人本畏难苟安，再无严师友以讲导之，亦无□儒行日臻，反笑吾教之严冬沐浴为迂也。惟唐有萧公德言："每展卷，必先沐浴。"家人责其太苦，答曰："对圣贤书，不敢不尔也。"宋赵阅道梦香告天，司马温公夜而计过，无憾始安。明李二曲先生，有门人问诚意正心之法，先生沉吟久之，乃曰："每早焚香叩天，誓将心意勿放勿偏。至晚，依然再叩有无伪妄，有则立改，无则加勉。此外别无善法矣。"试问此诸公，若早知吾教有此斋拜各规，载在天经，实系天命，尚不愿遵行乎？

或曰："生此晚近，教泽日衰，而复言中外之理学原本一家，更谁信之？"予曰："人即不信，然少有所知，且确见西经与儒书历代所传，在在可考，觉亦不妨，姑妄言之耳。世无知已，则亦已矣。如有过而问者，则予将不揣固陋，以今知者觉后知，而为言之曰：人欲为今世之完人，无论历代多圣，要以孔圣为依归；欲兼为后世之完人，无论中外多圣，要以穆圣为法守。孔圣一生，同与斯人之徒；穆圣临终，犹念穆民于口。两圣救世苦心，千古言犹在耳，尚祈有心人鉴谅。愚衷同深参悟，而密体此一贯之旨也夫。"①

唐晋徽《清真释疑补辑》是在金天柱《清真释疑》的基础上作成的，这篇跋语大量举证说明伊斯兰教与儒家的共同之处，不啻是一篇小论文。举证的核心是礼拜和沐浴，甚至从伊斯兰教的角度重新解释了儒家的经书。礼拜和沐浴，仍是行为规范的方面。

宣统二年（1910）赵献可《〈上海清真寺成立董事会志〉序》曰：

太古之民，浑然无识，散处山野，不相统属。天演极而物竞生，自然之理也。天佑下民，作之君，作之师，蒙昧渐除，文明日辟，于是宗教兴焉。自尧舜以至周孔，道统相承，维系万世。虽不以宗教传，而道德浑合于无间。所谓东海有圣人焉，西海有圣人焉，此心同，此理同也。于是天方穆罕默德，以大德王西域，独兴宗教，为清真教主。定制垂经，本天人合一之理；宏规巨制，仍不外纲常名教。与吾儒治世施教之本，若合符节。是其教之历久而愈昌者，岂无故哉？②

"定制垂经，本天人合一之理；宏规巨制，仍不外纲常名教。与吾儒治世施教之本，

---

① 唐晋徽：《清真释疑补辑》卷下，《清真大典》第18册，第110—111页。
② 《上海清真寺成立董事会志》卷首，《回族典藏全书》第40册，影清宣统三年（1911）铅印本，第189—191页。

若合符节",从基本的理念到行为规范两方面,认为伊斯兰教与儒家是相同的。

以上所引诸序跋文字,可见回回学者认为伊斯兰教与儒家有共同之处的很多,其中多数认为伊斯兰教关于人伦纲常、行为规范方面与儒家相同,也有少数认为伊斯兰教的基本理念与儒家相同。

类似的看法,在清真寺碑刻中也存在。如桂林崇善路清真寺《核理法供膳碑》曰:"吾教流传中域,千有余年,其讲明而切究者,罔非忠孝廉义之行,与儒教敦伦饬纪、正黜邪道若同途。"①

(二)回、儒印证

康熙三十年(1691)马铨《〈教款微论〉序》曰:

> 岁辛未(三十年,1691)冬,有戚手一编,示予读,竟旷若发蒙。米君见理明彻,能了然于心,故所言平正通达,都无浮饰,间与孔孟之言相印证,知非徒援儒以附己者。使为讲师者尽如米君其人,开陈启迪,必将有阐扬吾教,大畅厥旨,俾聪明特达者,寻译其经,遵行弗懈。讵不甚善,其或未能,则先从是编一参究焉,愈于沿俗说而不知指归者相倍蓰,其为功岂浅鲜耶!②

明末清初时期有一知名的伊斯兰教经师名马铨(明龙),湖北江夏人,《经学系传谱》有传。③ 此《序》署"古杭马铨遵素甫题",并非一人。《序》中涉及马铨对米万济《教款微论》的评价。此处的"印证"一词,强调的是伊斯兰教和儒家本质上的相通,能够互相发明,所以说"知非徒援儒以附己者",不是简单地把儒家与伊斯兰教相同的地方拿过来而已。

光绪三年(1877)马安礼《〈清真释疑补辑〉序》曰:

> 予幼习儒书,兼学天方经文。每阅吾教所译汉字各书,文义多粗,有以异端相讥者,予无以应。后见刘子介廉所著《天方性理》《典礼》诸书,始恍然吾教

---

① 麻承福:《桂林回族》,宁夏人民出版社2003年版,第358页。
② 米万济:《教款微论》卷首,《回族典藏全书》第37册,第3—4页。
③ 马铨的生平,可以参考答振益《伊斯兰经师马铨》,《中国穆斯林》1990年第3期。笔者也曾有所关心。(杨晓春:《明末清初伊斯兰教学者马明龙的生平与著述》,《回族研究》2011年第1期;杨晓春:《早期汉文伊斯兰教典籍研究》,上海古籍出版社2011年版,第98—115页。)只是拙文中间有错漏之处,容另文弥补。

之道，实与儒术相表里也。及质之同教塾师所言所行，又往往异是，予转疑之，岂介廉之书，乃故文其词以为吾教光乎？何古今人之大相殊也？心颇不安。乃慨然远游，泛巨海，历长途，越国数十，初至回疆等处，皆云回教。无如各国风俗日变，甚而有支离怪诞之为，已大非清真本教矣！后惟直抵乎降圣降经之地，始见其风土人情，与中国经书所载，罔不合符。夫乃恍然于清真之教兴于天方，原非第西域回疆所得而尽之也。乃中国之人，读儒书者不知天方经义，习经文者未读孔孟诸书，以致扞格难通，互相排诋。即本教中亦往往彼此聚讼，又何怪外人之鄙夷之而仇怼之耶？嗟乎！道之不行，由不明故也。①

马安礼通过阅读刘智的著述，理解了伊斯兰教和儒家学说之间的关系，他的用词是"吾教之道，实与儒术相表里也"，也就是说两者本质上是一致的。

光绪二十年（1894）党凤冈《〈清真释疑补辑〉跋》曰：

天下事不患不知，患在知而不详，或知而不行，转不如不知者之尚有说辞也。《书》曰："匪知之艰，行之维艰。"旨哉言乎！即如吾清真教肇自天方，自人祖阿丹至贵圣穆罕默德，其间贤圣代作，经史典籍，载在册府，大抵以天道人道为要旨。天道者何？拜主是也，推之即念、礼、斋、课、朝之五功。人道者何？事亲是也，推之即君臣、父子、夫妇、昆弟、朋友之五伦。纲举目张，如日月之经天，江河之纬地，较诸别教之显悖乎儒理而舍本逐末者，大相径庭矣。……昔王岱舆、刘介廉、马仲修诸前辈，译有汉文各书，煞费苦心。第多发明性理典要，而于日用饮食起居末节，少所剖办。故其书可以启贤智而非可以开愚顽，且卷帙浩繁，兵燹后版已多阙，此《清真释疑》一书所由复刊也。是书为金北高先生手著，续经唐晋徽吏部博采众论从而补辑之意，不仅在释吾教之疑团，并藉以阐儒书之真谛，互相引证，务实躬行。②

其中的用词是"互相引证"，是说伊斯兰教与儒家两者可以互相证明对方的正确，其含义与"印证"相仿。

---

① 唐晋徽：《清真释疑补辑》卷首，清光绪九年（1883）京都清真寺藏板重刊本；《清真大典》第18册，第53页。
② 唐晋徽：《清真释疑补辑》卷下，《清真大典》第18册，第113—114页。

（三）回、儒同源

回、儒同源的认识是说明回、儒相同的一个重要的理由。发掘回、儒相同之处，还多是表面的比较；阐明回、儒同源，则是更进一步的说明。

咸丰二年（1852）蓝煦《〈天方正学〉序》曰：

> 煦著此《天方正学》为汉启佗补，以吾人寄居东土，凡讲经论道，只凭西经《古尔阿仪》。（《古尔阿仪》之经，谓之启佗补。今以汉字译之，谓之汉启佗补。）苟能神而明之，则大而纲常伦理，小而日用饮食，上而文武圣神，下而匹夫匹妇，皆可尽其性，以尽万物之性。学到位天地、育万物境地，亦不为难。而世人于回、儒，往往分视之，而未能参观，良由不明天方经意，以致见少多怪。岂知回、儒经书，文字虽殊而道无不共，语言虽异而义无不同。是以不揣固陋，于天方经语，略以汉字译之，并注释其义焉。证集儒书所云，俾得互相理会。知回、儒两教，道本同原，初无二理，何必拘泥语言文字之末，而疑其有同有不同耶！煦不敏，未窥斯道之高深，然不敢以生质愚柔，自安于无知无能，惟是勉勉循循，深思默悟，聊为综厥始终，究其真而清其源，以冀发明先天已有之道，后天既有之理，启常人不悟之蒙，勉中人参悟之学，如斯而已矣。
>
> 至儒《易》所谓开物成务，冒天下之道，以通天下之志，以定天下之业，以断天下之疑，圣人以此洗心退藏于密者，要皆不外乎此。然后知天方经典，洵吾人根本之学也。①

既然"回、儒两教，道本同原，初无二理"，就不用再讨论"疑其有同有不同"了。蓝煦行文中也说到了"回、儒经书，文字虽殊而道无不共，语言虽异而义无不同"，认为两者是一致的。可以说，两者同源的认识，多数会带来两者相同的进一步认识，不过也会有不同的见解，下引马安礼的论述即是。蓝煦论述中"世人于回、儒，往往分视之"的说法，则显示出有他这样认识的仍是少数。

光绪四年（1878）马安礼《〈祝天大赞〉序》：

> 儒之与回，同源异流。自伏羲、尧、舜以来，皆以敬天为主，《诗》《书》所

---

① 蓝煦：《天方正学》卷首，《清真大典》第17册，第141页。

载,班班可考。然自始皇焚书,儒道遂废,延至汉唐,佛老纵横。维我至圣穆罕默德,笃生天方,起百代之衰风,继千秋之绝绪。然而东西异域,各不相通,虽圣教流衍入于东土,而音语各殊,骤难强同。①

"儒之与回,同源异流",比单单强调同源要来得更为全面。马安礼同时也强调"东西异域,各不相通,虽圣教流衍入于东土,而音语各殊,骤难强同",并不要求同源之"儒"与"回"之相同。

二、回、儒互补

所谓"回、儒互补",是说两种学说可以互相弥补。在具体表述中,或者强调两者可以互相补充、互相扶持,或者强调儒家学说有所不足,伊斯兰教学说可以弥补儒家学说,也有少数强调儒家学说可以弥补伊斯兰教。

(一) 回、儒互相扶持

清同治四年(1865)马开科《〈大化总归〉序》曰:

> 书(按指马德新《大化总归》一书——引者)既成,细玩词中之意,静勘理内之原,乃知我夫子罗群经以为一经,杜异说以立一说者,是从数十代列圣之名言至论,而奉以为依归者也。此非岱舆、介廉而外,独树一帜者乎!他日者,读夫子各集,并得览石卿、和甫、平山诸儒家评语,知其见重于儒林者,又非一朝一夕之故。科生不辰,相见恨晚。虽籍隶回族,而非真回;习业儒家,而非真儒。今读夫子之书,乃见天下无真回,又安有真儒哉!且见天下皆可为真回,又安在不可为真儒哉!此集一出,而回教中之业儒者,当无不共勉为真回,以进于真儒也;即不业儒者,亦无不共知吾教有真回之即可为真儒也。此回教之可羽翼儒家者此也。②

马开科强调凡真回便是真儒,而教中从事儒学者也便可以从真回而进于真儒。他的认

---

① 马德新:《祝天大赞》卷首。
② 马德新:《大化总归》卷首。

识对于回族群体中读儒书、从事科举者是一种弥合"籍隶回族,而非真回;习业儒家,而非真儒"这类矛盾的有效的理论。最后说到回教可以羽翼儒家,则颇值玩味。

光绪六年(1880)龚楚翘《〈清真释疑补辑〉序》曰:

> 近阅王岱舆、刘介廉诸前辈所译各书,始知天方之经,阐天地之秘奥,发性命之渊微,大而纲纪伦常,小而日用饮食,无微不至,实与儒理并行不悖。其偶尔少异者,不过语言文字间耳。
>
> 丁丑岁,公车至都,得阅《清真释疑补辑》一书,词旨晓畅,引证明确,足令吾教得其指归,且与儒术亦间有所补翼,因劝之急付剞劂,公诸同好。惟愿各处清真寺中,广布流传,随时宣讲。俾人人知清真之道,依然儒教,首敦忠孝节义,莫忘性命身心,谨小慎微,读书明礼,守祖宗之清规,永为盛世之良民,方不愧为清真之穆民也。①

龚楚翘强调伊斯兰教与儒家并行不悖,并且只是偶尔有一些小的不同。并强调伊斯兰教"与儒术亦间有所补翼",即伊斯兰教有可以弥补儒家之处。而"清真之道,依然儒教"的说法,似乎又显示出文化立场上儒学在他心目中核心位置。

光绪六年(1880)许文镛《〈清真释疑补辑〉序》曰:

> 天方之教,由来久矣,生斯教者,既乏传人,闻斯教者,动多疑义,甚矣清真之不讲也。嗣在京师得闻金北高先生《清真释疑》一书,究其原委,知是书曾于乾隆年间进呈御览,惜板籍尠存,流传未广。兹仍率由旧章,详加补辑,而且非执一人之见,业与同志诸君子屡次校勘,互相删纂,非一日矣。予逐层玩味,见其援古证今,按时立论,殷殷然不惮条分缕析者,洵足破吾儒之疑障,坚吾儒之定识,正不第为清真教而设也。吾辈生长中华,共读儒书,非不服儒服,冠儒冠,自以为无愧于儒林矣。而一律以儒品之清修,儒理之真传果能了然于心,莹然其身者,有几人乎?乃叹清真之不讲,实由儒术之不讲也。然而欲讲儒术者,亦字不必纵谈(元)〔玄〕奥,谬托高明,但于中庸慎独之功,诚意正心之学,少为留意,则自知清真之道,多于饮食日用做工夫,必以斋戒沐浴为急务,依然

---

① 唐晋徽:《清真释疑补辑》卷首,清光绪九年(1883)京都清真寺藏板重刊本;《清真大典》第18册,第54—55页。

不外乎孔孟之学也。世之览是书者，若再于此中预存畛域，恣意吹求，则其人必不愿为真儒也而后可。①

许文铺认为《清真释疑》"坚吾儒之定识，正不第为清真教而设也"，又认为"清真之不讲，实由儒术之不讲"。与前述龚楚翘的看法类似。

（二）回可补儒

同治四年（1865）马德新《〈大化总归〉序》曰：

> 或者曰："此篇多言死后，恐涉慌渺。"夫《易》曰："知幽明之故，原始反终。"故知生死之说，则与吾教所言后世相吻合矣。孔子曰："未知生，焉知死？"玩"焉知"二字之意，则知死有重于生者矣！至不答南宫适之问，明明见今世之外，更有一世界焉，而非庸耳俗目所能知。孔子，儒教中之圣人也，一问一答，而后世之大，已含蓄于言外焉！然则此篇所言，精深则有之，荒渺则未也。览是书者，其于所言之理，所蕴之义，细为参悟，或者有补于儒教乎！不知者，妄借此以僻道、释两家轮回、生死之说，则岂予区区之苦心哉！②

马德新首先引《易》，说明"与吾教所言后世相吻合矣"；然后从孔子之"未知生，焉知死"不言后世，引出《大化总归》"或者有补于儒教"。总之是在肯定儒家与伊斯兰教有共同之处的前提下，又强调了伊斯兰教有补足儒家之处。

光绪三十年（1904）童镕《〈正教真诠〉跋》曰：

---

① 唐晋徽：《清真释疑补辑》卷首，清光绪九年（1883）京都清真寺藏板重刊本。《清真大典》影印本此序文字多有不同，但文意则几无不同，亦引于此：

天方之教，由来久矣，生斯教者，既乏传人，闻斯教者，动多疑议，甚矣清真之不讲也。嗣遇东鲁唐晋徽，出所录金北高先生《清真释疑》一书相质，予受而读之，究其原委，知是书曾于乾隆年间进呈御览，惜板籍勘存，流传未广。兹仍率由旧章，详加增注，而且非执一人之见，业与同志诸君子屡次校勘，互相酌辑，非一日矣。予逐层玩味，见其援古证今，按时立论，殷殷然不惮缕析而条分者，洵足破吾人之疑障，坚吾儒之定识，正不第为清真教而设也。吾辈生长中华，共读儒书，非不服儒服，冠儒冠，自以为无惭于儒雅，无愧于儒林。而一律以儒品之清修，儒理之真传果能了然于心，莹然其身者，有几人乎？乃叹清真之不讲，实由儒术之不讲也。然则欲讲儒术者，不必纵谈（元）〔玄〕奥，谬托高明，但于中庸慎独之功，诚意正心之学，少为留意，则自知清真之道，多于饮食日用做工夫，依然不外乎孔孟之学也。世之览是书者，若再于此中寻隙指疵，恣意吹求，是其人必不愿为真儒也，又何足与议于道也哉。（《清真大典》第18册，第55页。）

② 马德新：《大化总归》卷首。

> 吾教入中国千余年不朽者，恃有经在也。然字极古，词极奥，意极深。西北各省士子读书兼读经，尚能识其字，诵其词，通其意；若东南人士，惟素习经典之阿訇，方能开卷了然，其他不过略知宗旨而已，识者病焉。于是衍汉文以阐发经义，俾教中读书之子，皆得贯通其理。则虽未读经，犹之已读经矣！而根柢既固，自不至为外物所摇撼，而儒学亦必因之以日进，于身心之道获益匪浅。①

童镕说读汉文伊斯兰教经籍后，"自不至为外物所摇撼，而儒学亦必因之以日进"，这是认为伊斯兰教可以促进儒学。

（三）儒可补回

光绪十一年（1885）马锡蕃《〈清真指南〉叙》曰：

> 甚矣！儒之有裨于回也。吾人生长西方，去中华数万里，习尚不同，文字亦异。自唐时来此，而宋、而元、而明、而本朝，皆与汉民共安生业，而蕃育其子孙。清真之教，绵绵延延，以垂永久，不致迁地而弗良。此固由吾教之正，而实赖有通经通儒人士，如王岱舆、刘介廉两先生，作《真诠》，著《性》《典》，以中国文字译西方经旨，使孔子之教与穆罕默德之教若符合，无少异。书出，人始知回非异端，且可以言真儒，固不同读圣贤书，见异思迁，佞佛求福，执迷不悟者。嗟乎！此其功讵浅鲜哉！向使无此二人，而仅以通经者说经，无论他人不能知，即吾教中不通经者亦不能尽知。然则儒之一道，吾人安得而不讲求也哉？
>
> 锡蕃束发受《四子书》，实未尝诵习乎吾教之经。稍长，颇自讶吾为回人不生于西方而生于中华。又不予以回人之业，如念经、传教等事。而独畀以数卷儒书，且束以一衿，而食以国帑，使不能合而之他以别谋生业。噫！异矣！继而思此，其中有主之者，莫之为而为者，天也；莫之致而至者，命也。孔子曰："畏大命。"孟子曰："存其心，养其性，所以事天。夭寿不贰，修身以俟之，所以立命。"人固当顺天安命而不可违也。然心知其理，卒不能实致其功，而亦不敢妄有所为。二十余年，以舌代耕而已。……
>
> 夫以经证经，通经者知之，不通经者不知也。以儒证经，通儒者知之，不通儒者亦未尝不知之。而不通儒而仅通经者，乃愈不可不知之。盖儒与回相表里，

---

① 王岱舆：《正教真诠》卷末，清光绪三十年（1904）镇江西城外清真寺刊本。

固一以贯之者也。然则仲修与岱舆、介廉诸君子，造物者特予以灵心，假以慧舌，而使之启迪中华之回民也夫！①

马锡蕃是从他个人虽为回民而少读儒书，后来读到王岱舆、刘智的汉文伊斯兰教典籍的经历来理解伊斯兰教与儒家之间的关系的。他强调了"儒之有裨于回"，理由是通经通儒人士如王岱舆、刘介廉，通过汉文译著，使"人始知回非异端，且可以言真儒"。又说"以儒证经，通儒者知之，不通儒者亦未尝不知之。而不通儒而仅通经者，乃愈不可不知之"，都是从儒学的了解与采纳有助于伊斯兰教的角度来论述的，并由此而认为"儒与回相表里"。

三、回、儒比附

为了达成回、儒相通的论述效果，回回学者常常将伊斯兰教的某些事物比附儒家的事物，如五功与五常、五典与五伦、阿丹与盘古及伏羲、穆罕默德与孔子，等等。

而最为突出的例子，则属马德新重新论证伊斯兰教之"主"就是儒家的"天"。自明末以来，回回人普遍接受了"真主"与"主"指称伊斯兰教最高主宰的用法，唐宋以来普遍使用的"天"在大多数场合逐渐被放弃，马德新此举应是为了更便于论证回、儒之相通。

（一）五功与五常

儒家的五常指仁义礼智信，伊斯兰教的五功与之本来差别较大，但是回回宗教学者颇有以两者相比附的。明末崇祯年间王岱舆《正教真诠》专设《五常》一章，谓：

> 正教之五常，乃真主之明命，即念、施、戒、拜、聚之五事也。②

清康熙二十二年（1683）马注《清真指南》载：

> 祖宗遗训，首行天命有五：一认主，保守以妈纳；二礼拜，五时不可断续；

---

① 马注：《清真指南》卷首。
② 王岱舆：《正教真诠》卷下《五常》，《清真大典》第16册，影清同治十二年（1873）锦城宝真堂重刊本，第110页。

三出天课，按资财无隐；四持斋，内外交洁；五游天房，生平一次。此五事者，犹儒之有五常，缺一不可。①

清真之与儒教无所分别，惟认、礼、斋、济、游之五常，便有些回辉气象，余则皆同。②

也有回回学者将五功比附为五形，即五行（金木水火土）。康熙四十九年（1710）俞楷《刘一斋先生〈五功释义〉序》，曰：

自有太极，而两仪生焉；自有两仪，而四象立焉；有四象，即有五形。五形者，相生相克者也。而清真教规，亦有五焉，念也、礼也、斋也、课也、朝也。此亦犹五形之不可减者也，而生克之义亦寓焉。生者，本然之性，由此而生也；克者，继起之私，因此而去也。总存乎人之用意何如耳。意存乎其，则行此五者，自见其真；意在乎文，则行此五者，仅见其文。所谓仁者见之谓之仁，智者见之谓之智，深者自深，浅者自浅，是也。③

（二）五典与五伦

五伦是儒家用语，指君臣、父子、兄弟、夫妇、朋友五种人伦关系，有时称作五典。《古兰经》中对于人伦关系的陈述颇多，但是并没有归纳为五种关系。中国回回学者将伊斯兰教中有关各种人伦关系的描述，归纳起来，并作进一步阐发，多称作五典，有时也称作五伦。在此，粗略地以五典为中国伊斯兰教用词，五伦为儒家用词。

康熙年间马注《清真指南》载：

筛赫哈哩云："真主要展扬大能，造化了天地；要展扬自己，造化了阿丹。"……及其熟寐，乃自彼之左肋娠育其妻，名曰好蜗。以生育言之，则好蜗后，而阳居其先；以至理参之，则阿丹后，而阴居其始。譬之树生果里，果藏树中，先天有理，然后后天有象。又若钳从锤出，非钳无锤；凤从卵生，非凤无

---

① 《清真指南》卷五《宗戒》，《清真大典》第16册，第695页。
② 《清真指南》卷八《教条》，《清真大典》第16册，第808页。
③ 刘智：《五功释义》卷首，《清真大典》第15册，影民国八年（1919）北平清真书报社铅印本，第251页。

卵。推及此间，情理两尽。所以夫妇之亲，实同一体。盐出于水，遇水则化。女人之知识与正理相违，缘嗜性居命之左。于是有男女而后有夫妇，有夫妇而后有父子，有父子而后有兄弟，有兄弟而后有君臣，有君臣而后有朋友。譬若花叶枝果同发于根茎之内，而红翠品级、小大长短各呈其质，五伦生焉。五伦既生，又使之君令臣行，父令子顺，夫令妇从，犹纲之有网，听其纵敛。又若果系于花，非花无果；花系于枝，非枝无花；枝系于干，非干无枝、三纲立矣。三纲既立，故为臣则教以忠，为子则教以孝，为弟则教以恭，为妻则教以敬，为友则教以信。①

并从五伦而论及三纲。

刘智《天方典礼择要解》还专设《五典》一章，并分设《夫道》《妇道》《父道》《子道》《君道》《臣道》《兄弟之道》《朋友之道》等八章（卷十至卷十三）论之。《五典》章开篇云：

> 五典者，乃君臣、父子、夫妇、昆弟、朋友之常经，为天理当然之则，一定不移之礼也。②

《五典·总纲》之末又有总论云：

> 五伦之序，天理之自然也。五伦之道，天理自然而流行者也。五伦之理，天理流行而无所不包、无所不贯者也，故其理该万理，事该万事。圣人虑人不能全此五伦，因制为典礼，颁行天下后世，使人各因其性之所本，有以尽其分之所当然，斯不愧人为万物之灵也。③

将"五伦"上升到与天理相对的高度，并且解释为"天理自然而流行者也"，还解释了"五典"一词的来源——"圣人虑人不能全此五伦，因制为典礼，颁行天下后世"。五典显然是《天方典礼择要解》的主要内容之一。《天方典礼择要解》其他部分也有

---

① 《清真指南》卷七《八赞·独慈》，《清真大典》第16册，第752页。
② 刘智：《天方典礼择要解》卷十《五典》，《四库全书存目丛书》子部第95册，第584页。
③ 同上书，第585页。

涉及，如《原教篇》云"敦崇五典，人道尽矣"，并注：

> 五典即君臣、父子、夫妇、昆弟、朋友五伦之教也。天方又谓五成，盖君臣成其国，父子成其家，夫妇成其室，昆弟成其事，朋友成其德者也。皆有当然不易之礼，五典修完，而人道尽矣。①

置于《原教篇》中，可见对此的重视。确实，刘智是以"人伦五典"与"天道五功"相对举的。而且，刘智还衍申出"五成"一词。除了《天方典礼择要解》，刘智在《天方至圣实录》中也有同样的论述：

> 天道五功，人伦五典。……五典即君臣、父子、夫妇、昆弟、朋友也。②

《天方正学》所载《至圣穆罕默德墓志》云：

> 制五功以行天道，制五典以行人道、定典礼，而君臣、父子、夫妇、兄弟、朋友伦常之道，分晰以明。③

论述与刘智十分接近。

略有所不同的是《天方至圣实录》还有另外的"五典"：

> 圣人曰："主命五功，念、拜、斋、课、朝，千古圣人之凛遵也。主敕五典，忠、孝、节、义、信，千古圣人之勤奉也。五功修天之道也，五典尽人之道也，修尽天人之道，则人之能事毕矣。"④

"忠、孝、节、义、信"，是处理五伦关系时所应遵循的原则，这又大致相当于五常了。

---

① 刘智：《天方典礼择要解》卷一《原教篇》，《四库全书存目丛书》子部第95册，第530页。
② 刘智：《天方至圣实录》卷十九《天方圣国风土考证略·崇奉》，《续修四库全书》第1296册，影乾隆四十三年（1778）金陵启承堂刻五十年（1785）袁国祚印本，第441页。
③ 蓝煦：《天方正学》卷七，《清真大典》第17册，第193页。
④ 刘智：《天方至圣实录》卷十四，《续修四库全书》第1296册，第366页。

（三）阿丹与盘古

盘古是中国传说中开辟天地之人，但是也逐渐进入了史书，如《通鉴纲目》的各种续补书，元金履祥有《通鉴前编》十八卷，断自唐尧以下，元、明时人陈桱有《通鉴续编》二十四卷，首卷述盘古至帝喾，系补金履祥《资治通鉴前编》，此一卷书，明人又称为《资治通鉴前编外纪》。

福州清真寺嘉靖二十八年（1549）米荣撰《重建清真寺记》碑：

> 清真寺之建，盖以崇天方国之教也。天方肇自盘古，衍于西域。

《清真指南》云：

> 阿丹，首出之君，即《通鉴》所谓盘古者。①

《天方正学》载：

> 经传第三章：真一罕格以数一灵光，于风火水土中造化人祖阿丹，西典所载，盘古开辟第一人，名曰阿丹，为天下古今凡人之始祖。②

《天方正学》载《阿丹大圣墓志》，但是未称之为"盘古"，而谓"号天皇人祖"。③《天方正学》还载有《伏羲大圣墓志》《神农大圣墓志》。伏羲大圣为阿丹之十世孙努哈之子，"奉父命，自昆仑乘船，顺流而来，平治水土，都于陈，河出龙马负图之瑞，仰观俯察遂画八卦焉"，神农大圣"道号阴康，受封神农。初相天方国皇王努哈，乃命随侍少主伏羲，治水东徕，以职为土龙，司治田土"，④ 这是将中国历史传说中的伏羲、神农与天方历史相嫁接了。

同治十三年（1874）李焕乙《〈清真先正言行略〉自序》云：

---

① 《清真指南》卷二《客问》，《清真大典》第 16 册，第 534 页。
② 蓝煦：《天方正学》卷三，《清真大典》第 17 册，第 160 页。
③ 蓝煦：《天方正学》卷七，《清真大典》第 17 册，第 187 页。
④ 同上书，第 188 页。

自乾坤辟，而阿丹生于天方。回经称阿丹，儒书称盘古，亦号亚当，盖一人而异其名也。①

光绪六年（1880）龚楚翘《〈清真释疑补辑〉序》云：

清真之教，肇自天方墨克城，其地居天地之中，得中央之正气，故亚当人祖，诞生于此，即史书所谓盘古氏也。②

光绪九年（1883）盖绍曾《〈清真释疑补辑〉序》云：

昆仑为江河之源，别派分支，水不一而本一也；圣人为人伦之至，经世立教，事不同而心同也。天方国居昆仑山下，盘古氏后，开天明道，圣圣相承。至穆罕默德圣人出，恐人之迷失其本心也，因于日用伦纪之间，谨小慎微，严立规条，著《天方经秘藏》等书，以上接道统，而清真之教益以明。③

光绪十九年（1893）唐晋徽《〈清真释疑补辑〉重跋》云：

况吾教一切斋拜等规，虽传自西圣穆罕默德，其实则始于人祖阿丹，即中华书《格致草》所载之亚当人祖也，天下中外，并无第二人祖。据《天方经》云："阿丹人祖，曾命其后人雅伏西分治东土，广传教化。"即儒书所称伏羲氏也。④

光绪二十五年（1899）马联元《〈辨理明正语录〉自叙》云：

原夫古天经中俱言真主独一无二，其权至大，其位至尊。凭大能而造化天地万物；由无父无母，而从土造盘古阿丹；又由阿丹左肋而造其后妃哈窝；再由无

---

① 李焕乙：《清真先正言行略》卷首，民国六年（1917）河南古唐湖阳李宅藏板刊本。
② 唐晋徽：《清真释疑补辑》卷首，清光绪九年（1883）京都清真寺藏板重刊本；《清真大典》第18册，第54页。
③ 唐晋徽：《清真释疑补辑》卷首，清光绪九年（1883）京都清真寺藏板重刊本；《清真大典》第18册，第57页。
④ 唐晋徽：《清真释疑补辑》卷下，清光绪九年（1883）京都清真寺藏板重刊本；《清真大典》第18册，第109页。

父有母,而从母精造耶苏之身。①

可见将阿丹比附为盘古,或者直接将他称为盘古,是回回人非常普遍的认识。偶尔也有将阿丹比附为伏羲的。

(四) 穆罕默德与孔子

孔子是儒家学说的创立人,是圣人。穆罕默德是伊斯兰教的实际创造者,从伊斯兰教教内的解释看,是最后一位圣人,是至圣。而中国古语称有"西方大圣人",所以理解儒家文化的回回学者很容易想到将穆罕默德比附成"西方大圣人"。

乾隆四十年(1775)赛玙《〈至圣实录年谱〉序》曰:

> 吾教之有至圣,犹四书、六经之有孔子也,至大而无所不包,至正而无所不范,至精而无所不备。②

咸丰年间《天方正学》载:

> 儒陆氏曰:东海圣人出,此心同,此理同。西海圣人出,此心同,此理同。盖谓东方孔子仲尼,西方穆罕默德,(穆斯特发,即穆罕默德字也。)心同理同,道无不同,均能尽其性,以尽人物之性。虽地之相去十数万里,世之相后数百余年,彼此设教化民,周流天下,凡天覆地载,所有人神,无不幽格明感,相劢而化焉。③

这都是将穆罕默德与孔子相提并论的。

光绪十一年(1885)马锡蕃《〈清真指南〉叙》曰:

> 已竣事(指《清真指南》之刊刻——引者),嘱锡蕃为之序,乃得受是书而卒读之。仲修先生以绝世之聪明,阐天人之奥旨,立意不嫌其琐,措辞不惮其烦,无微不入,无隐不出,显豁呈露,头头是道。觉穆罕默德与孔子两人,心心

---

① 马联元:《辨理明证语录》卷首,《清真大典》第18册,影清光绪二十五年(1899)昆明南城清真寺刊本,第122页。
② 刘智:《天方至圣实录》卷首,《续修四库全书》第1296册,第143页。
③ 蓝煦:《天方正学》卷三,《清真大典》第17册,第162页。

相印，同出一源。而当时西方传教，一片苦心，已昭然揭诸中华之地，并使天下后世睹是书者，无不心悦而诚服。则仲修通经而能通儒之力之所致也。锡蕃望洋思济，忽来舟楫，高山景仰，更得扶持。盖仲修导我先路矣，而亦诸同人期望劝勉之意也！①

则已认为穆罕默德与孔子"同出一源"了。

（五）马德新证成伊斯兰教之"真主"即儒家之"天"

约咸丰八年（1858）马德新《〈礼功精义〉自叙》曰：

> 清真所尊奉者，造化天地、养育万物、纲维理数、掌握人神之真宰也，儒门称之为天，是天下万世所公共者也。其所持守者，顺天事天、敬天畏天，亦千古万国所当行之公礼也，较之他教祝神祈佛等俗为何如？且更以土木金石为神佛，妄称其灵能专吉凶福祸，谁是谁非？孔子之言"获罪于天，无所祷也"，足以明之。孟子之言"斋戒沐浴，则可以祀上帝"，又足以证之。②

可知在写作《祝天大赞》之前，马德新将伊斯兰教之真宰比作儒家的天的思想已经存在。

同治二年（1863）马德新《〈祝天大赞〉序》曰：

> 《诗》曰"天生烝民"，《书》曰"天降下民"，是人之赋畀，皆出于天。故尽心知性，所以知天，存心养性，所以事天，人固不可一日而忘天也。自汉魏以来，佛老教兴，只知瞻拜土木偶像，忘其生我降我、本来自然之天，获罪于天，致干天怒，是以天降浩劫，莫能挽回。
>
> 仆心焉悯之。拳拳久矣。后游天方，得《救劫真经》，特译为《祝天大赞》一章，天即吾教所谓天地人物万有之真宰也。诚能斋戒沐浴，朝夕虔诵，悔罪改过，求天恕宥，自可回天之心。较之诵千万佛号，赞千万道尊，如逢人而呼父，见吏而称君者，其功何止千万也！是为序。③

---

① 马注：《清真指南》卷首。
② 马德新：《四典要会》卷二《礼功精义》卷首，《回族典藏全书》第32册，第52页。
③ 马德新：《祝天大赞》卷首。

马德新之创作《祝天大赞》，主要就是为了贯彻他说认识的伊斯兰教之"真主"即儒家之"天"。

四、《回回原来》中的回、儒观

《回回原来》产生于明末清初时期，从此之后，在中国回族民众之中一直非常流行，直至民国时期。① 此书塑造了回回如何进入中国的基本模式，广为接受，是说明一般回回民众对于自身历史的代表性文献。同时，书中还涉及一般回回民众对于伊斯兰教的基本认识等，内涵丰富。在此引录有关"回、儒观"的段落，并略作讨论。

《回回原来》第五段《进朝问礼经同异》云：

次日早朝，聚众群臣，文武分班而立。宣召使臣入朝，天子赐坐，而问曰："尔西域所行何事？"

缠头奏曰："仁义礼智信，家谕（喻）户晓；孝弟忠信，个个体行。至于三纲五常，尤所习讲，而孰不知也。"

唐王曰："此乃孔子之道。当日周游列国，行其教化，是以中国之人，无不知晓。未闻孔子亦至西域。尔远方之人，亦知此理乎？"

缠头奏曰："吾西域有一部经，乃从天而降也，其名为《辅尔噶尼》，善明纲常伦理，包罗日月乾坤，可以感发人之善心，惩创人之逸志，实于《诗经》相表里；可以闻淑人之性情，涵养人之心志，实于《礼记》相维系；而其定百王之大法，明万世之赏罚，可以当中国之《春秋》；而其政事之悉载，纪纲之杂陈者，可以作中国之《书经》；且学之而明乎吉凶消长之故，识进退存亡之道者，则文王之《易经》终不若《甫尔噶尼》之详明且尽也。吾一经而备五经之旨，盖无物不有，无事不该，何但此理。"

唐王闻言甚喜，遂吟诗一首：
天降真经无价宝，五经四书包藏了。
古经真言传大道，中国谁识半分毫。②

---

① 杨晓春：《〈回回原来〉的成书年代及相关问题略探》，《北方民族大学学报》（哲学社会科学版）2014年第2期。
② 《回回原来》，清同治十一年（1872）江西省清真寺重刊本。

缠头的回答，有两点值得注意：

其一，西域所行，乃"仁义礼智信，家踰（喻）户晓；孝弟忠信，个个体行。至于三纲五常，尤所习讲，而孰不知也"，也就是说均为儒家的纲常。而西域所行如同儒家纲常一般，是因为《辅尔噶尼》（《古兰经》）包含了儒家的五经。

其二，《辅尔噶尼》不但包含五经，在有的方面还较儒家学说更为高明，"明乎吉凶消长之故，识进退存亡之道者，则文王之《易经》终不若《甫尔噶尼》之详明且尽也"。这正是许多回回学者认为伊斯兰教相比儒家而言的不同之处。例如明崇祯十五年（1642）梁以湇《〈正教真诠〉叙》云：

> "然则儒者之道非乎？"曰：否！宇宙间君臣、父子、夫妇、昆弟、朋友之伦，诚意、正心、修身、齐家、治国、平天下之道，理尽义极，无复漏遗，至正大中，绝去偏颇。非此则人道不全，治法不备，此儒者之道之所以不易也。第其始之所以来，终之所以往，造化原本，生死关头，一切不言。夫生人之理有始、有中、有卒，儒者独言其中，而不言始、卒，天下深观之士，不免疑焉。于是祝发披缁之流，乃得因其疑而乘之。后人不察，以为始、卒之理，实应如是，遂三教鼎立焉。宋人起而阐明儒道，以辟其妄，意亦良善。惜也其未得真主之明命，众圣之真传，徒以语言文字之所及及之，语言文字所不及则不及之。①

将世间的道理分为始、中、卒三个层次，认为儒家"独言其中"。

拿儒家的五经和伊斯兰教学说比较，河北定州清真寺明天顺五年（1461）至弘治十八年（1505）伪托元至正八年（1348）杨受益撰《重建礼拜寺记》已开其端：

> 夫不惟无形无像，与《周雅》无声无臭之旨吻合；抑且五伦全备，与《周书》五典五惇之义又符契，而无所殊焉。②

又甘肃武都城关清真寺明崇祯四年（1631）马之骐撰《重修礼拜寺碑记》云：

---

① 王岱舆：《正教真诠》卷首，清嘉庆六年（1801）粤东城南清真堂板刊本。
② 杨晓春：《元明时期汉文伊斯兰教文献研究》附录一"元明时期清真寺汉文碑刻文字四十种校点稿"，中华书局2012年版，第278页。对于此碑并非元碑而为明碑的考证，参见该书第60—72页。

  诵明德新民而止至善；法《诗》《易》《书》《礼》而该《春秋》。济饥援苦，天下共为一家；入孝出第，四海联为□心。生不礼像，式遵斋明致敬之诚；归焉即葬，吻合丧欲速朽之箴。允垂圣教，誓不偕俗。予教诚真教哉，予教诚真教哉！①

然而都不像前引《回回原来》那样系统。而《回回原来》也不仅仅是比附，最终还是认为伊斯兰教是要高出儒家的。

五、小结与讨论

  以上只是以明清汉文伊斯兰教典籍的序跋为主，兼及少量的汉文伊斯兰教典籍本文和碑刻等文献，略作疏解与排比，不啻浅尝辄止。不过综合之后仍可以得出初步的结论，明清时期回回学者的"回、儒观"，总体而言是比较一致的，大抵倾向于回、儒不但相通，而且还能互补。但是具体的思考路径却又各具特点。

  这样的认识，既与回回学者所持的文化普同论有关，如康熙三十年（1691）米万济《〈教款微论〉自叙》谓"理一也"②，光绪十年（1884）苏元泰《续刊〈真功发微〉序》谓"天下道理原同"③，于是便极力发掘伊斯兰教和儒家学说两者的共同点；也与伊斯兰教和儒家学说本身所具的共性有关，两者均倡导入世、强调人伦；或许，也和回回学者面对主流文化时的积极靠近、适应的策略有关，米万济《〈教款微论〉自叙》称他的著作是"假儒理以发明教理者"④，光绪二年（1876）石可宗《〈清真释疑〉序》称《清真释疑》"其中词旨显豁，大率取儒家道理，以证其说之旁通"⑤，光绪十年（1884）孙希文《重刊〈性理本经注释〉序》谓《天方性理》"荟萃儒者之言，确证天方之理"⑥，不过这也是回回学者认清中国文化状况实情之后的积极的选择。

---

① 杨晓春：《元明时期汉文伊斯兰教文献研究》附录一"元明时期清真寺汉文碑刻文字四十种校点稿"，第326页。
② 米万济：《教款微论》卷首，《回族典藏全书》第37册，第6页。
③ 《真功发微》卷首，《清真大典》第15册，第256页。
④ 米万济：《教款微论》卷首，《回族典藏全书》第37册，第8页。
⑤ 金天柱：《清真释疑》卷首，《清真大典》第18册，影清光绪七年（1881）镇江城内清真寺藏板重刊本，第5页。
⑥ 黑鸣凤：《性理本经注释》卷首，民国十五年（1926）《性理本经注释》《五功释义》合刊铅印本。《回族典藏全书》第26册只影《五功释义》。

值得注意的是，虽然有大量的借用、比附，但是并没有抹杀伊斯兰教的特性，反而有的时候更能突出伊斯兰教的高明，认为伊斯兰教可以补充儒家之不足。

而且，绝大多数的回回学者，特别是宗教学者的基本文化立场并未改变。至于个别深于儒学者则是少见的例外，如约康熙四十七年（1708）俞楷《〈天方性理图说〉序》所云，是通过伊斯兰教吻合儒家学说来肯定伊斯兰教的："余独喜天方之学，与佛氏介介不相入，而其论性理，则深合乎周子。……即刘子言性本于天，则合乎儒者之公理；言道归乎有，则合乎儒者之实学。……世之人皆以其不同于中国之文，而不知其深合于中国之学，虽有澴川氏之激赏，而他人异同之见犹不泯也。吾兹不暇言其底蕴，而姑以迹断之。西域之异端佛也，刘子天方之说，大不合于佛；中国之异端老也，刘子天方之说，又大不合于老。刘子不逃杨，不归墨，不逃佛，不归老，而又止谈性理，不言术数，则非吾儒而谁与！余故喜其合于周子，序而传之，将不得与洙泗之学，并著天壤哉！"① 光绪六年（1880）唐晋徽《〈清真释疑补辑〉初叙》表达了大致相仿的立场："所幸者三代虽远，直道犹存，儒行纵鲜实际，儒理尚在人心。末流之教种虽繁，均不难以一言而决。无论何教，在在以儒律之，近于儒则为正，远于儒则为邪，斯千古不刊之论矣。"②

可以认为，明清回回学者比较成功地处理了伊斯兰教与中国主流文化儒家学说之间的关系。这样的努力，确实达到了一定的社会效果，至少使少数接触到此类典籍的汉人士大夫便对伊斯兰教产生了好感。对此，可以汉人士大夫为汉文伊斯兰教典籍所作序跋文字为例简单地说明。较早的如顺治十五年（1658）何汉敬《〈正教真诠〉叙》云："独清真一教，其说本于天，而理宗于一，与吾儒大相表里。……其教亦不废君臣、父子、夫妇、昆弟、朋友之序，而洁己好施，更广吾儒不足。"③ 而为刘智的著作《天方性理》和《天方典礼》作序的王泽弘、徐倬、徐元正父子、景日昣、鹿祐等人既比较集中，又表述得比较充分，而且大都还有比较高的社会地位，④ 同样也都是评价颇高的。如康熙四十六年（1707）王泽弘《〈天方性理〉序》云："自刘子而有书，

---

① 刘智：《天方性理》卷首，《续修四库全书》第 1296 册，影清乾隆二十四年（1759）考城金氏安愚堂重刊本，第 8—10 页。
② 唐晋徽：《清真释疑补辑》卷首，清光绪九年（1883）京都清真寺藏板重刊本；并参《清真大典》第 18 册，第 52 页。
③ 王岱舆：《正教真诠》卷首，清嘉庆六年（1801）粤东城南清真堂板刊本。
④ 作序的汉人士大夫的基本情况，可以参见仇王军：《刘智著作序言中的汉族作者考述》，《回族研究》2012 年第 3 期。

吾儒绝学，有刘子而可与共学也已，岂非世道之大幸欤！①"康熙四十七年（1708）徐元正《〈天方性理〉书序》云："天方去中国数万里，衣冠异制，语言文字不同形声，而言性理恰与吾儒合。其言先天后天，大世界小世界之源流次第，皆发前人所未发，而微言妙义，视吾儒为详。"② 此外，如咸丰十一年（1861）俞曰政《〈天方尔雅〉序》③、咸丰八年（1858）张石卿《〈幽明释义〉序》④、同治五年（1866）乔松年《〈天方性理〉题记》⑤，也都有类似的褒扬之辞。

汉人所作诸序，普遍地认为伊斯兰教与儒家有共通之处，或谓"清真一教，其说本于天，而理宗于一，与吾儒大相表里"，或谓"天方去中国数万里，衣冠异制，语言文字不同形声，而言性理恰与吾儒合"，或谓"清真一教，不偏不倚，直与中国圣人之教理同道合"，或谓"言心性，无异于儒家"，甚至还有赞扬伊斯兰教有超出儒家的地方。而汉人肯定的态度，又往往与伊斯兰教反对佛道有关，对此，以上所引序跋也有提及。

---

① 刘智：《天方性理》卷首，《续修四库全书》第1296册，第4页。按：此序的具体时间，系据《清真释疑补辑》所录此序补，《清真大典》第18册，第99页。
② 刘智：《天方性理》卷首，《续修四库全书》第1296册，第6页。
③ 蓝煦：《天方尔雅》卷首，清光绪十年（1884）仁寿镜斋刊本。
④ 马德新：《四典要会》卷三《幽明释义》卷首，《回族典藏全书》第32册，第102—104页。
⑤ 刘智：《天方性理》卷首，民国十七年（1928）上海中华书局铅印本。按：《清真大典》第17册影清同治十年（1871）锦城宝真堂藏板重刊本无此序。

《大唐西域记》与丝绸之路

王汝良

（青岛大学文学院）

【摘　要】　玄奘是中古丝绸之路的亲历者，《大唐西域记》是丝绸之路研究的珍贵文献。在地理、历史、商贸、宗教、文化交流等领域，《大唐西域记》均与丝绸之路有着天然、密切的联系。对《大唐西域记》所蕴含的丝路资源进行发掘和阐释，既是对《大唐西域记》价值的重新认识，也可为中古丝绸之路研究提供参考。

【关键词】　《大唐西域记》；丝绸之路；史地；商贸；宗教；文化交流

《大唐西域记》是中古时期丝绸之路研究的珍贵文献，但现有研究对其与丝绸之路的关系进行探讨的并不多，专题研究更为缺乏。原因可能主要有以下两方面。一是《大唐西域记》所涉丝绸之路内容异常丰富，从什么角度切入、如何将该典籍对丝绸之路研究的意义和价值清晰、系统地展示出来，研究难度较大。二是《大唐西域记》在物化形态上为一部固定的单一文本，欲发掘其与丝绸之路的关系，离不开对作者玄奘的相关研究，特别是以《大慈恩寺三藏法师传》为代表的玄奘传记，那么，在此意义上，以"玄奘与丝绸之路"为题显然更为适宜。然而，研究难度是制约研究开展的障碍，却也是推动学术进步必须迈过的门槛；文本研究也毕竟不能等同于作者研究，作为文本的《大唐西域记》之价值与作者玄奘的历史意义虽有重叠，却属于不同的研究领域且存在诸多相异之处。本文拟从《大唐西域记》对丝绸之路研究的文献意义（涉及地理、历史、商贸、宗教、文化交流等领域）进行尝试，限于学术能力和篇幅，无法涉及所有的方面和细节，只能以个人的理解对重要的代表性的信息予以梳理和分析，权且抛砖。探讨虽以文本为主要依据，但势必涉及作者玄奘的传记，行文中会以注解形式予以说明。

一

丝绸之路，早在秦汉之前已经形成，西汉张骞出使西域之后始正式通畅，隋唐时达到鼎盛。这条贯通东西的著名道路，最初由德国地理学家李希霍芬命名时着眼于其用于商贸目的的地理指向，后逐渐衍化为广义的文化交流之路。按交通方式来区分，丝绸之路有陆上丝绸之路和海上丝绸之路①，其中，陆上丝绸之路在地理走向上又分北、中、南三线②，即从黄河流域沿陆路一直西行，至甘肃境内河西走廊的尽头再分数道向西：南道取罗布泊西南方向，沿塔克拉玛干沙漠南缘西行达帕米尔高原。中道取罗布泊东北方向，经天山东南角，沿天山南麓西行，也达帕米尔高原。此两道出帕米尔高原后，或经克什米尔直接进入南亚，或经中亚费尔干纳盆地后抵达南亚或西亚，均为沙漠绿洲之路。北道则为草原之路：从河西走廊向西经哈密，再向西北进入天山以北草原，沿天山北麓行进，越伊犁河、楚河和塔剌思河流域后，经中亚到达西亚，或直接进入南亚。③

玄奘所经行的路线大致如下：从长安出发，经秦州（今甘肃天水）、兰州、凉州（今甘肃武威），穿越河西走廊，过玉门关④，通过莫贺延碛（古沙河），到达伊吾（今新疆哈密），此后，玄奘本欲继续往北沿草原丝路行进，应麹文泰之请改行高昌（今新疆吐鲁番），后经阿耆尼⑤（今新疆焉耆）、屈支（今新疆库车）、跋禄迦（今新疆阿克苏）等地区，又经中亚地区，进入南亚。在周游五印、参学访道之后，玄奘仍从陆路东归⑥，经佉沙（今新疆喀什）、瞿萨旦那（今新疆和田）、大流沙（今塔克拉玛干沙漠）、纳缚波（今新疆若羌），归抵长安。如此，玄奘西行时基本沿北道、中道，东

---

① 近年来又有空中丝绸之路、网上丝绸之路等各种说法，本文只涉玄奘所处时代的传统丝绸之路。陆上丝绸之路则包括沙漠丝路和草原丝路，因玄奘经行路线中沙漠、草原互有交叉，故行文中不做具体区分。
② 这是指陆上丝路的三条干线。此外，陆上丝路还有唐蕃道、交趾道、滇缅道等支线。
③ 刘迎胜：《丝绸之路》，江苏人民出版社 2014 年版，第 4 页。草原之路也可从中原直接向北，分数路进入蒙古草原，此后北行或西行到达东欧。
④ 隋唐时玉门关关址与汉时不同，已由敦煌西北移至敦煌以东瓜州境内。
⑤ 玄奘归返后撰就《大唐西域记》在 646 年，其时伊吾、高昌等已入唐朝版图，故《大唐西域记》的记载自阿耆尼起，此前的路程及经历得之于《大慈恩寺三藏法师传》。
⑥ 玄奘东归时，本可以选择路途较近的海路，但为实现对高昌王麹文泰的讲经三年之约，仍选择陆路返回。

归时则以南道为主，涵盖了陆上丝绸之路的主要路线。

不仅于此。玄奘在东印度旅行时还曾到达迦摩缕波国，并在《大唐西域记》中描述此地"境接西南夷，……可两月行，入蜀西南之境。然山川险阻，嶂气氛沴，毒蛇毒草，为害滋甚"①，这条记载也很重要，因为迦摩缕波（今印度阿萨姆邦北部）是印度境内最早和中国进行直接交通之地，是古代中印互通路线的重要端点，《史记》《魏略》《后汉书》《新唐书》等虽都有记载，作者却均未亲历。实际上，这条道路正是虽非丝绸之路主线却也曾在古代中印交通史上发挥重要作用的滇缅道，亦即西南丝绸之路。该记载也表明这条道路不易通行，《史记·大宛列传》载汉武帝时曾欲开通此路，但没有成功，一个重要原因就是自然险阻的阻碍。然而，虽然官方的努力失败，在这条通道上进行的民间贸易往来却应该早就存在了。"可两月行，入蜀西南之境"，玄奘所记路程与从迦摩缕波入蜀的距离也大体相符。②

此外，玄奘虽未经海上旅行，却依然游历参访了孟加拉湾、印度洋、阿拉伯海沿岸的不少海上丝路重要驿站，将所见所闻一并记载于《大唐西域记》。其中，三摩呾吒国，即今孟加拉国的首都达卡③，它位于恒河入海口，是孟加拉湾沿岸的重要商埠；耽摩栗底、乌荼、恭御陀、羯陵伽国、䭾那羯磔迦、珠利耶、达罗毗荼、秣罗矩吒等，均位于孟加拉湾西岸，不但在七世纪时海上贸易发达，其今地仍是印度、孟加拉国的重要沿海商埠。《大唐西域记》对东邻印度洋的达罗毗荼着墨较多，"达罗毗荼国周六千余里。国大都城号建志补罗，周三十余里。土地沃壤，稼穑丰盛。多花果，出宝物。气序温暑，风俗勇烈。深笃信义，高尚博识……如来在世，数游此国"④，这里的建志补罗即为史籍中经常出现的"黄支国"，今地为印度东海岸的康契普拉姆，自古即为南印度的海运中心之一，早在西汉时即与中国有海上交往，玄奘也本欲从此地经海上航行赴僧伽罗国，后未成行。对于印度西海岸的记载也不少，如摩诃剌侘、阿吒釐、跋禄羯呫婆、苏剌侘等，其中，跋禄羯呫婆国"煮海为盐，利海为业"⑤，该国国都故址在今纳巴达河口的布罗奇，自古就是著名海港，与希腊、罗马、波斯及阿拉伯半岛有频繁的海上交通。苏剌侘国即今阿拉伯海东岸的著名城市苏拉特，通过阿拉

---

① 玄奘、辩机原著，季羡林等校注：《大唐西域记校注》，中华书局2000年版，第799页。
② 同上书，第800页。
③ 周连宽：《大唐西域记史地研究丛稿》，中华书局1984年版，第161页。
④ 玄奘、辩机原著，季羡林等校注：《大唐西域记校注》，第851页。
⑤ 同上书，第898页。

伯海和西方有频繁的贸易,"国当西海之路,人皆资海之利,兴贩为业,贸迁有无"①,这与历史事实是符合的。还应注意的是,玄奘虽未最终亲历僧伽罗国(今斯里兰卡),但仍对听闻而来的信息进行了重点记载,并在其建国传说中提到"此国本宝渚也,多有珍宝"②,这是对岛上盛产珍珠及宝石而言。这些记载与曾亲历此岛的东晋高僧法显的记载相互印证和补充,成为研究中斯文化交流的宝贵资料。

丝绸之路沿线遍布雄关险隘、名山大川,玄奘所经行也颇多,如凌山、葱岭、大清池(今吉尔吉斯斯坦的伊塞克湖)、铁门、大雪山(今兴都库什山)、波谜罗川、叶河(今中亚锡尔河)、殑伽河(今恒河)、信度河(今印度河)等。在《大唐西域记》中,玄奘曾对逾山涉川的艰辛进行客观叙述,又以简约的文笔留下了对这些丝路要津的宝贵资料。如,波谜罗川"东西千余里,南北百余里,狭隘之处不逾十里,据两雪山间,故寒风凄劲,春夏飞雪,昼夜飘风。地碱卤,多砾石,播植不滋,草木稀少,遂致空荒,绝无人止"③,这是迄今所见对帕米尔高原的最早汉文记录。再如,"叶河出葱岭北原,西北而流,浩汗浑浊,汨淴漂急"④,叶河即今中亚重要河流锡尔河,玄奘以短短十几字,对其发源、流向、水势等做了真切描述。

由此,无论从哪个角度看,玄奘都是中古丝绸之路罕见的亲历者,"皆为实录,匪敢雕华"⑤的《大唐西域记》则是一部极其珍贵的丝路地理文献。简要概括《大唐西域记》对于丝路地理的主要贡献为:

丝绸之路早已形成,北、中、南三条干线早已存在,但走向并非唯一,也并非固定。如玄奘过伊吾之后本欲北行草原丝路,却因为高昌王的邀请而改走中道;过葱岭之后,本可以直接南下至印度,却为了面见西突厥可汗而改行西北,绕经中亚后方进入南亚。返归时,本欲经中道过高昌而还,却因为听到高昌王已卒的消息而改南道返归。经四川、云南、缅甸进入印度的西南道虽非干线,却也在玄奘之前早已为人所知并发挥作用。

最早的丝绸贸易是从草原之路开始的,且在玄奘时代,草原丝路仍然活跃。

玄奘时代,海上丝路交通已较为普及。东晋法显赴印时,陆去海归;从陆路抵印的玄奘也本可选择海路返归,为了实现与高昌王的讲经三年之约,仍选择陆路归来。

---

① 玄奘、辩机原著,季羡林等校注:《大唐西域记校注》,第917页。
② 同上书,第868页。
③ 同上书,第981页。
④ 同上书,第85页。
⑤ 慧立、彦悰:《大慈恩寺三藏法师传》,孙毓棠、谢方点校,中华书局2000年版,第135页。

同属初唐、较玄奘晚几十年赴印的义净，往返均选择了海路。

二

《大唐西域记》基本以玄奘的行程为序，先后详略不一地对现中国新疆境内、中亚、南亚、西亚等地区一百五十"国"进行了记载或涉及。① 自然，这里的"国"，并非严格意义上的国家概念，大多是据城而治，"随地称国"②。这些记述涉及的面极广：地望、沿革、民俗、物产、城邑、宗教、语言文字、传说等，对于了解这些丝路沿线国家或地区的历史（一定意义上的通史）很有助益。这里选取几个重要的丝路站点进行简要介绍。

长安，是陆上丝路的起点，玄奘青年时在此访学问道，并于 627 年出发③，645 年返归，646 年撰毕《大唐西域记》，并主要在此成就译经事业。河西走廊，是长达千余公里的丝路咽喉，玄奘经秦州、兰州后入凉州，几经波折后方走出河西走廊。敦煌，玄奘西行时曾被守卫烽火台的校尉王祥建议前往，但直到返归时才短暂停驻，敦煌壁画中现存六幅《玄奘取经图》，成为研究求法史实与文学演变、内陆与西夏之关系的珍贵素材。伊吾，是玄奘走出莫贺延碛后的初始驿站，玄奘的弟子在《大慈恩寺三藏法师传》中仅有简略记载。玄奘本想离开伊吾后沿丝绸之路北道前行，却因受到高昌王麴文泰的邀请而改走了中道，直到越过葱岭之后才折向西北，重新回到北道。高昌，是丝绸之路东端的门户，当时的唐王朝和西突厥均视其为战略要堡和重要的商税来源。玄奘经行高昌的前后及经历，虽未载于《大唐西域记》，却在《大慈恩寺三藏法师传》和《续高僧传·玄奘传》中记载得较为细致。这些均未见载于《大唐西域记》，所以仅作简单涉猎。

阿耆尼，今新疆焉耆，丝路中道绿洲城市，西域银钱都产自该国银矿，玄奘自此匆匆而过。因阿耆尼与高昌在对过往商旅征税等问题上素有积怨，故对待玄奘不太友好，甚至没有提供换行的马匹，又加之在路经银山时遇到盗匪，所以《大唐西域记》

---

① 玄奘在《进西域记表》中言"所闻所履百有三十八国"，敬播在为《大唐西域记》所作的序中也言"亲践者一百一十国，传闻者二十八国"，《大唐西域记》所标示数目确为一百三十八国。但全著附带述及的有十二国，总计一百五十国。
② 玄奘、辩机原著，季羡林等校注：《大唐西域记校注》，第 161 页。
③ 对于玄奘西行首途年份，学界有不同意见，此处采贞观元年（627）之说。参见杨廷福：《玄奘年谱》，上海古籍出版社 2011 年版，第 96—112 页。

中除对该国幅员、都城、地势、出产、气候、风俗、文字、佛教等进行客观记载外，指出该国国王"勇而寡略，好自称伐"，"国无纲纪，法不整肃"①，或有主观上的不愉快。

屈支，古龟兹，今新疆库车，属西域大国，古印度、希腊、波斯、中国等文明的交汇中心，名僧鸠摩罗什的出生地，为等待凌山积雪融化，玄奘曾在此停留两个多月，并同当地高僧木叉毱多有佛学辩论。该国佛教昌达，故《大唐西域记》对该国佛教予以了特别关注，并提到该国"管弦伎乐，特善诸国"，"其俗生子以木押头，欲其扁匮也"②，前者是指该地的音乐、歌舞艺术素有盛名，完全符合历史事实，库车乐较早传入内地，直到隋唐宫廷乐舞中还有库车乐在列。后者则是该地和玄奘回程时所经的佉沙国所共同具有的一个独特风俗，1978 年，在昭怙厘寺附近的一竖穴墓葬中发掘出一具完整的头骨，头骨的面部和后脑都呈扁平状，此外，在该地区的壁画、塑像中也有表现，这说明《大唐西域记》的记载是属实的。但究竟为何有此风俗，专家们迄今未有统一意见。一个有用的信息是，这一习俗在中美洲的许多绘画与雕塑作品中也有反映，那是只有统治者、祭司和商人才能享有的美和地位的象征。二者之间究竟存在怎样的关联，值得进行比较研究。

瞿萨旦那，即于阗，今新疆和田，丝绸之路中道大国，玄奘回程途经此地时，曾在此长住七八个月之久，在等待唐太宗回音的同时，派人赶赴屈支、疏勒抄写渡印度河时所失落的经本。《大唐西域记》中对该地着墨较重，对地理环境、物产、民俗、民风、文字、佛教、建国传说等均有记载，其中，"出氍毹细毡，工纺绩绝绸，又产白玉、黳玉"③，是对和田出产毛毯、玉石的典型记载，和田玉素负盛名，来往于丝绸之路的货品中，玉石也是重要的一类，故此，丝绸之路也曾被称为"玉石之路"。除佛教诸事外，《大唐西域记》对瞿萨旦那之开国传说、鼠壤坟传说的记载曾引起广泛兴趣，对媲摩城的重要描述也令斯坦因等探险家和玉尔等学者进行过长期争论。④ 对丝绸之路研究而言，《大唐西域记》对东国蚕种传入该国之传说的记载更显重要，将在下文补述。

飒秣建，故址在今中亚名城撒马尔罕，丝绸之路的枢纽城市，中国古籍中常称之

---

① 玄奘、辩机原著，季羡林等校注：《大唐西域记校注》，第 48 页。
② 同上书，第 54 页。
③ 同上书，第 1001 页。
④ 罗帅：《玄奘之媲摩与马可波罗之培因再研究》，《丝绸之路研究》（第一辑），三联书店 2017 年版。

为"康居""粟特""康国"等①，隋唐时"昭武九姓"之一，《大唐西域记》将其归入窣利地区，也即窣利人（今粟特人）聚居的中心区域。《大唐西域记》载，该地区文字"字源简略，本二十余言，转而相生，其流浸广。粗有书记，竖读其文，递相传授，师资无替"②，这是对中古粟特文的可靠记录，1932年苏联学者在撒马尔罕以东发现的粟特文文书，与此记录基本相符。"凡诸胡国，此为其中，进止威仪，近远取则"，"异方宝货，多聚此国，土地沃壤，稼穑备植，林树蓊郁，花果滋茂"，指出当时该国的富庶强盛以及在西域诸国中的影响力，直到今天，撒马尔罕仍为中亚历史名城和重要的商业城市。"多出善马"，也应该符合历史事实，汉时大宛等地的"汗血宝马"曾令中原王朝钦羡不已并费尽心思，而其时的康居与大宛地缘相近、关系密切，康居马也是极为优良的马种，想必玄奘到时仍有不少良马。"机巧之技，特工诸国"③，是说该国的手工业发达，这已被现代考古发掘成果所证实④。八世纪中叶，中国的造纸术西传阿拉伯，阿拉伯人最先选择在中亚的撒马尔罕建立造纸厂，"撒马尔罕纸"一度流行。⑤

迦毕试，今阿富汗西部兴都库什山以南的喀布尔河流域，地处南亚丝路要冲。《大唐西域记》对该国的宗教进行重点关注外，又记"异方奇货，多聚此国……货用金钱、银钱及小铜钱，规矩模样，异于诸国"⑥，1927年，法国学者对该地进行发掘考察，发现了自一世纪到五世纪的大量货币和美术工艺品，印证了此记载。健驮逻，今通译为犍陀罗，古印度西北部大国，今地约在巴基斯坦白沙瓦一带，历史上曾历亚历山大、阿育王、迦腻色迦等几位名王治下，成为东西文化荟萃之地，以佛像艺术为代表的"犍陀罗艺术"沿丝绸之路传入中国、朝鲜、日本后，曾对远东佛教艺术提供了最初的佛像模式和范本⑦。《大唐西域记》中载有阿育王、迦腻色迦王在此地的相关事迹，并着重对该地佛像与佛画为代表的犍陀罗艺术进行过详致描述，虽有灵异传说在其中，却为此地是否确为首尊佛像起源地提供了想象的空间。迦湿弥罗，旧译曾作罽宾，今克什米尔地区，南亚丝路要隘，《大唐西域记》载"迦湿弥罗国周七千余里，

---

① 这三个称谓在不同历史时期的所指并不完全相同，但具有明显的同源关系。
② 玄奘、辩机原著，季羡林等校注：《大唐西域记校注》，第72页。
③ 同上书，第87—88页。
④ 参见周连宽：《大唐西域记史地研究丛稿》，中华书局1984年版，第128页。
⑤ 刘迎胜：《丝绸之路》，江苏人民出版社2014年版，第141页。
⑥ 玄奘、辩机原著，季羡林等校注：《大唐西域记校注》，第135—136页。
⑦ 参见《中印文化交流百科全书》，中国大百科全书出版社2015年版，第295页。

四境负山。山极陗峻,虽有门径,而复隘狭,自古邻敌无能攻伐"①,与史实极相吻合,今印度、巴基斯坦仍为之时有冲突。对于该地曾举行的佛教史上第四次结集之事,《大唐西域记》有详载。

三

丝绸之路,本为沟通中原与西域、东方与西方的商贸之路。《大唐西域记》则为商贸意义上的丝绸之路提供了不少极具价值的信息。

蚕最早在中国驯化成功,桑蚕丝绸业也曾是古代中国独有的产业。② 西域乃至西方的蚕桑业最初是由中国中原内地所传入,《大唐西域记》有明确记载。在卷十二记"瞿萨旦那国"处,玄奘以传说的形式对这一丝路要事进行了描述:

> 昔者此国未知桑蚕,闻东国有也,命使以求。时东国君秘而不赐,严敕关防,无令桑蚕种出也。瞿萨旦那王乃卑辞下礼,求婚东国。国君有怀远之志,遂允其请。瞿萨旦那王命使迎妇,而诫曰:"尔致辞东国君女,我国素无丝绵桑蚕之种,可以持来,自为裳服。"女闻其言,密求其种,以桑蚕之子,置帽絮中。既至关防,主者遍索,唯王女帽不敢以验。遂入瞿萨旦那国,止麻射伽蓝故地,方备仪礼,奉迎入宫,以桑蚕种留于此地。阳春告始,乃植其桑。蚕月既临,复事采养。初至也,尚以杂叶饲之,自时厥后,桑树连荫。王妃乃刻石为制,不令伤杀。蚕蛾飞尽,乃得治茧。③

大意是说,瞿萨旦那本无桑蚕,后求婚于东国,下嫁公主"以桑蚕之子,置帽絮中",成功躲过边关检查,方将蚕种传至瞿萨旦那。这个记载与《新唐书》和藏文《于阗国史》相互印证,也被斯坦因在丹丹乌里克遗址发现的木板画所证实。今天,仍有国外学者认为丝绸起源于中亚,《大唐西域记》的记载成为反驳这一观点的珍贵文献依据。只是,学界对

---

① 玄奘、辩机原著,季羡林等校注:《大唐西域记校注》,第321页。
② 参见刘迎胜:《丝绸之路》,第15—18页。著者以传说、文献、考古、实物、技术、官署等多重证据对这一观点予以说明。
③ 玄奘、辩机原著,季羡林等校注:《大唐西域记校注》,第1021—1022页。

该处记载中的"东国"究竟是指内地还是指瞿萨旦那的东邻之国尚有争论①,但即便是后者,其桑蚕业也来自内地,养蚕缫丝技术自东而西这一传播方向是清楚的。

丝绸,自然应为丝绸之路上最为鲜明的形象符号。然而,丝绸之路并非一条单纯的"丝绸"之路,在这条路上传播的除了丝绸等物质产品,还有宗教、艺术等精神结晶。即便就狭义理解的商贸丝路而言,丝绸也并非始终是这条道路上流通的最主要商品。② 玄奘在《大唐西域记》中对所经行地区的人们普遍穿着之记载,对研究这个问题是有帮助的。下面列一个简单的表格进行分析。

表1 《大唐西域记》对所经行地区的人们普遍穿着之记载

经行地区	穿着描述	经行地区	穿着描述
阿耆尼国	服饰毡褐,断发无巾	设多图卢国	裳衣绮靡
屈支国	**服饰锦褐**,断发巾帽	秣菟罗国	出细班氎(出产)
跋禄迦国	细毡细褐(此地盛产)	羯若鞠阇国	**服饰鲜绮**
素叶水城	人衣毡褐	波剌斯国	工织大锦、细褐、氎毹之类……衣皮褐,服锦氎
窣利地区	服毡褐,衣皮氎,裳服褊急,齐发露顶,或总剪剃,**缯彩络额**	活国	衣服毡褐
睹货逻国故地	多衣氎,少服褐	呬摩呾罗国	衣毡皮褐
梵衍那国	多衣皮褐,亦其所宜	钵铎创那国	多衣毡褐
迦毕试国	服用毛氎,衣兼皮褐	屈浪拿国	多服毡褐
印度总述	其所服者,**谓㤭奢耶衣及氎布等**	达摩悉铁帝国	衣服毡褐
滥波国	多衣白氎,所服鲜饰	尸弃尼国	皮褐为服
乌仗那国	多衣白氎,少有余服	商弥国	多衣毡褐
钵露罗国	衣服毛褐	朅盘陀国	衣服毡褐
迦湿弥罗国	服毛褐,衣白氎	乌铩国	衣服皮褐
半笯嗟国	裳服所制,多衣氎布	佉沙国	出细毡褐,工织细氎、氎毹
磔迦国	衣服鲜白,所谓㤭**奢耶**衣、朝霞衣等	瞿萨旦那国	出氎毹细毡,工纺绩䌷绅……少服毛褐毡裘,多衣绅䌷白氎

---

① 林梅村认为此"东国"当为以楼兰人为主体的鄯善王国,参见林梅村:《丝绸之路考古十五讲》,北京大学出版社2006年版,第173页。
② 参见〔美〕芮乐伟·韩森:《丝绸之路新史》,张湛译,北京联合出版公司2015年版。在该著中,作者以大量考古发现改变人们对这条商路的惯常理解。

表中所列地区均为丝绸之路干道或支线的重要城市，不乏丝路重要节点城市，如阿耆尼、屈支、窣利、梵衍那、乌仗那、迦湿弥罗、波剌斯、佉沙、瞿萨旦那等。其居民穿着中含有丝绸类的有以下几个：屈支国"服饰锦褐"，服饰为丝织品和毛麻织品；窣利地区"服毡褐，衣皮氎……缯彩络额"，该地区的人只是用彩色丝织络带缠住额头；印度和磔迦国的人们所穿的"憍奢耶衣"，是一种野蚕丝织成的绢衣，而非人工饲养所得的蚕丝所织成的衣服，在玄奘之后约一百年到达印度的新罗僧人慧超仍未看到印度人会生产家蚕丝绸[①]；波剌斯国"服锦氎"，衣服中含有丝织品，这与波斯在东西丝绸之路上的特殊位置密切相关；瞿萨旦那国"多衣绝䌷白氎"，衣服中多丝绸制品，上文已提到该国桑蚕业从内地传入；设多图卢国"裳衣绮靡"，羯若鞠阇国"服饰鲜绮"，衣着华丽，可能含有丝织制品。

　　总起来看，在玄奘时代，这些丝路重要站点地区的人们所穿的衣服，并不以丝绸制品为主，原因是什么呢？会不会是玄奘经行这些地区时的季节恰不适于穿丝绸制品？看一下玄奘出行年表，627年出发，645年返归，前后历经19年时间，在如此长的时间内，均限于季节因素而未能对这些地区的普遍穿着形成客观的认识，显然难以理解。且表中所列地区位于中亚、南亚和西亚，均季节分明，不会出现因当地气温相对恒定无需更换衣着的情况。可见，这并非真正原因。那么，是玄奘经行这些地区的人们在主观上不喜欢穿丝绸制品吗？这也显非事实。舒适、华美的丝绸制品受到丝绸之路沿线国家或地区人们的普遍喜爱，从秦汉时期到隋唐时期，从中亚游牧民族匈奴、突厥到罗马宫廷，均对中国丝绸制品有着浓厚的兴趣和巨大的需求。真正的原因应该在经济因素，在当地丝织业尚不发达的情况下，购买远道而来的精美丝绸需要付出大量金钱，直至出现贸易入超，影响甚至威胁到当地经济。史载罗马帝国曾于公元14年下令禁止男性公民穿戴丝绸，对妇女使用丝绸也做了限制，又曾于公元297年与波斯萨珊王朝达成协议，以限制大量的中国丝绸经波斯进入罗马。与汉朝通过和约或贸易形式得到大量丝绸的匈奴，也曾担心因丝绸而成为汉朝的附庸，丝绸的使用群体往往只是少数匈奴贵族。即便在丝绸的故乡、玄奘西行前后日渐强盛的大唐王朝，丝绸也是奢侈的消费品而非普通人的选择，北宋张俞的《蚕妇》一诗则是这一现象的形象反映："昨日到城廓，归来泪满巾。遍身罗绮

---

① 慧超原著，张毅笺释：《往五天竺国传笺释》，中华书局2000年版，第44页。该页有"绵绢之属，五天总无"之语。

者，不是养蚕人。"①

那么，丝绸未必是丝绸之路上的主要贸易商品，究竟还有哪些商品在这条商贸之路上流通呢？对此，《大唐西域记》也提供了一些有用的信息，如瞿萨旦那国"产白玉、黳玉"，阿吒釐国"出熏陆香树，树叶若棠梨"，是对这两地分别出产玉石、香料的记载，而玉石、香料确曾成为丝绸之路的重要商品；位居丝路要冲的迦毕试国则"异方奇货，多聚此国"②，成为众多外来商品的集散地。这些信息同样值得仔细梳理甄别，此不赘述。

丝绸之路是一条中转贸易之路，它的活跃与繁忙离不开在这条道路上往返奔忙的商旅中介。两汉时丝绸之路上承担中转贸易之责的是安息帕提亚王朝和中亚贵霜王朝的官方商栈和个体商人，到了隋唐时期，中亚粟特人又成为这条道路上的主要贸易担当者，"中国的贸易伙伴并非罗马，而是处于伊朗世界东缘的撒马尔罕"③，这并非夸张，迄今在罗马和中国的史籍记载或考古成果中都未发现双方曾直接发生贸易活动的相关证据。粟特人，即史籍中经常出现的"昭武九姓"，又被称作九姓胡、杂种胡、粟特胡等。昭武九姓，是对五世纪至八世纪位于中亚阿姆河和锡尔河之间多个王国的统称，不同时期或有分合，所以实际上有时不止九个国家，《大唐西域记》中的赭时国、怖捍国、窣堵利瑟那国、飒秣建国、弭秣贺国、劫布呾那国、屈霜你迦国、喝捍国、捕喝国、伐地国、货利习弥伽国、羯霜那国等，均属昭武九姓国范畴，即《大唐西域记》中所称的"窣利地区"，窣利今通译为粟特。粟特地区为欧亚陆上交通咽喉，便利的地理条件赋予粟特人天然的经商意识，他们以撒马尔罕为中心，东至中国西北边疆、内地、南方，南至印度，西至波斯、拜占庭，东北至蒙古，"利之所在，无所不至"④。这已被众多出土文书或考古发现所证实，1907 年，斯坦因曾在敦煌西北长城烽燧下发现一组粟特文书信，他后来知道这是"中亚一带商人到中国以后发回的私人通信"⑤，目前已经完整解读出其中四封信件的内容，所记是四世纪初从撒马尔罕来的一个粟特商团，以凉州为大本营，派出商人前往洛阳、邺城、兰州、敦煌等地从事

---

① 张俞：《蚕妇》，北京大学古文献研究所编：《全宋诗》第七册，北京大学出版社 1992 年版，第 4715 页。晚唐杜荀鹤也有同名诗作："粉色全无饥色加，岂知人世有荣华。年年道我蚕辛苦，底事浑身着苎麻。"见《全唐诗》卷六九三，中华书局 1999 年版，第 8047 页。
② 玄奘、辩机原著，季羡林等校注：《大唐西域记校注》，第 1001、907、136 页。
③〔美〕芮乐伟·韩森：《丝绸之路新史》，第 3 页。
④ 王溥：《唐会要》卷九十九，中华书局 1955 年版，第 1774 页。
⑤〔英〕斯坦因：《西域考古记》，向达译，商务印书馆 2014 年版，第 183 页。

贸易活动，另有一封未经完整翻译的信件也提到他们要去楼兰进行贸易的事情。① 在此方面，《大唐西域记》也是有贡献的。玄奘注意到整个窣利地区"财多为贵"②，呾逻私城"诸国商胡杂居"③，飒秣建国"异方宝货，多聚此国"④，其它各"国"的情况也大致类似，这显然是关注到了粟特人善于经商的特点和粟特地区作为当时贸易中转中心的状况。不仅于此，粟特地区位于中亚两大河流之间，土地肥美，农牧发达，这在《大唐西域记》中也有多处印证，如怖捍国"土地膏腴，稼穑滋盛。多花果，宜羊马"，飒秣建国"土地沃壤，稼穑备植，林树蓊郁，花果滋茂"⑤，所以，整个窣利地区"力田逐利者杂半"⑥，这种对当地农业、商业均较为发达的状况的观察和记载是客观真实的。

还需注意的是，除客观记载外，玄奘在《大唐西域记》卷一中对于粟特人也有主观评价，"风俗浇讹，多行诡诈，大抵贪求，父子计利，财多为贵，良贱无差"⑦，也曾在《序论》中对"性重财贿，俗轻仁义"的胡人（自然包括粟特人在内）施以轻蔑，⑧ 显然是在以儒家传统的义利观进行比较，是一种单方视野下的文化误读。实际上，历史上的粟特人不但在东西方之间担当起货物往来的中介，还是促进异质文明相遇融合的中介。对中国而言，他们不但给以农为本的传统经济带来了重商因素，还给实用理性的传统文化带来了佛教、祆教、景教、摩尼教等宗教关怀，也曾给守成持重的传统艺术带来鲜活明快的异韵胡风。

丝绸之路也并非一条尽皆平安之路，在这条道路上时常会遇到大自然和人类社会的各种凶险，盗贼就是其中之一，敦煌莫高窟第 45 窟所藏《胡商遇盗图》即为重要的图像证据，此外，曾在新疆和青海等地商道沿线发现大量金银钱币，推测是商人遇险时匆匆就地埋藏的。玄奘在求法往返途中就曾亲身经历过众多盗贼之险，如《大慈恩寺三藏法师传》记载，玄奘在经银山赴阿耆尼国途中，曾"逢群贼，众与物而去"，也曾亲见"时同侣商胡数十，贪先贸易，夜中私发，前去十余里，遇贼劫杀，无一脱

---

① 荣新江：《欧亚大陆视野下的汉唐丝绸之路》，《丝绸之路研究》（第一辑），第 63 页。
② 玄奘、辩机原著，季羡林等校注：《大唐西域记校注》，第 72 页。
③ 同上书，第 77 页。
④ 同上书，第 87 页。
⑤ 同上书，第 84、87 页。
⑥ 同上书，第 72 页。
⑦ 同上书，第 72 页。
⑧ 另曾对序论中的西宝主之国和卷十一的跋禄羯呫婆国、阿吒釐国、苏剌侘国、波剌斯国有类似评价。

者"①。出屈支赴跋禄迦期间，"逢突厥寇贼二千余骑，其贼乃欲共分张行众资财，悬诤不平，自斗而散"，玄奘一行由于突厥强盗分赃内讧而免害。入北印度不久，在波罗奢树林中，"逢群贼五十余人，法师及伴所将衣资劫夺都尽，仍挥刀驱就道南枯池，欲总屠害"②，多亏突然发现一隐秘的水洞才得逃命。在殑伽河岸，"于林中两岸各有十余船贼，鼓棹迎流，一时而出。船中惊扰，投河者数人，贼遂拥船向岸，令诸人解脱衣服，搜求珍宝"③，这次危难中，玄奘还几乎被作为祭品而丧命。返程途中，玄奘与商人结伴从疏勒（今新疆喀什）到沮渠（今新疆叶城）期间，"众推奘为商主，处为中营，四面防守"④，显然也是为防备可能到来的危险。甚至于有推测认为，身为玄奘徒弟的胡人石槃陀之所以在过烽燧前夜欲加害玄奘，真正原因恐怕并非畏于官府律条，而是看上了玄奘随身的钱财。⑤ 以上皆为玄奘传记中所载或根据玄奘传记所得出的推测，而《大唐西域记》为玄奘奉敕所撰，自然不可能对行经途中所经历的盗匪之险予以详述，但仍以寥寥数语予以了透露，如阿耆尼国"国无纲纪，法不整肃"，过揭职国经大雪山时，"群盗横行，杀害为务"，室罗伐悉底国昔曾"群盗五百，横行邑里，跋扈城国"，蓝摩国"其路艰险，经途危阻，山牛、野象、群盗、猎师，伺求行旅，为害不绝"，珠利耶国"群盗公行"，恭建那补罗国"群盗凶残"，尸弃尼国人"务于盗窃"，斫句迦国"公行劫盗"，⑥ 就连并未亲历的僧伽罗国，经听闻也有盗贼，等等。在漫长的丝绸之路上，对于商人们、使节们来说，巨大的利益、外交的目标与致命的凶险共存，故有的付出生命，如玄奘所见被劫杀的商人；有的望而却步，如奉命出使大秦的甘英临波斯湾而返。只有为了信仰而行进的僧人们，即使以死人枯骨为标识犹不悔，如法显和玄奘。简要概括《大唐西域记》对于商贸丝路的贡献如下：

桑蚕丝织业源于内地，后传至西域，再经西域传至欧洲罗马等地。传播路线和过程是清晰的。印度等地较早出现了用野蚕丝所制的衣服，但到玄奘和慧超赴印时仍未掌握基于人工饲养桑蚕的纺织技术。

作为商贸之路的丝绸之路，丝绸并非始终是这条道路上的主要商品。在这条贯通

---

① 慧立、彦悰：《大慈恩寺三藏法师传》，第24—25页。
② 同上书，第46页。
③ 同上书，第55页。
④ 同上书，第120页。
⑤ 沙武田：《丝绸之路交通贸易图像——以敦煌画商人遇盗图为中心》，《丝绸之路研究集刊》（第一辑），商务印书馆2017年版，第143页。
⑥ 玄奘、辩机原著，季羡林等校注：《大唐西域记校注》，第48、128、504、535、846、890、979、998页。

东西的贸易通道上,皮毛、玉石、陶瓷、香料、珠宝等其它商品也曾在一定的历史时期较丝绸为重,所以,丝绸之路也曾被称为"皮毛之路""玉石之路""陶瓷之路""香料之路""珠宝之路"等。

丝绸之路贯通东西,一端起于中国长安或洛阳,一端远达欧洲的罗马。但货品的交易并非出这两地的商人们直接完成,而是通过在这条道路上的若干中转驿站或奔忙于这条道路上的众多商旅中介来完成。继两汉时期承担中转贸易之责的安息帕提亚王朝和中亚贵霜王朝的官方商栈和个体商人之后,隋唐时期的中亚粟特人成为丝绸之路上的主要贸易担当者。

丝绸之路开通既久、影响深远,但并非是一条始终通畅的道路。除天然险阻、自然灾害外,丝绸之路上经常有盗贼出没,给奔波往返于这条道路上的人们带来财产和生命的威胁。

四

丝绸之路不但传递财富,还传播信仰。前已提到,最早在这条东西大动脉及各支线奔波往返的,除了商人和外交使节,还有一个重要的群体——宗教信徒,这其中又以佛教徒为主。三国时僧人朱士行,是史载行于此路的第一人,最终停留在于阗而未达印度。此后,西行求法的僧人不绝于路。东晋法显,从陆上丝路抵达印度,从海上丝路携经而返,归国后写有《法显传》。唐时则形成了一个通过陆上丝路或海上丝路前往印度取经求法的高峰,大批僧人历尽艰险远赴印度,据张星烺先生统计,宋仁宗以前,印度来华之僧人,有明确记载的有 53 人;自华入印之僧人,有明确记载的亦超 50 人,而自宋仁宗以后,"中国史书无复梵僧东来之记载,而中国亦无西天取经之僧矣"。[①] 这些远赴佛国求取佛法的僧人们,归国后几乎都留有记载,成为研究中印佛教文化交流的珍贵文献。如,慧超留有《往五天竺国传》,智猛留有《游行外国传》,惠生留有《惠生行传》(已佚,残文存《洛阳伽蓝记》),玄奘留有《大唐西域记》,义净则留有《大唐西域求法高僧传》和《南海寄归内法传》,悟空(即车奉朝)留有《悟空入竺记》(载《宋高僧传》和《古西域行记十一种》),继业留有《西域行记》(已佚,大致行程载于宋范成大《吴船录》)。由于伊斯兰教和印度教的双重冲击,自十二世纪以后佛教在印度几近灭绝,所以,重建印度佛教史,中国求法僧的著作至为

---

① 张星烺编注:《中西交通史料汇编》,朱杰勤校订,中华书局 2003 年版,第 1919—2177 页。

重要，其中对佛教关注最为集中、最为详致的，仍属《大唐西域记》。

《大唐西域记》可视为一部隐性存在的糅合佛教史实与传奇、既有学术性又有普及性的丝绸之路佛教史著作。它记载了大量的佛本生、佛传故事，诸菩萨、罗汉传奇，护法名王（阿育王、迦腻色迦王、戒日王、鸠摩罗王等）、著名论师（戒贤、觉贤、胜军、如意、世友、世亲、无著、众贤、马鸣、龙猛等）故事，佛教的重大活动（结集、无遮大会、行像等）和丝路佛教圣迹（梵衍那佛像、王舍城、那烂陀寺、菩提伽耶、鹿野苑古刹）等。其中，对七世纪及以前大、小乘的分布和传播情况以及佛教内外论争（内部的如大、小乘，大乘空、有宗及其它各派别之间，外部的是指同印度教、耆那教、袄教等的冲突）的记载，学术史价值极高。对此，《大唐西域记》除对各"国"宗教情况分别予以了记述外，还在卷二"印度总述"中对佛教部派纷争的原因、派别情况进行了总括：

> 如来理教，随类得解。去圣悠远，正法醇醨，任其见解之心，俱获闻知之悟。部执峰峙，诤论波涛，异学专门，殊途同致。十有八部，各擅锋锐。大小二乘，居止区别。其有宴默思惟，经行住立，定慧悠隔，喧静良殊，随其众居，各制科防。①

这个总括简洁明了，其实，玄奘西行之始，已在国内接触和熟悉大小乘的学说，沿途所记各国各地区分别流行大乘或小乘学说的情况，也与佛教史实相合。季羡林先生曾据《大唐西域记》列出一个玄奘时代印度佛教情况的分析表，据此就佛教与外道力量的对比、佛教内部大小乘力量的对比、佛教部派分布的情况做出研究，并与《法显传》进行对比以显现佛教在印度日渐衰微的趋势。② 其实，除印度外，《大唐西域记》对广义中亚地区（含今天葱岭以东新疆境内）佛教分布情况的记载同样可作如此分析，对中亚佛教史研究的意义同样重要，为此，曾将《大唐西域记》作为重要参考资料的日本学者羽溪了谛评价道："其地位在佛教史、佛教地理研究上，允为无二之宝典"③。此外，《大唐西域记》多处提到印度教、耆那教、袄教的情况，甚至涉及印度民间宗教怛特罗教和密教，都是进行中古期丝绸之路宗教研究的宝贵资料。

---

① 玄奘、辩机原著，季羡林等校注：《大唐西域记校注》，第193页。
② 同上书，第68—85页。
③〔日〕羽溪了谛：《西域之佛教》，贺昌群译，商务印书馆1999年版，第16页。

《大唐西域记》对佛教史上几次佛典结集的记载尤为重要，即卷九所载第一次结集，卷七所载第二次结集，卷三所载第四次结集。结集，一直是佛教史上较为复杂也引起较多争论的一个问题，学者们对结集的次数、时间、地点、参加人数等存有不同意见。目前相对一致的看法是承认佛教史上曾有过四次较大规模的结集。第一次是王舍城结集，时间在佛陀涅槃后第一年，参加人数有五百人、一千人之说，《法显传》中记载为五百人，《大唐西域记》卷九则记载为一千人。第二次是吠舍厘结集，时间在佛陀涅槃后第一百年，《大唐西域记》载"……是七百贤圣结集处。佛涅槃后百一十年，吠舍厘城有诸苾刍，远离佛法，谬行戒律"①，短短几十字即交代了此次结集的参加人数为七百人，是因戒律问题而进行的，且结集的时间为佛涅槃后百一十年。这与《法显传》在参加人数和起因于戒律而结集的记载是相合的，但《法显传》记载此次结集的时间在佛涅槃后百年，而非百一十年。第三次是华氏城结集，时间是阿育王统治时期，对于这次结集，《大唐西域记》中虽未直接记载，却仍在卷三隐括了这次结集的主要信息。② 第四次迦湿弥罗结集，时间在迦腻色迦王统治时期，《大唐西域记》对该次结集的记载最为珍贵，对结集的原因、时间、地点、主持及参与人、过程等交代得详细、清晰。自然，《大唐西域记》所载几次佛典结集与《法显传》或其它佛典所记的相异之处，带来一些争议，也成为推动相关研究的佐证材料。

《大唐西域记》保存了不少对丝路佛教遗迹的珍贵记录。如卷一对梵衍那国立佛石像的记载。梵衍那，即今阿富汗喀布尔西的巴米扬城，是丝绸之路上往来欧洲、波斯、中国和印度间的交通要道，也成为当时佛教文化艺术的中心之一，建有规模壮观的石窟群，其中有几尊傍山而凿的立佛像尤为珍奇，但现存文献资料较为缺乏。玄奘瞻礼这些佛像后，对其中的两尊留下了这样的记载："王城东北山阿，有立佛石像，高百四五十尺，金色晃曜，宝饰焕烂。东有伽蓝，此国先王之所建也。伽蓝东有鍮石释迦佛立像，高百余尺，分身别铸，总合成立"③，这是世界上最早最详细的关于巴米扬立佛像的文字留存。2001年3月，这两尊立佛像遭塔利班野蛮炸毁，在多方设法修复几无进展的情况下，《大唐西域记》的这一记载尤显珍贵。那烂陀寺，则是印度古代著名佛寺，坐落在今比哈尔邦巴特那和格雅附近。佛陀在世时曾数度造访那烂陀，这里也是佛陀大弟子舍利弗的诞生地。五世纪起，那烂陀崛起成为印度最负盛名的学

---

① 玄奘、辩机原著，季羡林等校注：《大唐西域记校注》，第601页。
② 同上书，第331页。
③ 同上书，第130页。

府，七世纪时更曾容纳数千名来自东亚、中亚和东南亚的学僧。中国僧人法显、玄奘和义净均曾探访此地，① 玄奘和义净分别在此居留的时间长达五年、十年之久，并在其各自著作《大唐西域记》和《大唐西域求法高僧传》中留下了对那烂陀寺的详细记载。《大唐西域记》对那烂陀寺的地理位置、寺名由来、建寺经过、寺风仪律、学术氛围及寺内高僧大德等着墨甚多，现选录如下：

> 僧徒数千，并俊才高学也。德重当时，声驰异域者，数百余矣。戒行清白，律仪淳粹。僧有严制，众咸贞素，印度诸国皆仰则焉。请益谈玄，渴日不足，凤夜警诫，少长相成。其有不谈三藏幽旨者，则形影自愧矣。故异域学人，欲驰声问，咸来稽疑，方流雅誉。是以窃名而游，咸得礼重。殊方异域欲入谈议，门者诘难，多屈而还，学深今古，乃得入焉。于是客游后进，详论艺能，其退飞者，固十七八矣。二三博物，众中次诘，莫不挫其锐，颓其名。若其高才博物，强识多能，明德哲人，联晖继轨。②

接着列举护法、护月、德慧、坚慧、光友、胜友、智月、戒贤等寺内硕学高才及其成就，为这所中古东方著名学府留下了尤为珍贵的历史记忆。十五世纪，那烂陀寺毁于穆斯林之手，直到英国殖民印度时期，才在时任考古局局长坎宁安的主持下被发掘出来，当时坎宁安据以发掘那烂陀寺的主要依据即为《大唐西域记》的记载。二十世纪中叶，印度政府在那烂陀寺遗址附近修建起玄奘纪念堂，并将迎请自中国的玄奘灵骨安放在纪念堂内。近年来，印度政府决定重建那烂陀大学，得到中国、老挝、日本、新加坡、澳大利亚等国政府和一些国际知名学者的支持，这座著名的丝路佛教学术中心有望再度复兴。

五

丝绸之路，同样是一条文化交流之路。玄奘西行的七世纪，东方三大文化圈（以中国为中心的东亚文化圈，以印度为中心的南亚文化圈，以阿拉伯为中心的西亚北非

---

① 法显在其《法显传》中只提到了那罗聚落，却没有关于此寺的任何记载，近代学者据此推断此寺兴建于五世纪之后。
② 玄奘、辩机原著，季羡林等校注：《大唐西域记校注》，第757页。

文化圈）已经形成，此时期的丝绸之路自东至西依次经过和联结这三大文化圈，玄奘的行经路线和所至地区也处于这三大文化圈的地理范畴。如此，玄奘及《大唐西域记》与作为文化交流之路的丝绸之路也有着至深的因缘。①

玄奘本出身于儒学世家，"备通经典，而爱古尚贤。非雅正之籍不观；非圣哲之风不习"②，儒学修养深厚。出家后，更成为无比虔诚的佛教徒，在国内南北游学，遍访名师，奠定了深厚的佛学根基，西行途中对沿途佛教的大小乘分布情况更有了解。到达印度后访名寺，从名师，精研佛典，勇于论辩，成为名扬中印的佛教论师，被大小乘派别分别尊为"大乘天"和"解脱天"。归国后开宗立派，创立法相唯识宗，并培养了包括日本、朝鲜、西域僧人在内的诸多佛教人才。同时，组织译场，翻译经书，创立翻译理论，开一代新译之风，也曾将《道德经》和《大乘起信论》翻汉为梵。他从贞观元年（627）出发，到贞观十九年（645）回到长安，行经中国内地、边疆，中亚、西亚和南亚等广大地区，了解或熟悉沿途各地的佛教文化、印度教文化、祆教文化、耆那教文化等，是一个多元文化的体验者和创造者。《大唐西域记》便是以上多元文化或冲突、或交融的客观体现。这一珍贵文化遗产也见证了东方三大文化圈源远流长的文化交往与相互影响。这主要体现在三个向度。

一是中国与南亚之间。这里所说的南亚，主要是指印度，而"印度"这一称谓即始自《大唐西域记》，自那时起为中国人普遍接受直至今日。自玄奘赴印求法归来后不久，中印官方才开始互派使节。所以，进行中印文化关系研究，《大唐西域记》始终是不可或缺的重要参考。

《大唐西域记》对于研究印度古代历史、地理的帮助极大。古代印度人倚重口耳相传，历史意识较为淡薄，马克思曾说："印度社会根本没有历史，至少是没有为人所知的历史"③。《大唐西域记》则以实录的方式，对七世纪初期的印度历史、地理予以详致记载，在重建印度史地学的过程中发挥了巨大作用。如，古代印度没有年代概念，而释迦牟尼的生卒年代便成为重要的参照，而《大唐西域记》对学界确定释迦牟尼的生卒年代起到了一定作用。《大唐西域记》还为印度历史上的几大名王如阿育王、迦腻色迦王、戒日王等研究提供了极为珍贵的材料。为此，印度著名历史学家阿里曾

---

① 本部分与笔者《〈大唐西域记〉：文化交流与文明探异》一文（《中外文化与文论》第38辑，四川大学出版社2018年版）有部分重叠，也有改动。此说明。
② 慧立、彦悰：《大慈恩寺三藏法师传》，第5页。
③ 马克思：《不列颠在印度统治的未来结果》，《马克思恩格斯选集》第二卷，人民出版社1972年版，第69页。

说："如果没有法显、玄奘和马欢的著作，重建印度史是完全不可能的。"①《大唐西域记》同样是印度地理考释研究的主要文献基础，英印殖民政府时期，考古局局长坎宁安在对鹿野苑、大菩提寺、那烂陀寺等遗址进行发掘的过程中，最为倚重的即为英译版《大唐西域记》。2015年3月，《大唐西域记》印地语译本出版，为印度学者的研究提供了极大的方便，当年5月，习近平主席曾将此版本连同中文版本一同赠予来访的印度总理莫迪。2016年11月，印度政府宣布，将与中国合作重启《大唐西域记》所载其它重要佛教遗址的发掘工作。

在中印精神文化交流方面，《大唐西域记》的贡献自然首推佛教，前文已做分析。在文学领域，《大唐西域记》也是中印文学交流的范本。它所记载的若干神话传说故事，大多在印度本地并无书面记载，玄奘是在"闻诸先志"（或"闻诸耆旧""闻诸土俗"）后予以详略不一的描述，这实际是对印度中古期"活态文学"的有效保存。这些故事经《大唐西域记》传播至中国，对中国和周边国家的后世文学也产生了不小的影响。如卷七所载的"烈士"故事，影响了唐传奇和明清小说、戏曲中"杜子春"故事的产生和流变，并传播到日本和朝鲜，由此可梳理出中印佛教文学交流中"印度→中国→日本、朝鲜"这一清晰的传播脉络。②

在中印物质文化交流方面，《大唐西域记》的记载是对中印文化研究中"单向流动"说的有力反驳。"单向流动"，英文为one-way traffic，是印度学者最先使用的一个术语，意思是，古代中印文化交流是"印度影响中国"，而现当代以来则是"中国影响印度"，呈现出单向流动的特点。持这种观点的有印度学者，也有中国学者；过去有，现在还有③。然而，蚕丝和丝织品、桃、梨、杏、白铜、瓷土、肉桂、黄连、大黄、土茯苓、茶等中国物品，四大发明、制糖术、炼钢术等科学技术，都曾传入古代印度。此外，佛教倒流确切存在，道教西流也曾被讨论。以上都是对中印交往"单向流动"说的反拨，除道教西流未有定论外，均在诸多史籍中有确切的记载。在这方面，《大唐西域记》贡献颇多，如卷四在解释至那仆底国国号由来时，明确指出梨、桃由中国传入印度，卷二印度总述中记有"野蚕丝"，与印度古书《政事论》的相关记载进行对照，可以确定印度人很早就已知道"家蚕丝"来自中国。此外，《大唐西

---

① 季羡林：《玄奘与〈大唐西域记〉》，参见玄奘、辩机原著，季羡林等校注：《大唐西域记校注》，第137页。此为1978年阿里教授写给季先生的信中的一句话。
② 详见拙文《影响与变异：〈大唐西域记〉所载烈士传说与后世杜子春故事》，《中国古代小说戏剧研究》第十一辑，甘肃人民出版社2015年版。
③ 如刘震：《中印古代交流其实是中国单向学习印度》，澎湃新闻《上海书评》，2015年5月31日。

域记》对中印艺术交流也有涉及,如戒日王和拘摩罗王都曾对中国的乐舞《秦王破阵乐》有所了解,在和玄奘的谈话中都曾问起此事。这些证据表明,"单向流动"说是站不住脚的。以佛教为主要载体的印度古代文明能够跨越喜马拉雅障碍远播并扎根中土,同为四大文明古国之一的辉煌灿烂的古代华夏文明肯定也对印度有着渗透和影响,只不过由于古代印度人民历史意识不强,在有限的印度载籍中难觅其踪而已。在这方面,卷帙浩繁的中国载籍正可以实现其价值,《大唐西域记》则是其中较为典型的范例。

除印度外,《大唐西域记》对北印度梵衍那国、健驮逻国和迦湿弥罗等的记载涉及今阿富汗和巴基斯坦,对东印度三摩呾吒国和中印度尼波罗国的关注则分别与今孟加拉国、尼泊尔密切相关,当时这些国家均属于古代印度的地域范畴。① 对印度洋中的岛国僧伽罗国(今斯里兰卡),玄奘虽未像东晋高僧法显一样亲历其地,却仍依据佛典和听闻的传说予以了详致记载。

二是中国与中亚等"国"之间。七世纪及以前的中国,同中亚国家或地区有着直接或间接的联系,《大唐西域记》也提供了诸多珍贵的信息。卷一对素叶水城(今新疆托克马克以南的阿克·贝希姆城)、呾逻私城(今哈萨克斯坦境内的江布尔城)和卷十二对波谜罗川(今帕米尔高原)的描述,均为迄今所见的最早记载。值得注意的是,广义中亚地区,还包括葱岭以东地区诸"国",玄奘西行之时,这些地区与当时的唐朝并无隶属关系存在。玄奘行经的这类主要地点有:伊吾(今哈密),高昌(今吐鲁番),阿耆尼(今焉耆),屈支(今库车),跋禄迦(今阿克苏),瞿萨旦那(今和田)等。对这些地区,《大唐西域记》也提供了宗教、民俗、语言文字、经济等方面的重要信息。如,卷一对屈支国"管弦伎乐,特善诸国"② 的记载,完全符合历史事实,对该地区金花王的记载也有史实依托。再如,卷十二载内地蚕桑业入瞿萨旦那事,与《新唐书·西域传》对于阗的记载相吻合,也被20世纪初斯坦因在和田发现的木版画所证实③。《大唐西域记》虽对高昌国没有直接记载④,但玄奘与高昌王麴文泰的交往却被完整地记载在《大慈恩寺三藏法师传》中,从中不难见出当时的高昌王国对中原佛教文化和汉文化的向往。

---

① 尼波罗国位居北印度,《大唐西域记》中却将其列入中印度,这是由于玄奘并未亲历该国,关于该国的记载系得自传闻,所以出现了错误。《释迦方志》已改为北印度。
② 玄奘、辩机原著,季羡林等校注:《大唐西域记校注》,第54页。
③〔英〕斯坦因:《西域考古记》,第66—67页。
④ 这是因为玄奘返归之后,高昌已经内附于唐朝,成为大唐的西州。

三是中亚与南亚之间。对印度与中亚诸国（指当时包括葱岭以东诸国的广义中亚）在宗教、语言文字、居民相貌、衣饰、饮食、风俗、货币等方面的异同，《大唐西域记》也提供了诸多珍贵信息。如，阿耆尼国"文字取则印度，微有增损"，"经教律仪，既遵印度，诸习学者，即其文而玩之"①，屈支国、跋禄迦国、佉沙国、瞿萨旦那国也大同小异。这说明，当时的葱岭以东地区同印度文化有着密切的关系。除佛教外，《大唐西域记》对当时的狭义中亚诸国（葱岭以西阿姆河和锡尔河主要流经区域）与印度交往的记载相对简略，原因大概是，葱岭以西的这些中亚国家，当时大多处于西突厥控制之下，相对地处南亚的印度，西突厥同西亚的关系要密切得多。

《大唐西域记》对西亚亦有记载。除卷一对梵衍那国（今阿富汗喀布尔西的巴米扬城）境内的"立佛石像"的记述外，该卷对迦毕试国（今阿富汗境内喀布尔河流域附近）和卷十一对波剌斯国（大致对应于古波斯、今伊朗）的记载也比较详致。对于波剌斯国，玄奘并未亲履其地，但也予以了特别留意，在《大唐西域记》卷十二中生动描述了朅盘陀国（今塔什库尔干境内）的"汉日天种"传说，虽不能视为历史事实，却也是古代中国与波斯人民、中国内地与塔吉克人民友好来往的文学反映。1906年，斯坦因在第二次西域考古时发现了该传说所记载的"筑宫起馆""环宫筑城"② 遗址（即"公主堡"）。③

《大唐西域记》是进行丝绸之路研究的富矿，本文仅为粗浅的尝试。由于行文仓促，更限于学术能力，文中肯定存在不当乃至错误之处，敬请方家指正。此外，文中所涉及的每一部分都可再做深化和扩充，对于《大唐西域记》超越文献之外的学术意义和价值也还未及成文，留待日后来完成。

---

① 玄奘、辩机原著，季羡林等校注：《大唐西域记校注》，第48页。
② 同上书，第985页。
③ 〔英〕斯坦因：《西域考古记》，第49—50页。

《抛球乐》在朝鲜王朝的受容和演变*

徐利华

(河北经贸大学文化与传播学院)

【摘 要】 到了朝鲜王朝,《抛球乐》主要用于宫廷宴飨和接待华使之时。朝鲜王朝中后期,《抛球乐》应用的场合更加广泛,从宫廷走向民间。《时用舞谱》《乐学轨范》《高宗壬寅进宴仪轨》三书中关于《抛球乐》的记载,分别呈现出其乐舞在朝鲜前期、中期和晚期的样貌特征。《抛球乐》在朝鲜时代既沿袭了宋代队舞的大体框架,又经历了本土化过程,不断吸收新的血液,从而保持了长久的生命力,成为朝鲜宫廷唐乐呈才中经典之作。

【关键词】 《抛球乐》;朝鲜王朝;受容;演变

高丽文宗二十六年(1072),使臣金悌出使宋朝归来,其随行的乐工从宋朝学到《抛球乐》队舞,并在文宗二十七年(1073)的八关会上正式演出,《抛球乐》遂成为高丽宫廷唐乐呈才中重要的一部。到了朝鲜王朝,《抛球乐》主要用于宫廷宴飨和接待华使之时。直至朝鲜王朝后期,《抛球乐》依然在宫廷宴饮中不断上演。

一

从《朝鲜王朝实录》的记载来看,无论是朝鲜前期、中期还是后期,《抛球乐》

---

* 本文为教育部青年基金项目"宋代雅乐乐歌研究"(13YJC751064)的研究成果。

都是宫廷宴飨中的保留节目。

1. 朝鲜前期（太祖—成宗）

太宗二年（1402），《抛球乐》被指定在国王宴使臣、宗亲兄弟等场合演出。《太宗实录》："（太宗二年六月）丁巳，礼曹与仪礼详定提调同议，进乐调。……国王宴使臣乐：……进五盏，《抛球乐》呈才。……国王宴宗亲兄弟乐：……进四度汤及进四盏，《抛球乐》呈才。"① 世宗时期，对宫廷各种典礼仪注进行调整。世宗十三年（1431），礼曹启会礼仪注："会朝讫，典乐设登歌于殿阶上，引二舞入，立于悬南。……第七爵，《抛球乐》之伎。"② 规定在朝会的宴席之上演出《抛球乐》。但到了第二年，世宗提出《抛球乐》本属杂技，曲折太长，不适于朝会之礼。《世宗实录》："（世宗十四年）上曰：'……《抛球乐》则杂技也，历代无不用之。今中朝亦奏杂技，不可废也。曲折甚长，不合会礼之乐，废去何如？其令郑陟议诸详定所以闻。'"③ 在世宗的建议之下，朝会中的《抛球乐》一度被废去。《世宗实录》："详定所启会礼乐：……第七爵，《抛球乐》之伎，改《五羊仙》之伎。"④ 到了世宗三十一年（1449），对《抛球乐》进行删减。《世宗实录》："（世宗三十一年）庚戌，议政府据礼曹启申：'宗庙、朝会、公宴之乐，掇拾前朝杂声，深为未便。今新定诸乐及旧乐之内，可用诸声，更加删定。……《抛球乐》呈才四声，……常令肄习。'从之。"⑤ 被删改之后的《抛球乐》被重新用于宫廷宴饮之中。

到了朝鲜王朝，《抛球乐》依然是接待天朝使臣的宴会之上的保留曲目。《成宗实录》载："（成宗七年二月）戊戌，天使诣昌德宫，上迎入仁政殿。两使就上前曰：'殿下再枉，设宴慰之，我等即欲进谢，只缘谒文庙，饮宗亲酒，迟谢惶恐。'上曰：'予之往慰礼也，今蒙两大人枉临，多感多感。'遂就座，行茶礼，仍设宴。上曰：'闻两大人欲于二十七日回程，深以为恨。请更留数日。'天使曰：'使事已完，不可多留，奈何？'上再请，两使曰：'当回馆，更议以复。'上就谢之。酒三行，妓为《抛球乐》，八人皆不中。正使曰：'昔宋仁宗会群臣钓鱼，群臣皆钓得鱼，独帝不得。群臣赋诗，有"鱼畏龙颜上钓迟"之句。前日太平馆抛球，皆能中，今于殿中，皆不能中，正畏龙颜也。请令他妓，再抛。'上从之。他妓皆中。两使笑曰：'兵法有之：

---

① 《李朝实录·太宗实录》卷三，太白山本。
② 《李朝实录·世宗实录》卷五四。
③ 《李朝实录·世宗实录》卷五五。
④ 《李朝实录·世宗实录》卷五七。
⑤ 《李朝实录·世宗实录》卷一二六。

"强则示之以弱,弱则示之以强"正谓此也.'酒四行,上告天使,招头目饮之。正使乃行回酒,言曰:'我等之来,得见殿下聪明学问宏博,深用慕悦。'上曰:'圣天子在上,如寡人叨荷皇恩,仅守藩耳,明教不敢当。'副使亦行回酒,上行完杯,劝两使酒,两使皆尽饮。上更请留日几何,两使答曰:'殿下诚意溢我等胸中,我等回馆,当议而启之。'遂罢黜。"①《抛球乐》来自中原,容易唤起华使的文化认同感。同时,由于《抛球乐》中包含了游戏竞技的部分,能够增进宾主之间的互动,活跃气氛,遂使其成为朝鲜王朝接待华使的宴会中必不可少的演出环节。

2. 朝鲜中期（燕山君—正祖）

到了朝鲜中期,在经历壬辰之乱后,很多宫廷乐舞都废止不用,但是《抛球乐》的乐谱依然保存下来,其乐舞在宫廷中不断演出。《光海君日记》载:"(光海十二年)自前选择,外方各官妓女,聚诸京中掌乐院,教歌舞,以备进丰呈之用,自壬辰乱后,废不行。王复其旧,凡有事,必曰'大庆',辄亲祭宗庙,归时,陈倡优百戏、妓女呈才,当御街献轴,住辇终日,不能返。卫士懈怠,或坐或起,翌日（必）宴于仁政殿,名之曰'饮福宴',陈女乐殿中,歌舞竟日。乐谱中《沉香山》《鹤舞》《献仙桃》《抛球乐》之类,不可胜记。盖任就正为承旨,导主意以悦之,故就正之宠赫然。"②可见光海君对《抛球乐》一类唐乐呈才的喜爱。到了正祖时期,重新规范宫廷仪轨,《正祖实录》:"(正祖十九年二月)乙未,御奉寿堂,进馔于惠庆宫。……第三爵,奏《抛球乐》呈才、《舞鼓》呈才,乐作《与民乐》《五云开瑞朝曲》,呈才讫,乐止。……上亲定进馔仪,凡七则。"③在正祖钦定的进馔仪中,就保留了《抛球乐》呈才的表演。

3. 朝鲜后期（纯祖—甲午更张）

到了朝鲜后期,《抛球乐》呈才依然出现在各种宫廷宴饮的仪式之中。《纯祖实录》载:"(纯祖二十九年二月)丙子,受内进馔于慈庆殿。……宗亲班首诣进爵位,以第五爵。授尚食以进,奏《千年万岁》之曲,《抛球乐》。"④《高宗实录》载:"(高宗二十九年九月)二十五日,御康宁殿,行内进馔。……进味数,进茶,登歌作《天保九如》之曲,舞童入作《抛球乐》。"⑤《高宗实录》又载:"(高宗三十一年二月)初

---

① 《李朝实录·成宗实录》卷六四。
② 《李朝实录·光海君日记》卷五四。
③ 《李朝实录·正祖实录》卷四二。
④ 《李朝实录·纯祖实录》卷三十。
⑤ 《李朝实录·高宗实录》卷二九。

七日，御康宁殿，行外进宴。……义和君堋进第三爵，判府事金弘集进第四爵，领敦宁金炳始进第五爵，左议政赵秉世进第六爵，判府事郑范朝进第七爵，知事闵泳商进第八爵，知事金永寿进第九爵。并如上仪讫，登歌作《丰康》之曲，舞童入作《抛球乐》。"① 可见无论是在纯祖朝，还是在高宗朝，《抛球乐》乐舞都是宫廷宴会中的保留节目。

到了朝鲜中、后期，在节度使的驻所或是知州的官府之中，也常以《抛球乐》来遣兴娱宾。丁若镛《蠹石楼燕游诗序》云："上之四年春，家吾移守醴泉。而外舅洪公为庆尚右道兵马节度使，方驻晋州。余赴醴泉，历谒洪公于晋。……曰：'某，粉白黛绿之物，汝其司之。凡《抛球乐》《处容舞》之属，有不如律者，汝其有尤。'"② 序中所说"上之四年"应在正祖四年（1780），丁若镛曾赴庆尚右道兵马节度使的晋州驻所，并被任命管理《抛球乐》《处容舞》等乐舞。丁若镛《黄州月波楼记》云："己未春，诏使至。余以迎慰使赴黄州，适值月夜，波光莹朗。知州赵公荣庆为余具女乐酒馔，安岳郡守朴公载淳亦遣舞童四人，作《黄昌》之舞，奏《抛球》之乐。以助余赏。"③ 此处所说"己未春"应在正祖二十三年（1799），丁若镛以迎慰使赴黄州，曾与黄州知州赵荣庆、安岳郡守朴载淳一同欣赏《抛球乐》乐舞。

在朝鲜中、后期，一些官员的家庭私宴上也出现《抛球乐》的表演。因为《抛球乐》近于游戏，适于活跃气氛，所以常被用于寿宴之上。崔锡鼎《叔母崔太夫人七十七寿序》云："诸伎列队呈歌舞，鹤跄狮戏。《莲花台》《抛球》《拨棹》之乐，更作迭奏。酒行，观察亲奉觞以进，再拜为寿。"④ 崔锡鼎生活于肃宗时期，在其叔母七十七岁的寿宴之上，就有《抛球乐》的表演。又如金钟厚《关西行》云："王二年冬十月旬，臣秀受命关西廵。奉自白云山中至，八十二岁太夫人。……抛球舞剑百伎开，笙鼓喃轰天半来。两儿白鬓映青袖，前拜为斟万寿杯；寿吾母兮乐且康。"⑤ 所谓"王二年"应在正祖二年（1778），文中亦言在寿宴上表演《抛球乐》以助兴。

纵观整个朝鲜王朝，《抛球乐》呈才频繁出现在各种宫廷宴会之中，特别是在接待华使的场合，《抛球乐》发挥着重要的作用。到了朝鲜王朝中后期，《抛球乐》应用的场合更加广泛，从宫廷走向民间。

---

① 《李朝实录·高宗实录》卷三一。
② 丁若镛：《蠹石楼燕游诗序》，《与犹堂全书·第一集诗文集》第十三卷，《韩国文集丛刊》本。
③ 丁若镛：《黄州月波楼记》，《与犹堂全书·第一集诗文集》第十四卷，《韩国文集丛刊》本。
④ 崔锡鼎：《叔母崔太夫人七十七寿序》，《明谷集》卷八，《韩国文集丛刊》本。
⑤ 金钟厚：《关西行》，《本庵集》卷一，《韩国文集丛刊》本。

二

在朝鲜王朝，虽然不断有人提出，《抛球乐》本为杂技，又属女乐，不合雅正，且易蛊惑人心，建议将其废除。但朝鲜宫廷并未采纳这些建议，对《抛球乐》一直是屡议不废。

早在世宗时期，就有人对《抛球乐》提出批评。如李石亨云："然《舞鼓》《抛球》等戏，亦非礼中事，必因戏以娱宾耳。"① 以为《抛球乐》近于游戏，不合礼仪规范。宣祖时期，洪圣民云："今夫玉笛也，伽倻琴也，《抛球》也，《处容舞》也，《黄昌舞》也，皆罗代颂全盛、侈宴安之具。而移为今日乐太平之乐，方其笛之琴之歌之舞之也，只自乐其乐而已。岂料后人乐此乐、歌此歌、舞此舞，而有所乐、有所悲也哉？噫！遏云之声，婆娑之影，皆可乐也。而乐而与民同之，长使斯人享其乐而不穷，然后方可谓之乐也。"② 指出《抛球乐》为宴享之乐，统治者过分地沉溺于此类乐舞，将有失与民同乐之旨。

到了朝鲜中期，一些人对《抛球乐》的批评更加激烈。如洪汝河《乐志》云："盖自高丽，杂用唐乐，有《献仙桃》《清平乐》《五羊仙》《黄河清》《抛球乐》《临江仙》《西江月》等曲。其乡乐，有《动动》《西京》以下二十四篇及三国时乡乐，皆非先王正声，故今不备录也。"③ 洪汝河生活于光海君至显宗执政期间，他指出《抛球乐》属于唐乐，不是先王正声。

对《抛球乐》批评最多的是李瀷，李瀷生活于肃宗至英祖时期，稍晚于洪汝河。李瀷《星湖先生僿说》卷十三《人事门·大晟乐》云："高丽睿宗九年，宋徽宗赐新乐及大晟乐，十一年荐于太庙。说者谓：《瑞鹧鸪》《水龙吟》之类，即其词曲也；今《献仙桃》《抛球乐》等乐，皆自胜国流传如此也。《高丽·乐志》载《水龙吟》一篇，而其词多说风情绮罗、红粉翠黛之语，断非雅乐之意。宋天子亦岂以此特赐外邦借曰有之，未必为历代遵用之制也。《乐志》所载许多如《醉蓬莱》《雨淋铃》等篇，即柳耆卿所作《醉蓬莱》，则宋仁宗时虽进献而罢不用者也，其说见《弇州集》。意者此类皆俗乐，而其词曲则取前古名世之作以意补入也。其《献仙桃》《抛球乐》，不过声妓

---

① 李石亨：《岁丙戌冬，仆以八道体察使……庶几传久不废云》，《樗轩集》卷上，《韩国文集丛刊》本。
② 洪圣民：《乐志》，《鸡林录》，《拙翁集》卷七，《韩国文集丛刊》本。
③ 洪汝河：《乐志》，《木斋先生文集》卷十，《韩国文集丛刊》本。

淫丑之态,岂宜奏之广庭、以蛊君心之荒乱哉?至我朝犹循以不改,窃为圣明世耻之,丽代昏溺不足说,如今三百年治平,寥寥乎无一人言及此何哉?按通考大晟乐者,黥卒魏汉津妄出新意,以裕陵指节定尺律,其说曰:禹以声为律,以身为度,用左手中指三节三寸谓之臣指,裁为商声之管;用第五指三寸谓之物指,裁为羽声之管;第二指为民指,为角;大指为事指,为征。民与事,君臣治之,以物养之,故不用为裁管之法。得三指合之为九寸,即黄钟之律定矣,中指之径围乃容盛也。魏生虽或愚劣,宁不知其乖舛耶?意者出于媚悦之计,而其君取之,故当时刘炳之徒为之缘饰,已是骇悖,至乃播之海外,自高丽之末,遵而行之,令人绝倒。且今之《抛球乐》《莲花台》之类纵不可亟去,只合隶之教坊,足矣。"① 在这里,李瀷提出《抛球乐》《献仙桃》等本属俗乐,会蛊惑君心,不足为历代沿用;他又进一步否定魏汉津、刘炳等人制作的大晟乐,从而全面否定了从宋朝传入高丽的乐舞。李瀷指出沉溺于《抛球乐》一类乐舞可能带来的危害。《星湖先生僿说》卷十五《人事门·献仙桃》云:"《献仙桃》者出于王母事,丽朝崔忠献令群妓作蓬莱仙娥来贺之状不过因此类而起也。以上八条即高丽乐,而《献仙桃》《寿延长》《五羊仙》《抛球乐》《莲花台》《舞鼓》六者,国朝遵用。又添《梦金尺》《受宝箓》《觐天庭》《受明命》《荷皇恩》《贺圣明》《圣泽》《六花队》《曲破》等乐,《圣泽》以上自是典雅题目,无愧于邻国之闻,然亦不越乎妓乐为可欢。至《六花队》以桃杏、海棠、梨、蔷薇、小桃为饰,又至鹊舞香山,莫非儿戏,不足观,今循用三百有余年,无一人执奏通变者,可异也!呜呼,乐以和淡为贵,非所以导欲也。朝家有事选上八方妓女,傅粉施朱,百冶千媚,杂沓于广庭,至妙舞飞燕,释迦世尊等语令人代羞。高丽崔承老上书,以喜观乡乐为光宗之失德。又至毅宗,设彩棚、花樽,《献仙桃》《抛球乐》等声妓之戏,皆宦官白善渊等怂恿为之,史臣书之以为后戒。数年之间,卒致郑仲夫之难,殷鉴不远,奈何袭谬不改?至我太祖回军之后,赵浚时务疏云:本朝乐节,凡宴飨宾客,必作唐乐,继以乡乐。倡优歌舞,不合中和,失礼乐之本矣。按中朝廷仪只使伶人按乐,倡妓不与焉。愿遵此法,宫中宴飨,无令倡妓近前。此说极正大可遵,至我世宗朝雅乐一新,不用女乐,事见英陵碑可考,恨今世无举奏准行者矣。"② 李瀷指出《抛球乐》一类的乐舞为"声妓之戏",不合中和雅淡之旨。如果君主沉溺其中,甚至可能招致国家的灾难。高丽毅宗时发生的郑仲夫之难,即与当时君臣耽于女乐有关,所

---

① 李瀷:《人事门·大晟乐》,《星湖先生僿说》卷十三,安鼎福编,朝鲜古书刊行会1915年版。
② 李瀷:《人事门·献仙桃》,《星湖先生僿说》卷十五。

以建议在宫中宴飨时少用《抛球乐》一类的女乐。

在朝鲜王朝，虽然人们对《抛球乐》的批评不绝于耳，但却屡议不废，《抛球乐》依然广泛应用于朝鲜宫廷和接待使臣的宴会之中。人们对《抛球乐》的接受和批评都是和其自身的特征分不开的。首先，《抛球乐》源自游戏，属于女乐，相对于其它乐舞，它适于气氛活跃的宴飨场合。但同时由于近于"杂技"，又使它和传统礼仪有相悖之处；特别是在朝鲜王朝遭受重创之后，一些人在指责王室耽于享乐而贻误国事时，《抛球乐》等乐舞很自然地成为抨击的对象；其次，《抛球乐》是自宋朝传入高丽，属于"唐乐"。因为它的外来文化属性，朝鲜王朝需要借助它来协调与中国的关系，作为一种文化符号，唤起文化认同感。然而，朝鲜王朝不同时期的君主处理与中国的关系的态度是不同的。比如世宗，他虽积极地学习中国的政治文化制度，对朝鲜进行改革，却又不甘心对中国亦步亦趋，力图发扬本民族的特色。从世宗时期编撰的《时用舞谱》来看，他对《抛球乐》等唐乐呈才进行改造，并加入了乡乐的成分。但由于《抛球乐》在高丽时代已经传入，对朝鲜王朝而言，《抛球乐》属于前代遗乐，又被人们视为雅正。所以到了朝鲜成宗时期，成伣等人奉敕编撰《乐学轨范》时，为了复归雅正，又力图恢复《抛球乐》的原貌，剔除其乡乐的成分。

三

到了朝鲜王朝，一方面，《抛球乐》保留了宋代队舞的基本形式：将舞者分队，轮流抛球，球上饰有彩绦，以球穿过球门上方的红丝网为胜。在抛球前后，均有口号致词；在抛球过程中，穿插歌舞。其中，出现的乐曲有：《折花令》《折花令三台》《水龙吟》《小抛球乐令》《清平令》和《破子》等；另一方面，《抛球乐》乐舞也经历了本土化过程，其环节设置、演出人数、唱词内容和音乐形态都有所变化。在《时用舞谱》《乐学轨范》《高宗壬寅进宴仪轨》中对《抛球乐》乐舞有详细的记载，我们不妨将之与《高丽史·乐志》中的相关文献进行比较，从而勾勒出《抛球乐》从高丽时代到朝鲜时代的演变过程。

1.《高丽史·乐志》

《高丽史·乐志》中关于《抛球乐》的记载，大致保留了乐舞从宋朝传入之处的样貌。《高丽史·乐志》载：

> 舞队（皂衫）率乐官及妓（乐官朱衣，妓丹妆）立于南东上，重行而坐，奏

《折花令》。妓二人奉竹竿子，立于前，乐止。口号致语曰："雅乐铿锵于丽景，妓童部列于香阶。争呈绰约之姿，共献蹁跹之舞。冀容入队，以乐以娱。"讫，左右分立。乐官又奏《折花令》，妓十二人，分左右队，队六人，舞入竹竿子后，分四队立，乐止。唱《折花令三台》词曰："翠幕华筵，相将正是多欢宴。举舞袖、回旋遍。罗绮簇宫商，共歌清羡。　　琼浆泛泛满金尊，莫惜沉醉，永日长游衍。愿乐嘉宾，嘉宾式燕。"讫，乐官又奏《折花令》，队头妓二人，对舞，进花瓶前，作折花状舞，退。乐官奏《水龙吟令》，两队十二人，回旋而舞，讫，唱《水龙吟令·洞天景色》词曰："洞天景色常春，嫩红浅白开轻萼。琼筵镇起，金炉烟重，香凝锦幄。窈窕神仙，妙呈歌舞，攀花相约。彩云月转，朱丝网除，任语笑、抛球乐。　　绣袂风翻凤举，转星眸、柳腰柔弱。头筹得胜，欢声近地，花光容约。满座佳宾，喜听仙乐，交传觥爵。龙吟欲罢，彩云摇曳，相将去、归寥廓。"讫，乐官奏《小抛球乐令》。左队六人舞，一面一背，讫，齐立，乐止。全队唱《小抛球乐令·两行花窍》词，曰："两行花窍占风流，缕金罗带系抛球。玉纤高指红丝网，大家着意胜头筹。"讫，队头一人进球门前唱："满庭箫鼓簇飞球，丝竿红网总抬头。"作抛球戏，中则全队拜，讫。右队六人舞，一面一背，讫，齐立，乐止。全队唱《小抛球词》，讫。队头一人进球门前，唱前词，作抛球戏，中则全队拜，讫。左二人，如上仪唱："频歌覆手抛将过，两行人待看回筹。"讫，右二人，如上仪，唱前词，讫，左三人，如上仪唱："五花心里看抛球，香腮红嫩柳烟稠。"讫，右三人，如上仪，唱前词，讫。左四人，如上仪唱："清歌叠鼓连催促，这里不让第三筹。"讫，右四人，如上仪，唱前词，讫。左五人，如上仪唱："箫鼓声声且莫催，彩球高下意难裁。"讫，右五人如上仪，唱前词讫，左六人如上仪，唱："恐将脂粉均妆面，羞被狂毫抹污来。"讫，右六人，如上仪，唱前词，讫。乐官奏《清平令》，左右队，向北立，舞《破子》，讫。唱："满庭罗绮流粲。清朝画楼开宴。似初发芙蓉正烂熳。金尊莫惜频劝。　　近看柳腰似折。更看舞回流雪。是欢乐、宴游时节。且莫催、欢歌声阕。"讫。乐官奏《小抛球乐令》，竹竿子二人少进，乐止。口号致语曰："七般妙舞，已呈飞燕之奇；数曲清歌，且冀贯珠之美。"再拜阶前，相将好去。讫，退，左右十二人，以次舞退。①

---

① 郑麟趾：《高丽史·乐志》卷七十一。

为了便于比较，笔者根据《高丽史·乐志》中这一段关于《抛球乐》的记载，制作乐舞图如下：

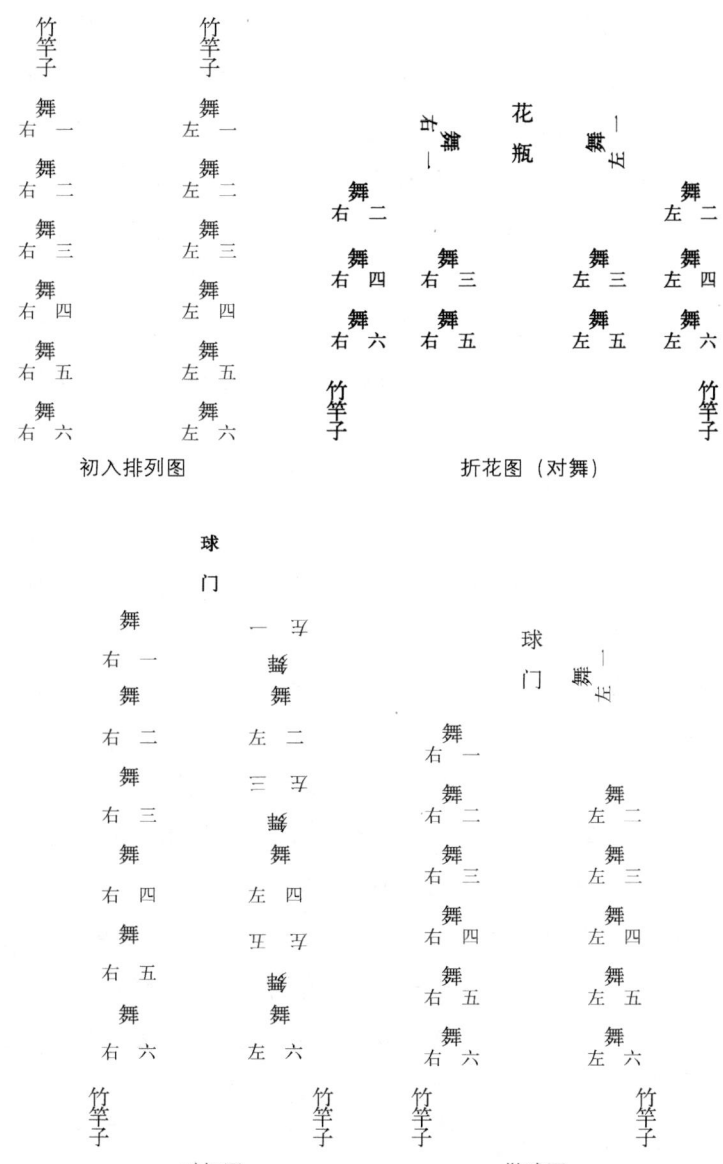

2.《时用舞谱》

《时用舞谱》成书于朝鲜世祖9年（1463），书中关于《抛球乐》的记载为：

乐奏《华封三祝》之曲（乡唐交奏），乐师帅抛球门（前柱左右彩球挂），入置于殿内而出。拍，竹竿子二人足蹈而进分立于球门左右，乐止，口号："雅乐铿锵于丽景，妓童部列于香阶。争呈绰约之姿，共献蹁跹之舞。冀容入队，以乐以娱。"讫，拍（乡唐交奏）。拍，竹竿子二人足蹈而退，立。拍，全队十二人进球门左右。拍，前队二人足蹈而跪（二队、三队、四队、五队、六队，舞退，敛手分立）俯伏，两手将执彩球。拍，起立，乐止，抬举唱词："宝筝琼琼曲，羯鼓花奴腔。永新歌宛转，蛮舞一双双。"讫。拍（乡唐交奏），各右手执彩球，舞退舞进，舞退舞进而立，以左手抬头，弄球。拍，仰抛风流眼，中则北向，敛手而俯伏。（其队并以同时俯伏）拍，起立。（书房色奉赏布，球门而出。乐师入彩球，还置左右而出。）舞退而立（六队后立）若不中彩球坠地，则即敛手北向立。（乐师取笔而进点墨于右腮而退）若球未及坠地而还执，则舞退舞进如前，仰抛又不中而还执，则不舞而仰抛如前，又不中，不复执。球坠地则北向敛手而立，如上仪。（右腮点墨）若彩球挂于风流眼中，则无赏无罚，足蹈而退立。（乐师入彩球，还置左右而出。）拍，第二队如上仪，乐止，唱词："翡翠帘前抛绣球，窄罗衫子紧裹头。玉纤高指红丝网，赢取筵前第一筹。"讫。拍（乡唐交奏）。拍，舞作节次与一队同。拍，舞退。拍，第三队如上仪，乐止。唱词："粉面娇娆列两行，歌声十二遏云祥。笑回星眼倾簪珥，不觉花枝坠舞场。"讫。拍（乡唐交奏）。拍。舞作节次与前队同。拍，舞退。拍，第四队如上仪，乐止，唱词："箫鼓声声苦莫催，彩球高下且徘徊。轻抛正透红门过，共献君王万寿杯。"讫。拍（乡唐交奏）。拍，舞作节次与前队同。拍，舞退。拍，第五队如上仪，乐止，唱词："五花心里看抛球，香腮红嫩柳烟稠。清歌叠鼓连催促，这回不让第三筹。"讫。拍（乡唐交奏）。拍，舞作节次与前队同。拍，舞退。拍，第六队如上仪，乐止，唱词："闻道抛球喜更忙，走临鸾鉴略匀妆。轻招群队伴红袖，只有微心管旧香。"讫。拍（乡唐交奏）。拍，舞作节次与前队同。拍，舞退。拍，竹竿子二人足蹈而进立，乐止，口号："七般妙舞已呈飞燕之奇，数曲清歌且冀贯珠之美。五音齐送，六律相催，再拜阶前，相将好去。"竹竿子二人足蹈而退，立。拍，舞十二人舞进。拍，舞退，乐师入帅抛球门而出，乐止。[①]

《时用舞谱》中原有乐舞图如下：

---

① 《时用舞谱》，《韩国音乐学资料丛书》第4辑，韩国国立国乐院，1979—2008年，第135页。

```
竹                         球    竹
竿                         门    竿
子                               子
平锦                            平红
壋涛                            壋桃
舞                              舞
尚竹                            医琦
女叶                            女花
舞                              舞
尚梨                            医珊
方花                            女玉
舞                              舞
尚红                            医香
方梅                            女兰
舞         奉    奉            舞
医绿       笔    花            医真
女珠                            女香
舞         尚玉  医锦          舞
医琼       方真  女香          医花
女玉                            女香
舞                              舞
医月                            医兰
女喜                            女喜
```

3.《乐学轨范》

成俔等人奉敕编撰的《乐学轨范》成书于成宗二十四年（1493），书中关于《抛球乐》的记载为：

> 乐师帅抛球乐球门（彩球结前后柱）奉举乐工二人，由东楹入，入置殿内小膳卓南而出。（中官宴则女妓举之）乐奏《折花》（三台），击拍。奉竹竿子二人，足蹈而进，分立于球门前柱左右，乐止，口号："雅乐铿锵于丽景，妓童部列于香阶。争呈绰约之姿，共献蹁跹之舞。冀容入队，以乐以娱。"讫，击拍，奏前乐，奉竹竿子二人，足蹈击拍而退。左右分立，击拍。全队妓十六人，敛手。（或十二或八或六或四，临时启禀）分左右舞进（折花舞），与球门齐立，舞讫，乐止。左右队各并举外袖，唱《折花》（三台）词："翠幕华筵相将，正是多欢宴。举舞袖回旋，遍罗绮簇宫商，共歌清羡。　琼浆泛泛满金尊，莫惜沉醉永日长游衍。愿乐嘉宾，嘉宾式燕。"讫，击拍。全队敛手退复位，乐奏《小抛球乐令》。全队还进球门左右对立，击拍，对舞。（四乎舞）还北向，舞讫，乐止。左右队各举外袖，唱《小抛球乐令》词："翡翠帘前抛绣球，窄罗衫子紧裹头，玉纤高指红丝网，赢取筵前第一筹。"讫，击拍，敛手退复位，乐师（左手执拍）进球门之左，解前柱彩球，跪置前柱之左。（去门柱一尺许，彩缨向柱。）次进右亦如之，退复位。（中官宴则年少妓为之）奏前乐，击拍，左队第一人，足蹈进球门前柱之左跪，两手将执彩球，击拍，奉球而起，足蹈而立，乐止。唱词："粉面娇娆列两行，歌声十二遏云祥。"讫，击拍，奏前乐，足蹈向球门，击拍。

右手执彩球藏袖（彩缨外垂）而舞进舞退（弄球舞），舞退舞进而立。右手执彩球，左手抬头，仰抛风流眼中，则乐止。北向敛手而俯伏，其队并同时俱俯伏，即奏前乐。其队并起立，第一人退复位，书房色奉赏布，置于球门之左而出。（中宫宴则年少妓为之）乐师进取彩球，还置前位而退复位。（中宫宴则年少妓为之）不中而彩球坠地，则敛手北向而立，乐师取笔而进，点墨于右腮而退。（右妓则点墨于左腮，中宫宴则年少妓点之）若球未及坠地而还执，则舞退舞进，如前仰抛，又不中而还执，则不舞而仰抛之，中则如上仪，又不中则不复执球而立，亦如上不中之仪。若彩球挂于风流眼，则无赏无罚，足蹈退复位。乐师以物拘而下之，还置前位而退，击拍。右队第一人，如上仪，乐止，唱词："笑回星眼倾簪珥，不觉花枝坠舞场。"讫，如上仪，退复位。乐师还置彩球，如上仪，退复位。（左队第二人于乐师未复位前，先进立其队第一人之前，以待击拍，后仿此。）左队第二人，如上仪唱词："箫鼓声声苦莫催，彩球高下且徘徊。"讫，如上仪。右队第二人，如上仪唱词："轻抛正透红门过，共献君王万寿杯。"讫。如上仪，左队第三人（先进于其队两妓之间，退亦如之，后仿此）如上仪唱词："两行花窍占风流，缕金罗带系抛球。"讫，如上仪。右队第三人如上仪，唱词："玉纤高指红丝网，大家着意胜头筹。"讫，如上仪。左队第四人，如上仪唱词："频歌覆手抛将过，两行人待看回筹。"讫，如上仪。左队第五人，如上仪唱词："清歌叠鼓连催促，这回不让第三筹。"讫，如上仪。左队第六人，如上仪唱词："箫鼓声声苦莫催，飞高飞下意难裁。"讫，如上仪。右队第七人，如上仪唱词："玉纤高指红丝网，赢取宴前第一筹。"讫，如上仪。左队第八人，如上仪唱词："闻道抛球喜更忙，走临鸾鉴略匀妆。"讫，右队第八人，如上仪唱词："轻招群队伴红袖，只有微心管旧香。"讫，如上仪。乐止。乐奏《水龙吟》（引杀），击拍，奉竹竿子二人，足蹈而进。分立于球门左右，乐止，口号："七般妙舞已呈飞燕之奇，数曲清歌且喜贯珠之美。五音齐送，六律相催，再拜阶前，相将好去。"讫，击拍，奏前乐，奉竹竿子二人，足蹈击拍而退。（各退由其队两妓之间，他呈才仿此）击拍，左右队舞妓十六人，舞进（挟手舞），击拍，敛手足蹈，击拍，舞退（四手舞），乐止。①

《乐学轨范》中原有乐舞图如下：

---

① 成俔等：《乐学轨范》卷四，民族文化推进会，1979年，第75—77页。

初入排列图:

引人仗			竹竿子	竹竿子	引人仗
旌节	舞右二	舞右一	球门	舞一左	舞二左	旌节
龙扇	舞右四	舞右三		舞三左	舞四左	龙扇
旌节	舞右六	舞右五		舞五左	舞六左	旌节
凤扇	舞右八	舞右七		舞七左	舞八左	凤扇
旌节						旌节
雀扇						雀扇
旌节						旌节
尾扇	盖	盖		盖	盖	尾扇

进舞图（对舞）：

	球门	
舞右一 舞右二		舞左一 舞左二
舞右三 舞右四		舞左三 舞左四
舞右五 舞右六		舞左五 舞左六
舞右七 舞右八		舞左七 舞左八
竹竿子		竹竿子

初入排列图　　　　　进舞图（对舞）

4.《高宗壬寅进宴仪轨》

《高宗壬寅进宴仪轨》成书于高宗三十九年（1902），书中关于《抛球乐》的记载为：

> 宋时女子队舞有《抛球乐》乐队，丽朝以端午节为抛球，乐女妓当殿唱词，我朝宴礼亦仿用之，用朱漆木作球门，画龙凤，饰以纹缎。门上开一孔，为风流眼，以彩球仰抛。女妓二人奉竹竿子前进，相向一人奉花立于球门之东，一人奉笔立于球门之西，十二人分六队，前队二人各执彩球舞而仰抛，余队随前队舞，退次，次进舞。舞童呈才同而十人分五队，竹竿子不呈口号，各队唱词多不合于外宴，故亦为不呈。"雅乐铿锵于丽景，妓童部列于香阶。争呈绰约之姿，共献踹跎之舞。冀容入队，以乐以娱。"（竹竿子进口号）。"翡翠帘前抛绣球，窄罗衫子紧裹头。玉纤（外宴时以"轻纤"改书进）高指红丝网，赢取筵前第一筹。"（第一队左右并唱）"翠幕华筵拂霓裳，绮罗六队（外宴时以"婵妍群队"改书进）簇宫商。蓦然高柳莺梭掷，髻上新花惹御香。"（翌日会酌时以"共拖香"改书进。第二队左右并唱）。"粉面（外宴时以"冠玉"改书进）娇娆列两行，歌声十二（外宴时以"争哗"改书进）遏云祥。笑回星眼倾簪玳，不觉花枝坠舞场。"（第三队左右并唱）"五花心里角抛球，香腮红嫩（外宴时以"和风宫苑"改书进）柳

烟稠。清歌叠鼓连催促，这回不让第三筹。"（第四队左右并唱）"箫鼓声声苦莫催，彩球高下且徘徊。轻抛正透红门过，共献君王（翌日会酌时以"青宫"改书进）万寿杯。"（第五队左右并唱）"闻道抛球喜更忙，走临鸾鉴略匀妆。轻招群队伴红袖，只有微心管旧香。"（第六队左右并唱）"七般妙舞已呈飞燕之奇，数曲清歌且喜贯珠之美。五音齐送，六律相催，再拜阶前，相将好去。"（竹竿子退口号）①

原书中有两幅关于《抛球乐》的乐舞图：②

高丽和朝鲜时代《抛球乐》乐舞之异同，主要有以下几端：

1. 人数（除竹竿子二人外）

高丽：舞者12人。

朝鲜时代有以下三种情况：

（1）《时用舞谱》：舞者14人，二人折花，12人抛球。

（2）《乐学轨范》：舞者16人，皆参与抛球。

（3）《高宗壬寅进宴仪轨》：二人折花，10人抛球。

2. 折花

高丽：队头妓二人，作折花状，后参与抛球。

朝鲜：折花者二人，在左者持花枝，在右者持笔，相向而立，不再参与抛球。

---

① 《高宗壬寅进宴仪轨》卷一，首尔大学奎章阁，1996年，第225页。
② 《高宗壬寅进宴仪轨》卷首，第27、38页。

3. 对舞环节

高丽：左、右二队，每二人一组，一面一背对舞。

朝鲜：左、右各分二队，相对而舞。

4. 抛球

高丽：先左六人抛球，后右六人抛球。

朝鲜：左、右二队交叉抛球。

5. 唱词顺序

高丽：一左一右唱相同的歌词（两句）。

朝鲜时代有以下两种情况：

(1)《乐学轨范》：一左一右唱不同的歌词（两句）。

(2)《时用舞谱》《高宗壬寅进宴仪轨》：左、右并唱（四句）。

6. 合唱

高丽：两队合唱《折花三台》《水龙吟》《小抛球令》各一首。

朝鲜时代有以下两种情况：

(1)《乐学轨范》：两队合唱《折花三台》一首。

(2)《时用舞谱》《高宗壬寅进宴仪轨》：无两队合唱环节。

7. 唱词内容

高丽：有唱词十首。

朝鲜时代有以下两种情况：

(1) 唱词八首：

《乐学轨范》中唱词来自《高丽史》三首，来自《时用舞谱》三首，另有两首：一半来自《高丽史》，一半来自《时用舞谱》。

(2) 唱词六首：

《时用舞谱》中唱词来自《高丽史》的仅一首，另有新词五首，其中《舞鼓》为俗乐呈才《舞鼓》中的一首。

《高宗壬寅进宴仪轨》中唱词来自《高丽史》一首，来自《时用舞谱》四首（以上五首，歌词相同，但演唱时顺序有所调整），另有新词一首。

8. 口号致词

高丽：乐舞开头和结尾处均有竹竿子口号致词，开头处为六句，结尾处为四句。

朝鲜：乐舞开头处口号六句与《高丽史》所记相同，结尾处口号由《高丽史》中的四句增至八句。

关于《高丽史·乐志》《时用舞谱》《乐学轨范》《高宗壬寅进宴仪轨》四书所载《抛球乐》乐舞中唱词内容，详见下表：

表1 《抛球乐》乐舞唱词内容

口号与唱辞		表演者 高丽史·乐志	时用舞谱	乐学轨范		高宗壬寅进宴仪轨
口号	雅乐铿锵于丽景，妓童部列于香阶。争呈绰约之姿，共献翩跹之舞。冀容入队，以乐以娱。	竹竿子	竹竿子	竹竿子		竹竿子
折花令·三台词	翠幕华筵，相将正是多欢宴。举舞袖回旋，遍罗绮簇宫商，共歌清羡。琼浆泛泛满金尊，莫惜沉醉，永日长游衍。愿乐嘉宾，嘉宾式燕。	两队唱		两队唱		
水龙吟令	洞天景色常春，嫩红浅白开轻尊。琼筵镇起，金炉烟重，香凝锦幄。窈窕神仙，妙呈歌舞，攀花相约。彩云月转，朱丝网除，任语笑抛球乐。绣袂风翻凤举，转星眸、柳腰柔弱。头筹得胜，懂声近地，花光容约。满座佳宾，喜听仙乐，交传觥爵。龙吟欲罢，彩云摇曳，相将归去寥廓。	两队唱				
舞鼓	宝筝琼琼曲，羯鼓花奴腔。永新歌宛转，蛮舞一双双。		左一、右一并唱			
小抛球乐令	两行花窈占风流，缕金罗带系抛球。	左队唱		左三唱		
	玉纤高指红丝网，大家着意胜头筹。	右队唱		右三唱		
	翡翠帘前抛绣球，窄罗衫子紧裹头。		左二、右二并唱	两队唱	左七唱	第一队（左一、右一）并唱
	玉纤高指红丝网，赢取筵前第一筹。				右七唱	
	满庭箫鼓簇飞毯。红竿红网总抬头。	左一唱 右一唱		左四唱		
	频歌覆手抛将过，两行人待看回筹。	左二唱 右二唱		右四唱		
	翠幕华筵拂霓裳，绮罗六队簇宫商。蓦然高柳莺梭掷，髻上新花惹御香。					第二队（左二、右二）并唱
	粉面娇娆列两行，歌声十二遏云祥。		左三、右三并唱	左一唱		第三队（左三、右三）并唱
	笑回星眼倾簪珥，不觉花枝坠舞场。			右一唱		

(续表)

口号与唱辞		表演者 高丽史·乐志	时用舞谱	乐学轨范	高宗壬寅进宴仪轨
小抛球乐令	五花心里看抛球，香腮红嫩柳烟稠。	左三唱 右三唱	左五、右五并唱	左五唱	第四队（左四、右四）并唱
	清歌叠鼓连催促，这里不让第三筹。	左四唱 右四唱		右五唱	
	箫鼓声声且莫催，彩球高下意难裁。	左五唱 右五唱		左二唱	
	箫鼓声声苦莫催，彩球高下且徘徊。		左四、右四并唱	左六唱	第五队（左五、右五）并唱
	轻抛正透红门过，共献君王万寿杯。			右六唱	
	恐将脂粉均妆面，羞被狂毫抹污来。	左六唱 右六唱		右六唱	
	闻道抛毬喜更忙，走临鸾鉴略匀妆。		左六、右六并唱	左八唱	第六队（左六、右六）并唱
	轻招群队伴红袖，只有微心管旧香。			右八唱	
清平乐令破子	满庭罗绮流粲。清朝画楼开宴，似初发芙蓉正烂熳。金尊莫惜频劝，近看柳腰似折。更看舞回流雪。是懂乐宴游时节。且莫催欢歌声阕。	两队唱			
口号	七般妙舞，已呈飞燕之奇；数曲清歌，且冀贯珠之美。	竹竿子	竹竿子	竹竿子	竹竿子
	五音齐送，六律相催，再拜阶前，相将好去。				

综上所述，《抛球乐》乐舞在朝鲜王朝的变化趋势主要有三：一是《抛球乐》乐舞中增添了游戏竞技的部分，改左、右队先后抛球，为左、右队轮流抛球，这样就容易形成左、右队之间比分互咬的局面，在乐舞中增强竞赛的紧张气氛。同时，乐舞中还增加了赏罚方式：赢者赏以白苎，输者则以墨涂脸；二是减少合唱的环节，乐舞的时间缩短。因为《抛球乐》乐舞多在宴饮的场合进行表演，时间不宜过长；三是唱词的顺序加以调整，使之与抛球的动作和环节的推进更相贴合。《时用舞谱》《乐学轨范》《高宗壬寅进宴仪轨》三书中关于《抛球乐》的记载，分别呈现出其乐舞在朝鲜前期、中期和晚期的样貌特征。在朝鲜王朝的不同时期，由于统治者的执政理念不同，礼乐制度相应改革，《抛球乐》乐舞也在不断变化。从《时用舞谱》可见，世宗时对《抛球乐》进行了较大调整，并且加入乡唐交奏的部分，力图使《抛球乐》等唐乐呈才完全本土化，呈现出本民族的特点；至《乐学轨范》有回归高丽

古制的倾向，《高宗壬寅进宴仪轨》则主要沿用世宗的改制，但剔除了乡乐的部分。

四

关于《抛球乐》的记载，不仅出现在朝鲜王朝编撰的史书、仪轨和乐书之中，而且在朝鲜文人的诗文之中，也经常出现对《抛球乐》的描写。《抛球乐》常常成为朝鲜诗人题咏的对象，从现存的朝鲜时代的诗篇中，我们可以找到很多关于《抛球乐》的描写。

《乐学轨范》的编撰者成俔，在成宗时曾供职于掌乐院，并在乐院之中观赏过《抛球乐》的表演。成俔《坐乐院观乐》四首其二《抛球乐》："朱门风动卷轻幈，作队双双弄彩球。翠袖乍弯随地进，螺鬟频整向空投。俯擎白苎初犹喜，仰点玄鸦却自羞。破费不须三百万，承恩一束足缠头。"① 在诗中，先是交代了乐舞表演的场所，和分队抛球的情况；然后对表演者抛球时的优美舞姿进行细致描写，诗歌的后半部分重点描写了舞蹈中的赏罚环节：赢者赐以白苎，而输者则以墨点腮。另外，成俔《元日记事二首》其二云："华馆犀贝镇锦茵，三行红粉俨前陈。罗衫竞舞《抛球乐》，玉管齐吹《满殿春》。谩把风流供晚节，更因樽酒慰佳宾。遐邦共作新年会，不醉无归倒罩频。"② 除了掌乐院中的乐舞表演之外，成俔在华馆之中、接待使臣的酒宴之上，也看过《抛球乐》的表演。

许筠生活在宣祖至海光君时期，其《病闲杂述·阅乐》诗云："红门斜结彩横楼，素手当中掷绣球。惊着两庭人喝采，向帘来谢夺头筹。"③ 从诗歌的内容可以推知，许筠观赏的乐舞正为唐乐呈才《抛球乐》。

赵缵韩生活在宣祖至仁祖时期，其《述怀联句》诗云："传葩醉神巫，抛球舞妖娟。"④ 言酒宴之中，借《抛球乐》之舞来助兴。

李翊相生活在仁祖至肃宗时期，其《次伯氏抛球乐韵》诗云："玉貌罗环锦瑟边，分曹献笑态方娟。新词唱处齐螺髻，妙舞张时并燕肩。乍进似嫌金纽重，轻旋强喜赤丸穿。眼前争胜那曾负，烂醉流霞玳瑁筵。"⑤ 此诗对《抛球乐》的记载颇为详尽，涉

---

① 成俔：《坐乐院观乐》四首其二《抛球乐》，《虚白堂补集》卷一，男世昌编集，《韩国文集丛刊》本。
② 成俔：《元日记事二首》其二，《虚白堂诗集》卷十二。
③ 许筠：《病闲杂述·阅乐》《惺所覆瓿稿》卷二，《韩国文集丛刊》本。
④ 赵缵韩：《述怀联句》，《玄谷集》卷十，《韩国文集丛刊》本。
⑤ 李翊相：《次伯氏抛球乐韵》，《梅涧集》卷四，《韩国文集丛刊》本。

及乐器、舞队、唱词、舞姿、情节和演出场合等各个方面。

金载瓒生活在英祖至纯祖时期,其《题女乐图·抛球乐》诗云:"玉丸在手,中贯赤绳。乘机齐发,球落声应。"① 可见这一幅以《抛球乐》为题材的女乐图,着重描绘乐舞中抛球的画面。

生活于英祖至宪宗时期的申纬有两首诗皆与《抛球乐》有关。申纬《生朝用香山韵》诗云:"异乡歌舞慰生朝,杂坐红裙间绿袍。妙曲停云香拨语,艳腰回雪彩球高。中秋满目飞明镜,此夜归心折大刀。惭愧佳人远相访,万山重迭不辞劳。"② 其中"艳腰回雪彩球高"正是描写《抛球乐》乐舞中的"抛球"环节。申纬另有《次韵问庵秘书观梨园乐舞五首》,其中《抛球乐》诗云:"妙手商量一掷前,球门容易莫争先。牡丹去后东明国,旌节歌声闻集传。"自注:"平壤乐府牡丹妙于歌曲,今《抛球乐》,旌节歌曲,犹传牡丹音调。"③《抛球乐》和其它唐乐呈才一样,乐舞中多用旌节,故将其中演唱的歌曲称为旌节歌曲。申纬在诗中谈到乐舞中抛球以决胜负的情节设置,并言及平壤乐府中有歌女牡丹善于演唱《抛球乐》的歌曲,其音调广为流传。

李明焕生活于肃宗至英祖时期,其《送人之日本,赠一律,又用三方言,述三绝句》(朝鲜方言)诗云:"《抛球》一曲出三韩,草木山河都等闲。祇可东天十四夜,心随明月西来团。"④ 可见当时《抛球乐》乐舞依然在不断上演,并深受人们的喜爱。

李裕元生活于纯祖至高宗时期,其《海东乐府百首》之《抛球乐》诗云:"宋教坊名置第三,碧城老士梦魂酣。误堕翻看腮点墨,众中欢笑佳人惭。"自注:"宋教坊乐,三曰《抛球》。海州人李慎言梦至水殿,观宫女戏球,山阳蔡纯为叙其事。今之此戏,必起于此。而球堕地,则乐师点墨于右腮而退。"⑤ 指出《抛球乐》乐舞来自宋代队舞,舞蹈中有抛球决定胜负的环节,负者则以墨点腮。而诗人的自注中谈到,沈括的《梦溪笔谈》中记载了李慎言诗,此种《抛球乐》队舞正是源自诗中所言的抛球游戏。

生于朝鲜末年的李殷相有《观抛球乐口占》二首,其一:"红粉分曹列两边,彩竿高处簇婵娟。朱唇乍启回双眼,翠鬓频抬耸一肩。梭掷锦机花影转,珠离玉手月心

---

① 金载瓒:《题女乐图·抛球乐》,《海石遗稿》卷一,《韩国文集丛刊》本。
② 申纬:《生朝用香山韵》,《警修堂全稿》册二《鸣琴采药之轩存稿》,《韩国文集丛刊》本。
③ 申纬:《次韵问庵秘书观梨园乐舞五首·抛球乐》,《警修堂全稿》册九《花径剩墨一》。
④ 李明焕:《送人之日本,赠一律,又用三方言,述三绝句》(朝鲜方言),《海岳集》卷一,《韩国文集丛刊》本。
⑤ 李裕元:《海东乐府百首·抛球乐》,《嘉梧稿略》册一,《韩国文集丛刊》本。

穿。金杯迭把欢声动，争它仙桃落舞筵。"其二："红妆粉黛自分曹，球挂长竿扬赤绦。凤吹乍停双袖掩，龙珠将赌一肩高。机中跃出天孙杼，席上飞腾王母桃。各效才能论胜负，满堂谐笑乐贤豪。"① 在酒宴之上，表演《抛球乐》乐舞来助兴。表演者分队而列，轮流抛球，其大体框架与《高丽史·乐志》中所记的唐乐呈才《抛球乐》是一致的。

综上所述，直到朝鲜王朝结束，唐乐呈才《抛球乐》一直在不断上演，并由宫廷走向民间。《抛球乐》在朝鲜时代既沿袭了宋代队舞的大体框架，又经历了本土化过程，不断吸收新的血液，从而保持了长久的生命力，成为朝鲜宫廷唐乐呈才中经典之作。

---

① 李殷相：《观抛球乐口占》，《东里集》卷八，《韩国文集丛刊》本。

国内藏吐鲁番汉文佛教典籍及其价值*

武海龙

（吐鲁番学研究院资料信息中心）

【摘　要】　国内藏吐鲁番汉文佛教典籍是吐鲁番文书的重要组成部分，该部分文书主要由外国探险家在吐鲁番盗掘所获文书、1949年以后组织在吐鲁番数次考古发掘所获文书、其他文博机构及私人收藏的文书构成。近年来随着吐鲁番考古发掘工作的开展，大批文书得以重见天日，这其中以吐峪沟所获最丰，极大地丰富了文书的种类与数量。通过对国内已刊布吐鲁番文书的统计，其中汉文佛教典籍数量在27 000件左右，如若将吐峪沟所获未整理的文书统计在内，其总数将达5万件左右。通过对这些佛典在佛藏组织中实际地位的考察，可以对佛教在古代吐鲁番地区的传播、信仰等情况有一个清晰的认识。

【关键词】　吐鲁番；汉文佛典；《开元释教录》

丝绸之路不仅是一条贸易之路，更是一条文化之路，而吐鲁番地处古代丝绸之路要冲，为古代中西交通之重镇，得益于此，历史上东西方曾流行过的主要宗教在吐鲁番都留有历史印记，如萨满教、祆教、佛教、道教、摩尼教、景教等，若论流行时间最长、影响最为深远当属佛教。佛教沿着丝绸之路从西域向中原内地传播，吐鲁番也因此成了佛教的重要活动地区。自魏晋时期至元末明初，佛教作为当地的一种主要文化形态，在吐鲁番的社会生活中发挥着重要作用。

---

* 本文系国家社科基金青年项目"4—8世纪高昌佛教史研究"（18CZS013）的阶段成果。

19世纪末20世纪初，国外探险家纷纷到新疆进行探险，在吐鲁番地区盗掘了大批文书。20世纪50—70年代，国内考古工作者对吐鲁番阿斯塔那与哈拉和卓两处古墓群进行了大规模的考古发掘；80年代对柏孜克里克石窟进行清理；而后又对吐鲁番周边一些古代遗址进行考古发掘，出土文书为上述工作主要成果之一。吐鲁番文书按性质划分可分为世俗和宗教文书；按书写语言划分又可分为古代汉文和民族文字文书。历史上吐鲁番始终与内地在文化上保持有密切的联系，加之佛教在此地的重要影响，因此吐鲁番出土文书中有相当规模的汉文佛教典籍，这些文书是研究古代吐鲁番地区佛教传播发展不可或缺的一手材料，同时也是中国古代佛教史研究的重要补充，其价值不言而喻。本文拟从国内各地所藏已公布的吐鲁番文书中汉文佛典的数量、种类等方面入手进行整理研究。疏漏之处，在所难免，尚祈方家指正。

一、国内各地所藏吐鲁番汉文佛教典籍及其整理情况

同敦煌文书相比，无论从文书来源、内容、形式等方面来看，吐鲁番文书有其自身的特点。[①] 对吐鲁番文书研究，对其数量的统计是其中一项重要指标，敦煌文书主要出自莫高窟藏经洞，虽经过外国探险家的劫掠，大部分流失海外，但大多较为完整，便于对其总体数量进行统计，随着各国学者对各地所藏敦煌文书的考察刊布，学界公认其总体数量大概在5万卷左右。而吐鲁番文书出土于盆地的各处墓葬、石窟、寺院等遗址，且许多文书极为残缺，加之有些文书始终处于秘而不宣的状态，这也造成无法对吐鲁番文书的数量有一个大致的认识。正如荣新江先生所说："有些学者总想确切统计出敦煌写本有多少，或者想比较哪一处藏家藏品最多，我以为都是无法做到的……他们是无法用编号多少来比较的。"[②] 这段关于敦煌文书的论述也同样适用于吐鲁番文书，由于吐鲁番文书数量总数的不确定性，因此也就无法对其数量做出一个准确统计，仅能从各收藏地所刊布的吐鲁番文书中一窥大概。

1.《吐鲁番出土文书》：该书主要刊布了20世纪50—70年代对吐鲁番阿斯塔那与哈拉和卓古墓群考古发掘所获文书的整理研究成果。该书现有两个版本，分别为1—

[①] 陈国灿：《中国吐鲁番文书的研究进展与展望》，《论吐鲁番学》，上海古籍出版社2010年版，第41页。
[②] 荣新江：《海外敦煌吐鲁番文献知见录》，江西人民出版社1996年版，第15页。

10 册的录文本与 1—4 册图录本，后者是对前者的补充和订正。① 这批出自墓葬的汉文文书，在入葬时多被裁剪、粘贴，因此内容较为残缺，绝大多数为前凉、北凉、高昌国及唐西州时期的世俗文书，其中汉文佛教典籍数量较少，经论仅 8 件，其余皆为与佛教相关的世俗、经济文书，具体包括契约、名籍、账历等，共计 79 件。综上《吐鲁番出土文书》中与佛教相关文书总数为 87 件，约占整理出的全部文书（1 800 余件）的 5%，这其中并未包含墓葬中出土麴氏高昌至唐西州时期的 22 件反映高昌居民宗教信仰改变的随葬衣物疏、功德疏。② 这批文书现收藏于新疆维吾尔自治区博物馆。

2.《吐鲁番柏孜克里克石窟出土汉文佛教典籍》：该书刊布了 20 世纪 80 年代初，柏孜克里克石窟进行清理时所获的 1 000 余件文书中的汉文佛教典籍。这批典籍时间跨度较长，上起十六国时期，下至宋元时期，写本、印本皆有。就内容而论，小乘佛教典籍抄写多集中于十六国时期，大乘佛教典籍抄写则多集中于高昌国以后。刊布的典籍涉及经（351 件）、律（35 件）、论（37 件）、密（37 件）等部，此外还涉及撰述（11 件）、音义（1 件）、《中华大藏经》未收录（21 件）、写经题记（1 件）、拼合图（60 件）、未定名佛经残片 255 件，共计 808 件。③ 这批文书现收藏于吐鲁番博物馆。

3.《新获吐鲁番出土文献》：该书刊布了 1997—2006 年吐鲁番各遗址点发掘出土和征集的文书及墓志，其中涉及的汉文佛典主要有：2006 年阿斯塔那 607 号墓出土的唐西州寺院手实（1 件）；2003 年巴达木 103 号墓出土的唐西州寺院僧籍（1 件）；2002 年交河故城大佛寺附近出土了文书残片 80 余件，后经整理拼接为 43 件文书，除 2 件少数民族语文书，1 件汉语世俗文书外，皆为汉文佛教典籍。④ 这批文书现今也收藏在吐鲁番博物馆。

---

① 本文对这批吐鲁番文书的研究统计，主要采用的是由文物出版社 1992—1996 年出版，中国文物研究所、新疆维吾尔自治区博物馆、武汉大学历史系编《吐鲁番出土文书》（1—4）图录本，下文同。关于《吐鲁番文书》录文本与图本差异可参见张远华：《〈吐鲁番出土文书〉图文本与释文本对照（一）—（三）》，《吐鲁番学研究》2013 年第 1 期、2014 年第 2 期、2016 年第 2 期，第 123—137 页、第 137—144 页、第 144—156 页。
② 对于随葬衣物疏、功德疏中所反映的高昌居民宗教信仰的相关研究可参见韩森：《中国人是如何皈依佛教的？——吐鲁番墓葬揭示的信仰改变》，《敦煌吐鲁番研究》（第 4 卷），北京大学出版社 1999 年版，第 17—34 页。
③ 新疆维吾尔自治区吐鲁番学研究院、武汉大学中国三至九世纪研究所编：《吐鲁番柏孜克里克石窟出土汉文佛教典籍》（前言），文物出版社 2007 年版，第 2 页。文中涉及汉文佛教典籍数量也是由该书刊布的文书统计得出。关于这批文书的相关研究可参见彭杰：《吐鲁番柏孜克里克石窟出土汉文文书相关问题研究——以 1980—1981 出土文书为中心》，兰州大学博士研究生学位论文，2016 年。
④ 文中涉及《新获吐鲁番出土文献》中汉文佛典据荣新江、李肖、孟宪实主编《新获吐鲁番出土文献》（中华书局 2008 年版）统计得出。

4. 新疆维吾尔自治区博物馆藏汉文佛典：1959 年吐鲁番胜金口佛寺遗址出土了汉文佛经残片；1965 年吐鲁番安乐故城南废寺塔基出土了一批佛经残片，这批文书收藏在自治区博物馆，20 世纪 60 年代曾在北京进行整理，但大部分并没有刊布。这批汉文佛经残卷共计 44 件（号），其中有编号的 37 件（号），属于安乐故城的 25 件（号），属于胜金口的 11 件（号），7 件无编号的也是出土于胜金口佛寺遗址，高昌故城出土 1 件（号）。①

5. 旅顺博物馆藏吐鲁番汉文佛教典籍：旅顺博物馆藏新疆出土的汉文佛教文书主要是 20 世纪日本大谷探险队第二次（1908—1909）、第三次（1910—1914）在新疆探险获取的，从其中一些标注具体出土地点的佛经残片看，主要是出土于吐鲁番的交河故城、高昌故城、吐峪沟、阿斯塔那—哈拉和卓古墓群等地。② 这批新疆出土佛经残片早期经日本人初步整理，大开本即日本人所谓的"大帐"，共计 41 本，粘贴佛经残片 13 667 片；小开本即日本人所谓的"小账"，共计 11 本，粘贴佛经残片 2 368 片；除外日本人又一部分残片分装在 16 个纸包内保存，共有残片 6 025 片；除上述已经整理的 52 本大开本、小开本以及 16 包残片以外，还有一部分未经整理的残片，仍然保持出土时的状态，1955 年旅顺博物馆曾组织对其进行了初步整理，分装 8 个纸包，2002—2003 年，旅顺博物馆又对这 8 包残片进行整理，共挑选出片形较大，文字较多的文书残片 3 408 片，其中佛经残片 3 107 片，粘贴为 5 本，文书残片 301 片，粘贴为 1 本，剩余未整理残片仍装纸袋保存，共整理佛经残片 25 560 片。此后，旅顺博物馆与日本龙谷大学合作，选取馆藏 1 400 件文书进行整理，并这些残片进行比对、检索，相关研究成果刊布在《旅顺博物馆藏新疆出土汉文佛经选粹》一书中。③ 关于旅顺博物馆馆藏佛经残片出自吐鲁番的有哪些，始终无法确定，当年大谷探险队在新疆的探险活动并非科学考古，绝大多数的出土品都无出土记录，后期整理时基本按照回忆标注了部分残片出土地，而并不是按照出土记录进行的整理。

---

① 伊斯拉菲尔·玉素甫、殷福兰：《新疆维吾尔自治区博物馆藏佛经》，旅顺博物馆、龙谷大学编：《旅顺博物馆藏新疆出土汉文佛经研究论文集》，2006 年，第 246 页。
② 刘广堂：《旅顺博物馆藏新疆出土汉文佛经写本综述》，旅顺博物馆、龙谷大学编：《旅顺博物馆藏新疆出土汉文佛经研究论文集》，第 2 页。
③ 关于旅博藏新疆出土汉文佛经残片的整理详情可参见房学惠、孙慧珍：《旅顺博物馆藏新疆出土汉文佛经残片原始整理状况分析评述》，旅顺博物馆、龙谷大学：《旅顺博物馆藏新疆出土汉文佛经研究论文集》，第 35—45 页。又见陈国灿：《古高昌大乘信仰盛况的再现—对旅博藏吐鲁番出土佛经整理评介》，郑炳林主编：《敦煌汉藏佛教艺术与文化学术研讨会论文集》，三秦出版社 2011 年版，第 238—242 页。

6.《新出吐鲁番文书及其研究》①：该书刊布了 1975—1990 年间吐鲁番地区考古发掘新出土文书，主要出自阿斯塔那古墓、吐峪沟石窟、柏孜克里克千佛洞、交河故城等地，可看作《吐鲁番出土文书》的延续。该书中所涉及文书皆为世俗文书，其中与佛教相关的文书有 7 件，该批文书现收藏于吐鲁番博物馆。此次柏孜克里克千佛洞清理所出的千余件佛教典籍文书整理刊布在前文提到的《吐鲁番柏孜克里克石窟出土汉文佛教典籍》。

7. 国内散藏吐鲁番汉文佛教典籍②：吐鲁番文书的流散过程曲折、复杂，因此对其的追踪也是极其困难的。这里所指的国内散藏是相对于新疆维吾尔自治区博物馆、新疆维吾尔自治区文物考古研究所、吐鲁番博物馆、旅顺博物馆等国内其他收藏较为集中的收集品而言。这些散藏的吐鲁番汉文佛教典籍主要收藏在：

重庆博物馆藏有两卷吐鲁番出土写经，一为《妙法莲华经》，为梁玉书旧藏，卷尾有近人王树枏、宋小濂题跋两处。二为《大智度论》，为杨增新旧藏，卷尾有近人题跋两处，其一为杨增新所书，其二为李宗翰、杨培荫同识。③

辽宁省档案馆藏有六件吐鲁番文书，其中五件是和日本奈良宁乐美术馆所藏唐蒲昌府为同组的开元二年文书，另一件为唐西州诸寺法师名簿，荣新江教授对这批文书进行了研究，对六件文书进行了拟题。④ 此后，又有陈国灿先生对其进行了进一步的考释研究。⑤ 通过二者的研究可知，这批文书中与佛教相关的仅有 1 件佛教世俗文书，即《唐西州诸寺禅师名籍》。

上海博物馆藏有明确为出自吐鲁番的汉文佛典 1 件，即上博 13 号《佛说首楞严三昧经》卷下，⑥ 卷后有王树枏跋文，称该件文书宣统二年得自于吐鲁番三堡。⑦

---

① 柳洪亮：《新出吐鲁番文书及其研究》，新疆人民出版社 1995 年版。
② 关于国内散藏吐鲁番文献的具体情况可参见荣新江：《中国散藏吐鲁番文献知见录》，《敦煌吐鲁番文书与中古史研究：朱雷先生八秩荣诞祝寿集》，上海古籍出版社 2016 年版，第 26—39 页。
③ 杨铭：《重庆市博物馆藏敦煌吐鲁番写经题录》，《敦煌吐鲁番研究》第六卷，北京大学出版社 2002 年版，第 354—355 页。
④ 荣新江：《辽宁省档案馆所藏唐蒲昌府文书》，《中国敦煌吐鲁番学会研究通讯》1985 年第 4 期，第 29—35 页。
⑤ 陈国灿：《辽宁省档案馆藏吐鲁番文书考释》，《魏晋南北朝隋唐史资料》第 18 辑（2001 年），第 87—99 页。又载《吐鲁番学研究》2001 年第 1 期，第 3—14 页。收入氏著《论吐鲁番学》，上海古籍出版社 2010 年版，第 164—177 页。
⑥ 上海古籍出版社、上海博物馆编：《上海博物馆藏敦煌吐鲁番文献》第 1 册，上海古籍出版社 1993 年版，第 111—113 页。
⑦ 王树枏跋文可参见朱玉麒：《王树枏吐鲁番文书题跋笺释》，《吐鲁番学研究》2012 年第 2 期，第 94 页。

上海图书馆藏有 2 件吐鲁番文书，其中一件为佛教典籍，即上图 021 号《妙法莲华经》卷六，卷尾有高昌义和五年（618）题记。①

首都博物馆收藏有一批敦煌吐鲁番文书，经荣新江先生调查考证，可以明确为吐鲁番写卷的只有编号为 32.559 的佛经残片卷子，该卷装裱佛经残片三段，通过比定为《妙法莲华经》卷三、《妙法莲华经》卷二、《摩诃般若波罗蜜经》卷十六。后有辛酉（1921）冬十月宋伯鲁题跋。②

永登县博物馆藏有一卷轴题签作"六朝敦煌写经一卷"，卷轴中装裱 4 段吐鲁番佛经残片，编号为 005—008 号，内容比定为《大般涅槃经》卷三九、《金刚般若波罗蜜经》、《妙法莲华经》卷六、《妙法莲华经》卷三，每种后面均有段永恩题跋。③

中国国家博物馆藏有为数不少的吐鲁番出土文书，其来源主要来自两方面，一是曾到吐鲁番进行考察的黄文弼先生所获的文书，二是一些著名收藏家旧藏的吐鲁番文书，如王树枬、罗振玉、梁玉书、段永恩等。黄文弼所获吐鲁番文书在其所著的《吐鲁番考古记》中基本都已刊布，其中涉及的汉文佛教写本、印本文书 12 件。④

国博所藏的几位藏家的吐鲁番文书刊布在《中国历史博物馆藏书法大观》（以下简称《大观》）第 11 卷《晋唐写经·晋唐文书》，⑤ 由此可对原本收藏的具体情况有清晰的了解。这些写经在收藏时大都已经装裱成卷，具体有：吴宝玮旧藏 8 件佛经残片；梁玉书旧藏《六朝写经残卷》，本卷装裱佛经残片 14 件；梁玉书旧藏《北凉以来写经残卷》，该卷装裱佛经残片 5 件；段永恩旧藏《六朝以来写经碎锦》，该卷装裱多是残片，具体数目不明，《大观》选印八种，比定确定有《法华》《涅槃》，其他均未比定；⑥ 王树枬旧藏写经残卷，装裱有佛经残片 3 件。

中国国家图书馆除了收藏清廷调运北京的敦煌藏经洞劫余敦煌文书外，还征集、收购了许多写卷，这其中就包括有一些吐鲁番文献，这些文献在《国家图书馆藏敦煌遗书》中都已经公布，共计六个编号：BD13792《大智度论》卷五一；BD13799 吐鲁

---

① 上海图书馆、上海古籍出版社：《上海图书馆藏敦煌吐鲁番文献》第 1 册，彩板 7，第 136—150 页。
② 荣新江：《中国散藏吐鲁番文献知见录》，《敦煌吐鲁番文书与中古史研究：朱雷先生八秩荣诞祝寿集》，第 33 页。
③ 苏裕民、谭蝉雪：《永登县博物馆藏古写经》，《敦煌研究》1992 年第 2 期，第 82—84 页。
④ 黄文弼：《吐鲁番考古记》，中国科学院，1954 年，图版 3、6—16。
⑤ 史树青总主编，杨文和主编：《中国历史博物馆藏书法大观》第 11 卷《晋唐写经·晋唐文书》，柳原书店、上海教育出版社 1999 年版。
⑥ 荣新江：《中国散藏吐鲁番文献知见录》，《敦煌吐鲁番文书与中古史研究：朱雷先生八秩荣诞祝寿集》，第 35 页。

番出土文献残卷册页，册内装裱吐鲁番文书残片 168 片，其中汉文佛教文书 81 片，除一些佛经残片过于残破无法比定外，剩余为《大般若波罗蜜多经》《杂阿含经》《大般涅槃经》《妙法莲华经》《金光明最胜王经》等共计 9 种佛教典籍，其中以《大般若波罗蜜多经》或疑似为该经内容的残片数量最多①；BD14741 为册页装，内裱汉文佛典残片 11 件②；BD14915 为佛经残卷，内裱佛经残片 3 件③；BD15158 为《大般若波罗蜜多经》写卷④；BD15370 为《贤愚经》卷一⑤。

故宫博物院藏有一批敦煌吐鲁番文献，主要来自收购、捐赠、调拨，所收藏文献以 1949 年为限分为两大部分，一部分是以"故"字开头的 1949 年前旧藏，一部分是以"新"字开头的 1949 年新藏。王素先生曾经撰文对故宫博物院藏敦煌吐鲁番文献目录进行过考察，通过王素先生统计共有 92 件文书，主要为佛教写经，有少量世俗文书，经过王素先生考证其中有 5 件属于吐鲁番出土的魏晋南北朝时期的佛教写经。⑥

除去以上博物馆、图书馆外，一些私人手中也藏有数量不少的吐鲁番汉文佛教典籍。冯国瑞先生为陇上著名学者，收藏有相当数量的吐鲁番出土文书，1949 年以后捐赠给北京、甘肃的文博机构。作为收藏家，冯国瑞曾鉴定过一些敦煌吐鲁番文书，这些文书多已散佚，但冯国瑞先生对这些文书多留有题跋，这对于研究这些文书的来源、内容有着很大的价值。刘雁翔曾过录《新疆吐鲁番发现六朝唐人写经》跋文，该跋文实为冯国瑞先生的学术笔记，文中涉及了一些吐鲁番文书及写经的情况，这批佛教写经残片是由冯国瑞先生的学生李征赠送，20 世纪 50 年代捐献给甘肃省图书馆，由于原件遗失残片具体数量及内容不得而知。⑦ 又如武汉大学冯天瑜先生编撰"冯氏藏墨"《翰墨丹青》中披露了其父冯永轩收藏的高昌出土的唐贞观六年魏征重译《妙

---

① 任继愈主编：《国家图书馆藏敦煌遗书·条记目录》第 112 册，北京图书馆出版社 2011 年版，第 134—135 页。
② 任继愈主编：《国家图书馆藏敦煌遗书·条记目录》第 133 册，北京图书馆出版社 2010 年版，第 6—8 页。
③ 任继愈主编：《国家图书馆藏敦煌遗书·条记目录》第 135 册，北京图书馆出版社 2010 年版，第 12—13 页，图版见同书 174—178 页。
④ 任继愈主编：《国家图书馆藏敦煌遗书·条记目录》第 140 册，北京图书馆出版社 2011 年版，第 5 页，图版见同书 46—48 页。
⑤ 任继愈主编：《国家图书馆藏敦煌遗书·条记目录》第 143 册，北京图书馆出版社 2012 年版，第 7—8 页，图版见同书 155—160 页。
⑥ 王素、任昉、孟嗣徽：《故宫博物院藏敦煌吐鲁番文献目录》，《敦煌研究》2006 年第 6 期，第 173—182 页。又见同氏《故宫博物院藏敦煌吐鲁番文献提要》（写经、文书类），《故宫学刊》第 3 辑，紫禁城出版社 2007 年版，第 561—581 页。
⑦ 刘雁翔：《冯国瑞敦煌写经吐鲁番文书题跋叙录》，《敦煌学辑刊》2008 年第 3 期，第 63 页。

法莲华经》卷五横幅长卷，极具学术价值。① 以上两例说明在新中国成立前，由于特定的历史环境的影响，大批的吐鲁番文书流入私人手中，这也给吐鲁番文书的统计造成了很大的困难。

8. 近年出土吐鲁番汉文佛教文书：2010年以来，中国社会科学院考古研究所边疆民族考古研究室、吐鲁番学研究院和龟兹研究院等单位联合对吐峪沟石窟东西区进行发掘清理，出土有大量汉文佛典残片，就已刊布的情况来看主要有：《放光般若经》卷二十、《金光明经》卷一、《大涅槃经》卷十八、《金刚经》、《思益梵天所问经》卷一等五件佛经残卷。② 吐峪沟石窟的发掘清理出土文书残片保守估计有2万余片，其中汉文佛典残片约占80%，数量较多，独立成句的文书残片约有2 000余件，有些文书正面为汉文，背面为回鹘文、婆罗迷文、蒙古文等少数民族文字，关于这批文书中汉文佛教典籍的具体情况只能待刊布后才能有所了解。

综上可以了解，国内藏吐鲁番出土汉文佛教典籍主要收藏在国内主要的文博机构及图书馆，大都已经进行了整理、释读、刊布，私人藏家手中也有为数不少的收藏，有些捐赠给图书馆，也有一些秘而不宣。由于各收藏地对所藏的文书在编号上的不统一，这也给相关统计研究带来了不少困难。笔者就已刊布的文书进行统计，对已整理、缀合的文书单独计为1件，数件不同文书装裱为一卷的每件文书单独计为1件，文书碎片未经整理缀合的每个碎片单独计为1件，国内所藏吐鲁番出土的汉文佛教典籍已刊布的应在27 000件左右，如若加上吐峪沟新近出土文书应在4—5万件。

二、国内藏吐鲁番出土汉文佛教典籍内容及分类

国内所藏吐鲁番出土汉文佛教典籍主要以佛经为主，为了能够真实地反映这批佛经文书价值及在当时佛藏组织中的实际地位，同时也为了便于整理、研究，故此把这些已整理刊布的汉文佛典分为以下几个部分：第一部分是为《开元释教录·入藏录》③

---

① 钟书林：《敦煌吐鲁番文书的又一新发现——"冯氏藏墨"中的〈重译妙法莲华经〉长卷及题跋》，《江汉论坛》2017年第1期，第103—108页。
② 中国社会科学院考古研究所边疆民族考古研究室、吐鲁番学研究院、龟兹研究院：《新疆鄯善县吐峪沟东区北侧石窟发掘简报》，《考古》2012年第1期，第14—15页。
③ 因吐鲁番出土汉文佛教典籍主要为唐代以前的写本，而《开元释教录》是开元前佛教经典搜集、考订最为权威的佛教文献学工具书，且为后世大藏经的编撰影响巨大，因此本文在对这些汉文佛经的整理研究以《开元释教录》为重要参照，详见方广锠：《中国写本大藏经研究》，上海古籍出版社2006年版，第45—70页。

所收经典；第二部分是虽未被《开元释教录·入藏录》所收，但为后世大藏经所收的经典；第三部分是历代大藏经未收的经典。现每种经典仅介绍其名称、卷数、译者及出土数量。

（一）已被《开元释教录》所收的佛典（依其在《开元释教录·入藏录》中的先后次序著录）：

1.《大般若波罗蜜多经》，600卷，唐玄奘译，共733件。

2.《放光般若经》，80卷，西晋无罗叉译，共219件。

3.《摩诃般若波罗蜜经》，40卷，后秦鸠摩罗什译，共496件。

4.《光赞经》，西晋竺法护译，共1件。

5.《摩诃般若钞经》5卷，前秦昙摩蜱共竺佛念译，共9件。

6.《道行般若经》10卷，后汉支娄迦谶译，共145件。

7.《小品般若波罗蜜经》，10卷，后秦鸠摩罗什译，共130件。

8.《大明度经》，4卷，吴支谦译，共2件。

9.《光赞般若波罗蜜经》，15卷，西晋竺法护译，共98件。

10.《胜天王般若波罗蜜经》，7卷，陈月婆首那译，共55件。

11.《文殊师利所说摩诃般若波罗蜜经》，2卷，梁曼陀罗仙译，共23件。

12.《金刚般若波罗蜜经》，1卷，后秦鸠摩罗什译，共480件。

13.《金刚般若波罗蜜经》，1卷，元魏菩提流支译，共110件。

14.《金刚般若波罗蜜经》，1卷，陈真谛译，共1件。

15.《能断金刚般若波罗蜜多经》，1卷，唐玄奘译，共1件。

16.《仁王护国般若波罗蜜经》，2卷，后秦鸠摩罗什译，共122件。

17.《般若波罗蜜多心经》，1卷，唐玄奘译，共11件。

18.《摩诃般若波罗蜜大明咒经》，1卷，后秦鸠摩罗什译，共2件。

19.《大宝积经》，120卷，唐菩提流志译，共103件。

20.《佛说阿弥陀三耶三佛萨楼佛檀过度人道经》，2卷，吴支谦译，共1件。

21.《大方广三戒经》，3卷，北凉昙无谶译，共1件。

22.《无量清净平等觉经》，后汉支娄迦谶译，共10件。

23.《阿弥陀经》，2卷，吴支谦译，共13件。

24.《无量寿经》，2卷，曹魏康僧铠译，共19件。

25.《阿閦佛国经》，2卷，后汉支娄迦谶译，共3件。

26.《普门品经》，1卷，西晋竺法护译，共1件。

27.《法镜经》，2卷，后汉安玄共严佛调译，共2件。

28.《郁迦罗越问菩萨行经》，1卷，西晋竺法护译，共2件。

29.《发觉净心经》，2卷，隋阇那崛多译，共5件。

30.《须摩提经》，1卷，西晋竺法护译，共1件。

31.《离垢施女经》，1卷，西晋竺法护译，共1件。

32.《得无垢女经》，1卷，元魏瞿昙般若流支译，共1件。

33.《圣善住意天子所问经》，3卷，元魏瞿昙般若流支译，共2件。

34.《慧上菩萨问大善权经》，2卷，西晋竺法护译，共6件。

35.《弥勒菩萨所问本愿经》，1卷，西晋竺法护译，共1件。

36.《摩诃衍宝严经》，1卷，晋代，失译，共2件。

37.《胜鬘师子吼一乘大方便方广经》，1卷，刘宋求那跋陀罗译，共4件。

38.《毗耶婆问经》，2卷，元魏瞿昙般若流支译，共2件。

39.《佛说观无量寿佛经》，1卷，刘宋畺良耶舍译，共6件。

40.《大方等大集经》，30卷，北凉昙无谶译，共117件。

41.《大乘大集地藏十轮经》，10卷，唐玄奘译，共8件。

42.《大方广十轮经》，8卷，失译，共10件。

43.《般舟三昧经》，3卷，后汉支娄迦谶译，共1件。

44.《阿差末菩萨经》，7卷，西晋竺法护译，共1件。

45.《大集譬喻王经》，2卷，隋阇那崛多等译，共1件。

46.《大哀经》，8卷，西晋竺法护译，共2件。

47.《无言童子经》，2卷，西晋竺法护译，共1件。

48.《自在王菩萨经》，2卷，后秦鸠摩罗什译，共1件。

49.《虚空藏菩萨神咒经》，1卷，刘宋昙摩蜜多译，共1件。

50.《虚空孕菩萨经》，2卷，隋阇那崛多译共1件。

51.《大方广佛华严经》，60卷，东晋佛陀跋陀罗译，共350件。

52.《大方广佛华严经》，80卷，唐实叉难陀译，共64件。

53.《信力入印法门经》，5卷，元魏菩提流支译，共3件。

54.《佛华严入如来德智不思议境界经》，2卷，隋阇那崛多译，共2件。

55.《菩萨本业经》，1卷，吴支谦译，共2件。

56.《十住经》，4卷，后秦鸠摩罗什共佛陀耶舍译，共19件。

57.《罗摩伽经》，3卷，西秦圣坚译，共1件。

58.《大般涅槃经》，40卷，北凉昙无谶译，共2898件。

59.《大般泥洹经》，6卷，东晋法显共觉贤译，共15件。

60.《方等般泥洹经》，2卷，西晋竺法护译，共1件。

61.《四童子三昧经》，3卷，隋阇那崛多译，共1件。

62.《方广大庄严经》，12卷，唐地婆诃罗译，共3件。

63.《普曜经》，8卷，西晋竺法护译，共1件。

64.《妙法莲华经》，8卷，后秦鸠摩罗什译，共3303件。

65.《正法华经》，10卷，西晋竺法护译，共8件。

66.《添品妙法莲华经》，7卷，隋阇那崛多共笈多译，共112件。

67.《维摩诘所说经》，3卷，后秦鸠摩罗什译，共222件。

68.《维摩诘经》，2卷，吴支谦译，共12件。

69.《说无垢称经》，6卷，唐玄奘译，共6件。

70.《善思童子经》，2卷，隋阇那崛多译，共1件。

71.《大悲分陀利经》，8卷，失译，共4件。

72.《悲华经》，10卷，北凉昙无谶译，共42件。

73.《金光明最胜王经》，10卷，唐义净译，共90件。

74.《合部金光明经》，8卷，隋宝贵译，共252件。

75.《大树紧那罗王所问经》，4卷，后秦鸠摩罗什译，共1件。

76.《宝雨经》，10卷，唐达摩流支译，共9件。

77.《宝云经》，7卷，梁曼陀罗仙共僧伽提婆译，共3件。

78.《阿维越致遮经》，3卷，西晋竺法护译，共1件。

79.《不退转法轮径》，4卷，失译，共3件。

80.《广博严净不退转轮经》，刘宋智严共宝云译，共23件。

81.《等集众德三昧经》，3卷，西晋竺法护译，共3件。

82.《集一切福德三昧经》，3卷，后秦鸠摩罗什译，共1件。

83.《持心梵天所问经》，4卷，西晋竺法护译，共1件。

84.《思益梵天所问经》，4卷，后秦鸠摩罗什译，共37件。

85.《胜思惟梵天所问经》，6卷，元魏菩提流支译，共4件。

86.《持世经》，4卷，后秦鸠摩罗什译，共2件。

87.《文殊师利现宝藏经》，3卷，西晋竺法护，共1件。

88.《证契大乘经》，2卷，唐地婆诃罗译，共2件。

89.《解密深经》，5卷，唐玄奘译，共12件。

90.《解节经》，1卷，陈真谛译，共1件。

91.《缘生初胜分法本经》，2卷，隋达摩笈多译，共2件。

92.《楞伽阿跋多罗宝经》，4卷，刘宋求那跋陀罗译，共5件。

93.《入楞伽经》，10卷，元魏菩提流支译，共9件。

94.《大乘入楞伽经》，7卷，唐实叉难陀译，共1件。

95.《菩萨行方便境界神通变化经》，3卷，刘宋求那跋陀罗译，共1件。

96.《大萨遮尼乾子所说经》，10卷，元魏菩提流支译，共1件。

97.《大方等大云经》，6卷，北凉昙无谶译，共1件。

98.《大云轮请雨经》，2卷，隋那连提耶舍译，共1件。

99.《诸法无行经》，2卷，后秦鸠摩罗什译，共6件。

100.《大灌顶经》①，12卷，东晋帛尸梨蜜多罗译，共274件。

101.《药师如来本愿经》，1卷，隋达摩笈多译，共9件。

102.《药师琉璃光七佛本愿功德经》，2卷，唐义净译，共11件。

103.《普超三昧经》，3卷，西晋竺法护，共1件。

104.《月灯三昧经》，11卷，北齐那连提耶舍译，共6件。

105.《佛说月灯三昧经》，1卷，刘宋先公译，共1件。

106.《无希望经》，1卷，西晋竺法护译，共1件。

107.《大净法门经》，1卷，西晋竺法护译，共1件。

108.《大庄严法门经》，2卷，隋那连提耶舍译，共4件。

109.《如来庄严智慧光明入一切佛境界经》，2卷，隋昙摩流支译，共2件。

110.《观无量寿佛经》，1卷，隋畺良耶舍译，共17件。

111.《称赞净土佛摄受经》，1卷，唐玄奘译，共1件。

112.《观弥勒菩萨上生兜率天经》，1卷，刘宋沮渠京声译，共13件。

113.《弥勒下生成佛经》，1卷，唐义净译，共9件。

---

① 又作《大灌顶神咒经》《大灌顶经》，载《大正藏》第21册。全经系由十二部小经所组成，即：《三归五戒带佩护身咒经》《七万二千神王护比丘咒经》《十二万神王护比丘尼经》《百结神王护身咒经》《宫宅神王守镇左右经》《冢墓因缘四方神咒经》《伏魔封印大神咒经》《摩尼罗亶大神咒经》《召五方龙王摄疫毒神咒上品经》《梵天神策经》《随愿往生十方净土经》《拔除过罪生死得度经》。从吐鲁番出土该经来看主要是《随愿往生十方净土经》与《拔除罪过生死得度经》这两部小经。

114.《一切法高王经》,1卷,元魏瞿昙般若流支译,共1件。

115.《大威灯光仙人问疑经》,1卷,隋阇那崛多译,共1件。

116.《乐璎珞庄严方便品经》,1卷,后秦昙摩耶舍译,共12件。

117.《六度集经》,8卷,吴康僧会译,共6件。

118.《太子须大奴经》,1卷,西秦圣坚译,共2件。

119.《脥子经》,1卷,西秦圣坚译,共1件。

120.《太子慕魄经》,1卷,后汉安世高译,共1件。

121.《德护长者经》,2卷,隋那连提耶舍译,共1件。

122.《文殊师利问菩提经》,1卷,后秦鸠摩罗什译,共2件。

123.《无垢贤女经》,1卷,西晋竺法护译,共3件。

124.《转女身经》,1卷,后秦昙摩蜜多译,共19件。

125.《入法界体性经》,1卷,隋阇那崛多译,共1件。

126.《希有校量功德经》,1卷,隋阇那崛多译,共4件。

127.《善敬经》,1卷,隋阇那崛多译,共1件。

128.《谏王经》,1卷,刘宋沮渠京声译,共1件。

129.《自誓三昧经》,1卷,后汉安世高译,共2件。

130.《八吉祥经》,1卷,梁僧伽婆罗译,共1件。

131.《盂兰盆经》,1卷,西晋竺法护译,共6件。

132.《浴像功德经》,1卷,唐义净译,共4件。

133.《不空羂索神变真言经》,30卷,唐菩提流志译,共1件。

134.《不空羂所神咒心经》,1卷,唐玄奘译,共3件。

135.《千手千眼观世音菩萨陀罗尼神咒经》,2卷,唐智通译,共2件。

136.《千手千眼观世音菩萨姥陀罗尼身经》,1卷,唐菩提流志译,共1件。

137.《千手千眼观世音菩萨广大圆满无碍大悲心陀罗尼经》,1卷,唐伽梵达摩译,共1件。

138.《大悲心陀罗尼经》,1卷,唐伽梵达摩译,共11件。

139.《曼殊室利菩萨咒藏中一字咒王经》,1卷,唐义净译,共1件。

140.《孔雀王咒经》,1卷,后秦鸠摩罗什译,共1件。

141.《陀罗尼集经》,12卷,唐阿地瞿多译,共2件。

142.《十一面观世音神咒经》,1卷,北周耶舍崛多译,共5件。

143.《十一面神咒心经》,1卷,唐玄奘译,共2件。

144.《七俱胝佛母心大准陀罗尼经》，1卷，唐地婆诃罗译，共2件。

145.《七俱胝佛母准提大明陀罗尼经》，1卷，唐金刚智译，共1件。

146.《佛顶尊胜陀罗尼经》，1卷，唐佛陀波利译，共50件。

147.《最胜佛顶陀罗尼净除业障咒经》，1卷，唐地婆诃罗译，共2件。

148.《金刚秘密善门陀罗尼经》，1卷，失译，共3件。

149.《请观世音菩萨消伏毒害陀罗尼咒经》，1卷，东晋竺难提译，共34件。

150.《温室洗浴众僧经》，1卷，后汉安世高译，共3件。

151.《分别善恶所起经》，1卷，后汉安世高译，共1件。

152.《辩意长者子经》，1卷，元魏法场译，共1件。

153.《四不可得经》，1卷，西晋竺法护译，共10件。

154.《成具光明定意经》，1卷，后汉支曜译，共1件。

155.《宝网经》，1卷，西晋竺法护译，共1件。

156.《大方广如来藏经》，1卷，东晋佛陀跋陀罗译，共1件。

157.《百佛名经》，1卷，隋那连提耶舍译，共1件。

158.《称扬诸佛功德经》，3卷，元魏吉迦夜共昙曜译，共3件。

159.《孛经》，1卷，吴支谦译，共2件。

160.《七女经》，1卷，吴支谦译，共2件。

161.《观世音菩萨受记经》，1卷，刘宋昙无竭译，共2件。

162.《首楞严三昧经》，3卷，后秦鸠摩罗什译，共14件。

163.《观普贤菩萨行法经》1卷，刘宋昙摩蜜多译，共1件。

164.《观药王药上二菩萨经》，1卷，刘宋畺良耶舍译，共79件。

165.《不可思议光菩萨所说经》，1卷，后秦鸠摩罗什译，共1件。

166.《十住断结经》，10卷，后秦竺法念译，共2件。

167.《诸佛要集经》，2卷，西晋竺法护译，共16件。

168.《未曾有因缘经》，2卷，萧齐昙景译，共5件。

169.《菩萨璎珞经》，12卷，后秦竺佛念译，共3件。

170.《贤劫经》，13卷，西晋竺法护译，共7件。

171.《贤劫经》，7卷，后秦鸠摩罗什译，共1件。

172.《海龙王经》，4卷，西晋竺法护译，共1件。

173.《大法炬陀罗尼经》，20卷，隋阇那崛多译，共11件。

174.《大威德陀罗尼经》，20卷，隋阇那崛多译，共9件。

175.《佛名经》，12卷，元魏菩提流支译，共152件。

176.《华手经》，13卷，后秦鸠摩罗什译，共24件。

177.《大方等陀罗尼经》，4卷，北凉法众译，共36件。

178.《僧伽吒经》，4卷，元魏月婆首那译，共16件。

179.《佛观三昧海经》，10卷，东晋佛陀跋陀罗译，共69件。

180.《大方便佛报恩经》，7卷，失译，共22件。

181.《菩萨本行经》，3卷，失译，共1件。

182.《法集经》，6卷，元魏菩提流支译，共2件。

183.《菩萨处胎经》，5卷，后秦竺念佛译，共2件。

184.《弘道广显三昧经》，4卷，西晋竺法护译，共1件。

185.《施灯功德经》，1卷，北齐那连提耶舍译，共1件。

186.《央掘魔罗经》，4卷，刘宋求那跋陀罗译，共4件。

187.《无所有菩萨经》，4卷，隋阇那崛多译，共2件。

188.《大法鼓经》，2卷，刘宋求那跋陀罗译，共3件。

189.《文殊师利问经》，2卷，梁僧伽婆罗译，共4件。

190.《大乘密严经》，3卷，唐地婆诃罗译，共3件。

191.《文殊师利问菩萨署经》，1卷，后汉支娄迦谶译，共1件。

192.《大佛顶如来密因修正了义诸菩萨万行首楞严经》，10卷，唐怀迪共梵僧译，共5件。

193.《大乘造像功德经》，2卷，唐提云般若译，共2件。

194.《安宅神咒经》，1卷，后汉失译，共2件。

195.《六门陀罗尼经》，1卷，唐玄奘译，共1件。

196.《一切功德庄严王经》，1卷，唐义净译，共1件。

197.《佛地经》，1卷，唐玄奘译，共4件。

198.《佛遗教经》，1卷，后秦鸠摩罗什译，共14件。

199.《千佛因缘经》，1卷，后秦鸠摩罗什译，共2件。

200.《诸法最上王经》，1卷，隋阇那崛多译，共3件。

201.《造塔功德经》，1卷，唐地婆诃罗译，共2件。

202.《一切智光名现任慈心因缘不食肉经》，1卷，失译，共2件。

203.《金刚三昧经》，2卷，北凉失译，共1件。

204.《四辈经》，1卷，西晋竺法护译，共3件。

205.《菩萨地持经》，10卷，北凉昙无谶译，共46件。

206.《菩萨善戒经》，9卷，刘宋求那跋摩译，共53件。

207.《优波离问佛经》，1卷，刘宋求那跋摩译，共2件。[①]

208.《净业障经》，1卷，失译，共1件。

209.《优婆塞戒经》，7卷，北凉昙无谶译，共28件。

210.《梵网经》，2卷，后秦鸠摩罗什译，共59件。

211.《受十善戒经》，1卷，后汉失译，共2件。

212.《菩萨璎珞本业经》，2卷，后秦竺佛念译，共4件。

213.《佛藏经》，4卷，后秦鸠摩罗什译，共3件。

214.《菩萨戒本》，1卷，北凉昙无谶译，共3件。

215.《寂调音所问经》，1卷，刘宋法海译，共4件。

216.《菩萨戒羯磨文》，1卷，唐玄奘译，共1件。

217.《大智度论》，100卷，后秦鸠摩罗什译，共481件。

218.《十地经论》，12卷，元魏菩提流支译，共19件。

219.《弥勒菩萨所问经论》，5卷，元魏菩提流支译，共1件。

220.《佛地经论》，7卷，唐玄奘译，共2件。

221.《三法度论》，2卷，东晋瞿昙僧伽提婆译，共1件。

222.《金刚般若波罗蜜经论》，3卷，元魏菩提流支译，共35件。

223.《金刚般若波罗蜜经破取著不坏假名论》，3卷，唐地婆诃罗译，共1件。

224.《胜思惟梵天所问经论》，4卷，元魏菩提流支译，共4件。

225.《涅般论》，1卷，年代未知达摩菩提译，共2件。

226.《遗教经论》，1卷，陈真谛译，共1件。

227.《瑜伽师地论》，100卷，唐玄奘译，共10件。

228.《显扬圣教论》，20卷，唐玄章译，共7件。

229.《大乘阿毗达磨杂集论》，16卷，唐玄奘译，共3件。

230.《中论》，4卷，后秦鸠摩罗什译，共5件。

231.《百论》，2卷，后秦鸠摩罗什译，共11件。

232.《十住毗婆沙论》，14卷，后秦鸠摩罗什译，共10件。

---

① 即求那跋摩译《菩萨善戒经》，1卷，宝唱录若准祐记将此经与《菩萨善戒经》9卷共成10卷，因北本离之已久，《开元释教录》依旧录之。智昇：《开元释教录》卷5，《大正藏》第55册，第526页a。

233.《菩提资粮论》，6卷，隋达摩笈多译，共1件。

234.《大乘庄严经论》，13卷，唐波罗颇蜜多罗译，共1件。

235.《大庄严论经》，15卷，后秦鸠摩罗什译，共2件。

236.《摄大乘论》，3卷，陈真谛译，共4件。

237.《摄大乘论释》，15卷，陈真谛译，共16件。

238.《中边分别论》，2卷，陈真谛译，共1件。

239.《辨中变论》，3卷，唐玄奘译，共2件。

240.《因明入正理论》，1卷，唐玄奘译，共6件。

241.《唯识论》，1卷，元魏菩提流支译，共2件。

242.《成唯识论》，10卷，唐玄奘译，共9件。

243.《入大乘论》，2卷，北凉道泰译，共1件。

244.《大乘起信论》，1卷，梁真谛译，共1件。

245.《发菩提心经论》，2卷，后秦鸠摩罗什译，共5件。

246.《长阿含经》，22卷，后秦佛陀耶舍共竺念佛译，共12件。

247.《中阿含经》，60卷，东晋瞿昙僧伽提婆译，共29件。

248.《增一阿含经》，51卷，东晋瞿昙僧伽提婆译，共29件。

249.《杂阿含经》，50卷，刘宋求那跋陀罗译，共16件。

250.《别译杂阿含经》，20卷，失译，共8件。

251.《般泥洹经》，2卷，失译，共6件。

252.《人本欲生经》，1卷，后汉安世高译，共5件。

253.《中本起经》，2卷，后汉昙果共康孟祥译，共2件。

254.《魔娆乱经》，1卷，失译，共1件。

255.《梵摩喻经》，1卷，吴支谦译，共1件。

256.《斋经》，1卷，吴支谦译，共1件。

257.《大爱道般泥洹经》，1卷，西晋白法祖译，共1件。

258.《治禅病秘要法》，1卷，刘宋沮渠京声译，共5件。

259.《修行本起经》，2卷，后汉竺大力共康孟祥译，共1件。

260.《太子瑞应本起经》，2卷，吴支谦译，共2件。

261.《过去现在因果经》，4卷，刘宋求那跋陀罗译，共12件。

262.《罪业应报教化地狱经》，1卷，后汉安世高译，共1件。

263.《禅秘要法经》，3卷，后秦鸠摩罗什译，共8件。

264.《生经》,5卷,西晋竺法护译,共2件。

265.《正法念处经》,70卷,元魏瞿昙般若流支译,共17件。

266.《佛本行集经》,60卷,隋阇那崛多译,共147件。

267.《本事经》,7卷,唐玄奘译,共1件。

268.《大安般守意经》,2卷,后汉安世高译,共4件。

269.《四愿经》,1卷,吴支谦译,共1件。

270.《罗云忍辱经》,1卷,西晋法炬译,共1件。

271.《灯指因缘经》,1卷,后秦鸠摩罗什译,共1件。

272.《妇人遇辜经》,1卷,乞伏秦圣坚译,共1件。

273.《旃陀越国王经》,1卷,刘宋沮渠京声译,共1件。

274.《天请问经》,1卷,唐玄奘译,共14件。

275.《护净经》,1卷,失译,共1件。

276.《五王经》,1卷,失译,共8件。

277.《摩诃僧祇律》,40卷,东晋佛陀跋陀罗共法显译,共38件。

278.《十诵律》,61卷,后秦佛若多罗译,共27件。

279.《根本说一切有部毗奈耶》,50卷,唐义净译,共15件。

280.《根本说一切有部比丘尼毗奈耶》,20卷,唐义净译,共9件。

281.《根部说一切有部毗奈耶杂事》,40卷,唐义净译,共56件。

282.《五分律》,30卷,刘宋佛陀什共竺道生译,共7件。

283.《四分律》,60卷,后秦佛陀耶舍共竺佛念译,共100件。①

284.《五分比丘尼戒本》,1卷,梁明微集,共1件。

285.《四分比丘尼戒本》,1卷,唐怀素集,共4件。

286.《四分僧戒本》,1卷,后秦佛陀耶舍译,共16件。

287.《弥沙塞羯磨本》,1卷,唐爱同录,共1件。

288.《沙弥十戒法并威仪》,1卷,失译,共1件。

289.《四分杂羯磨》,1卷,曹魏康僧铠译,共2件。

290.《昙无德部四分律删补随机羯磨》,1卷,唐道宣译,共6件。

---

① 《新获吐鲁番出土文献》中一件定名为《四分比丘尼戒本》;《吐鲁番柏孜克里克石窟出土汉文佛教典籍》中有两件定名为《四分比丘戒本》,从书法判定为高昌国、唐初时期,为唐怀素集出二经之前,但二经以为后秦佛陀耶舍译《四分律》著录,因此二经的统计应算入《四分律》中。

291.《大爱道比丘尼经》，2卷，失译，共3件。

292.《根本萨婆多部律摄》，20卷，唐义净译，共2件。

293.《萨婆多部毗尼摩得勒伽》，10卷，刘宋僧伽跋摩译，共7件。

294.《善见律毗婆沙》，18卷，齐僧伽跋陀罗译，共10件。

295.《毗尼母经》，8卷，失译，共2件。

296.《大比丘三千威仪经》，2卷，后汉安世高译，共6件。

297.《萨婆多毗尼毗婆沙》，9卷，失译，共2件。

298.《阿毗昙八键度论》，30卷，前秦伽提婆共竺念佛译，共22件。

299.《阿毗达磨发智论》，20卷，唐玄奘译，共8件。

300.《阿毗达磨品类足论》，18卷，唐玄奘译，共1件。

301.《众事分阿毗昙论》，12卷，刘宋求那跋陀罗共菩提耶舍译，共2件。

302.《阿毗昙毗婆沙论》，60卷，北凉浮陀跋摩共道泰译，共38件。

303.《阿毗达磨大毗婆沙论》，200卷，唐玄奘译，共26件。

304.《阿毗达磨俱舍释论》，22卷，陈真谛译，共5件。

305.《阿毗达摩俱舍论》，30卷，唐玄奘译，共6件。

306.《阿毗达磨顺正理论》，80卷，唐玄奘译，共15件。

307.《阿毗达磨显宗论》，40卷，唐玄奘译，共4件。

308.《阿毗昙心论》，4卷，东晋瞿昙僧伽提婆译，共6件。

309.《阿毗昙心论经》，6卷，高齐那连提耶舍共法智译，共4件。

310.《杂阿毗昙心论》，11卷，刘宋僧伽跋摩译，共38件。

311.《尊婆须蜜菩萨所论集》，10卷，前秦僧伽跋澄译，共2件。

312.《成实论》，20卷，后秦鸠摩罗什译，共11件。

313.《舍利佛阿毗昙论》，22卷，后秦昙摩耶舍共昙摩崛多译，共6件。

314.《毗婆沙论》，14卷，前秦僧伽跋澄译，共6件。

315.《辟支佛因缘论》，2卷，失译，共1件。

316.《佛本行经》，7卷，刘宋宝云译，共7件。

317.《撰集百缘经》，10卷，吴支谦译，共11件。

318.《出曜经》，20卷，后秦竺佛念译，共13件。

319.《贤愚经》，13卷，元魏慧觉译，共33件。

320.《修行道地经》，6卷，西晋竺法护译，共13件。

321.《百喻经》，4卷，萧齐求那毗地，共1件。

322.《菩萨本缘经》,3卷,吴支谦,共2件。

323.《大乘修行菩萨行门诸经要集》,3卷,唐智严译,共1件。

324.《坐禅三昧经》,3卷,后秦鸠摩罗什译,共3件。

325.《杂宝藏经》,8卷,元魏吉迦夜共昙曜译,共7件。

326.《禅法要解》,2卷,后秦鸠摩罗什译,共3件。

327.《阿育王太子法益坏目因缘经》,1卷,前秦昙摩难提译,共1件。

328.《法句经》,2卷,吴维祇难译,共33件。

329.《法句譬喻经》,4卷,西晋法立共法炬译,共5件。

330.《龙树菩萨为禅陀迦王说法要偈》,1卷,刘宋求那跋摩译,共3件。

331.《劝发诸王要偈》,1卷,刘宋僧伽跋摩译,共1件。

332.《分别业报略》,1卷,刘宋僧伽跋摩译,共2件。

333.《广弘明集》,30卷,唐道宣撰,共1件。

334.《迦丁比丘说当来变经》,1卷,失译,共1件。

335.《释迦谱》,10卷,萧齐僧佑撰,共5件。

336.《经律异相》,50卷,梁宝唱撰,共11件。

337.《陀罗尼杂集》,10卷,失撰者,共8件。

338.《出三藏记集》,15卷,梁僧佑撰,共1件。

339.《众经目录》,7卷,隋法经等撰,共1件。

340.《历代三宝记》,15卷,隋费长房撰,共3件。

341.《大唐内典录》,10卷,唐道宣撰,共7件。

342.《大周刊定众经目录》,15卷,唐明佺等撰,共1件。

343.《一切经音义》,25卷,唐玄应撰,共4件。

344.《续高僧传》,30卷,唐道宣撰,共3件。

345.《集诸经礼忏仪》,2卷,唐智昇撰,共4件。

上述为国内藏吐鲁番出土的为《开元释教录》所收汉文佛典,共计344部、13766件,依《开元释教录·入藏录》的组织结构分类:

分类		原有部数	本文编号	出土部数	出土件数
大乘经	般若部	21	1—18	18	2 638
	宝积部	34	19—39	21	186
	大集部	24	40—50	11	144

(续表)

分类		原有部数	本文编号	出土部数	出土件数
大乘经	华严部	26	51—57	7	441
	涅槃部	6	58—61	4	2 915
	五大部外重译	273	62—149	88	4 728
	大乘经单译	131	150—203	54	560
	小 计	515		203	11 612
大乘律		26	204—216	13	209
大乘论		97	217—245	29	853
小乘经		240	246—276	31	339
小乘律		54	277—297	21	315
小乘论		36	298—315	18	201
贤圣集传		108	316—345	30	189
总 计		1 076		345	13 718

从上述表格可以看出，大乘佛教典籍共计 245 种，12 674 件，而小乘典籍为 70 种、855 件，这一显著差别，表明大乘佛教应是在吐鲁番地区占据主流地位。从出土经、律、论各自的数量比较，大小乘经共有 234 种，11 951 件；大小乘律 34 种，524 件；大小乘论 47 种，1 054 件。方广锠先生曾对德国柏林藏吐鲁番出土汉文佛教典籍进行过整理研究，在对论藏典籍进行整理后认为"吐鲁番地区佛教比较注重读经转经，而不太重视义理的钻研，至今我们没有发现一部吐鲁番当地僧人撰写的佛典注疏或佛教理论著作，说明当地义学水平不会很高。"① 诚然我们至今并未发现古代吐鲁番当地僧人撰写的佛典注疏，但方先生就德藏中《大智度论》《瑜伽师地论》仅有的几号，得出"不太重视义理的钻研"显得过于片面。目前仅就国内所藏情况来看，论藏中最为重要的《大智度论》国内已知就有近 500 件，如果将国外所藏一并统计数量将相当可观，但同一些重要佛经数量相比数量会少很多。《续高僧传》卷七《慧嵩传》载，北魏末年，高昌王派慧嵩入魏学习佛法，望其学有所成后，回乡弘法。慧嵩跟随当时著名论师智游钻研毗昙、成实等论藏典籍，声名远播，时称"毗昙孔子"。后来，高昌王令其回国弘法，慧嵩借口"以吾之博达义，非边鄙之所资也。"高昌王怒夷其三族。② 慧嵩学成不归，认为回到高昌偏隅之地所学非用，这虽然从侧面说明古代吐

---

① 方广锠：《吐鲁番出土汉文佛典述略》，《西域研究》1992 年第 1 期，第 119 页。
② 道宣撰，郭邵林点校：《续高僧传》卷 7《慧嵩传》，中华书局 2014 年版，第 247 页。

鲁番当地义学水平不高，但高昌王派嵩入魏学习佛法，此后又有玄奘西行取经途经高昌时麴文泰挽留其留在高昌讲经弘法，这些也都间接证明了高昌当地的统治阶层抑或是文化水平较高的僧人集团对深奥佛理的向往。与之相反的社会底层信众则较为重视宗教修持、积累功德及戒律生活，对义学的重视程度不够。① 但如果考虑到当时吐鲁番地区总的人口数量及文化水平，这种情况便不难理解了。就戒律而言，主要律藏经典都有出土，以《四分律》数量最多，这也反映出吐鲁番与内地一样，依据《四分律》来规范僧人的日常行为。

综上所述，古代吐鲁番地区佛教以大乘佛教为主，重视戒律，与下层信众重视实际功修相比统治阶层或僧团中的部分僧人对义学较为重视，但水平不高。

在上述的汉文佛教典籍中，数量较多为：后秦鸠摩罗什译《妙法莲华经》，3 303件；北凉昙无谶译《大般涅槃经》，2 898件；唐玄奘译《大般若波罗蜜多经》，733件；鸠摩罗什译《摩诃般若波罗蜜经》，496件；鸠摩罗什译《大智度论》，481件；鸠摩罗什译《金刚般若波罗蜜经》，480件；东晋佛陀跋陀罗译《大方广佛华严经》，350件。这与流散世界各地所藏吐鲁番出土汉文佛教典籍及敦煌所出汉文佛典的情况基本一致，也证明了敦煌与吐鲁番两地佛教的紧密联系。从文书所属年代来看，当时吐鲁番佛教信仰由涅槃信仰向法华信仰的转变脉络十分清晰，而令人费解的是在当时内地及敦煌最为流行的净土信仰并依此所绘制的净土经变，在吐鲁番佛教石窟中也较为常见，但从文书的角度来看绘制经变的依据"净土三经"出土数量却较少。

（二）未被《开元释教录·入藏录》所收，但为后世大藏经所收的经典主要有：

344.《注维摩诘经》，10卷，后秦僧肇撰，共28件。

345.《十诵比丘波罗提木叉戒》1卷，后秦鸠摩罗什译，共3件。

346.《金光明经》，4卷，北凉昙无谶译，共395件。

347.《佛说佛名经》，30卷，失译，共2件。

348.《胜鬘师子吼一乘大方便方广经》，1卷，刘宋求那跋陀罗译，共7件。

349.《未来星宿劫千佛名经》，1卷，梁失译，共2件。

350.《佛阿毗昙经出家相品》，2卷，陈真谛译，共1件。

351.《金刚般若波罗蜜经论》，3卷，隋达摩笈多译，共1件。

352.《慈悲道场忏法》，10卷，梁诸大法师撰，共2件。

---

① 方广锠：《吐鲁番出土汉文佛典述略》，第119页。

353.《阿弥陀经义述》，1卷，唐慧净撰，共1件。

354.《四分律删繁补阙行事钞》，唐道宣撰，共13件。

355.《大般涅槃经义记》，10卷，隋慧远述，共3件。

356.《大乘百法明门论开宗义记》，1卷，唐昙旷撰，共1件。

357.《大乘百法明门论开宗义决》，1卷，唐昙旷撰，共1件。

358.《大乘起信论义记》，3卷，唐法藏撰，共2件。

359.《妙法莲华经玄赞》，20卷，唐窥基撰，共3件。

360.《法苑珠林》，100卷，唐道世撰，共15件。

361.《俱舍论疏》，19卷，唐法宝撰，共1件。

362.《俱舍论记》，19卷，唐释光述，共1件。

363.《俱舍论颂疏论本》，20卷，唐圆晖述，共3件。

364.《新译华严经七处九会颂释章》，1卷，唐澄观撰述，共1件。

365.《观竞争总分定善义》，3卷，唐善导集记，共1件。

366.《观弥勒菩萨上生兜率天经赞》，2卷，唐窥基撰，共1件。

367.《金刚般若波罗蜜经略疏》，2卷，唐智俨述，共37件。

368.《华严经内章门等杂孔目章》，4卷，唐智俨撰，共1件。

369.《法华文句记》，10卷，唐湛然述，共1件。

370.《法华玄义释签》，20卷，唐湛然撰，共1件。

371.《止观辅行传弘决》，5卷，唐湛然述，共2件。

372.《法华义疏》，12卷，唐吉藏撰，共1件。

373.《中观论疏》，10卷，唐吉藏撰，共1件。

374.《仁王般若经疏》，6卷，唐吉藏撰，共13件。

375.《净土论》，3卷，唐伽才撰，共2件。

376.《大乘入道次》，3卷，唐智周撰，共5件。

377.《佛顶尊胜陀罗尼经疏并释真言义》，2卷，唐法崇撰，共1件。

378.《安乐集》，2卷，唐道绰撰，共2件。

379.《金光明最胜王经疏》，6卷，唐慧沼撰，共4件。

380.《理门论述记》，1卷，唐神泰撰，共1件。

381.《量处轻重仪》，2卷，唐道宣辑，共1件。

382.《诸经要集》，20卷，唐道世撰，共2件。

383.《琳法师别传序》，1卷，唐李怀琳撰，共1件。

384.《略诸经论念佛法门往生净土集》，2卷，唐慧日集，共1件。

385.《能显中边慧日论》，4卷，唐慧沼撰，共1件。

386.《释净土群疑论》，7卷，唐怀感撰，共1件。

387.《说无垢称经疏》，6卷，唐窥基撰，共1件。

388.《大毗卢遮那成佛神变加持经》，7卷，唐善无畏共一行译，共1件。

389.《大乘瑜伽金刚性海曼殊室利千臂千钵大教王经》，10卷，唐不空译，共12件。

390.《瑜伽集要焰口施食仪》，1卷，失名译，共1件。

391.《维摩经义疏》，6卷，隋吉藏撰，共15件。

392.《观无量寿佛经舒妙宗钞》，6卷，宋知礼述，共1件。

393.《龙舒增广净土文》，12卷，宋王日休撰，共1件。

394.《金光明忏法补助仪》，1卷，宋遵式集，共1件。

395.《乐邦文类》，5卷，宋宗晓撰，共1件。

396.《请观世音菩萨消伏毒害陀罗尼三昧仪》，1卷，宋遵式撰，共3件。

397.《四分律行事钞资持记》，4卷，宋元照撰，共1件。

398.《镡津文集》，19卷，宋契嵩撰，共1件。

399.《宗镜录》，100卷，宋延寿撰，共9件。

400.《观无量寿佛经义疏》，3卷，宋元照述，共2件。

401.《维摩经略疏垂裕记》，10卷，宋智圆述，共1件。

402.《大乘集菩萨学论》，10卷，宋法护等译，共2件。

403.《如来不思议秘密大乘经》，宋法护译，共2件。

404.《十地经》，9卷，唐尸罗达摩译，共9件。

405.《回向轮经》，1卷，唐尸罗达摩译，共7件。

406.《一切经音义》，100卷，唐慧琳撰共1件。

407.《大方广菩萨藏文殊师利根本仪轨经》，20卷，宋天息灾译，共2件。

408.《佛说大摩里支菩萨经》，7卷，宋天息灾译，共1件。宋

409.《大方广总持宝光明经》，5卷，宋法天译，共1件。

410.《佛一百八名赞》，1卷，宋法天译，共1件。

411.《帝释所问经》，1卷，宋法贤译，共2号。

412.《啰嚩拏说救疗小儿疾病经》，1卷，宋法贤译，共3件。

413.《众许摩柯地经》，13卷，宋法贤译，共2件。

414.《大乘宝要义论》，10卷，宋法护，共1件。

415.《大乘入诸佛境界智光明庄严经》，5 卷，宋法护译，共 1 件。

416.《佛祖历代通载》，22 卷，元念常撰，共 1 件。

以上 73 部佛典为《开元释教录》未收，但为后世大藏经所收佛典。第 344—391 号佛典产生于《开元释教录》成书之前，由于各种原因智昇未将它们收入，这些出土于吐鲁番的佛典虽然成书较早，但根据书法判断许多典籍的抄写时期都在智昇编撰《开元释教录》前后不久，此外还有一些隶属于敦煌出土的古逸部佛典，如《大乘百法明门论开宗义记》《略诸经论念佛法门往生净土集》，这些证明了未被智昇收入的佛典在内地并不流行，但在吐鲁番等地仍有流传，吐鲁番保留下来诸多内地已经亡佚的佛典，二则是表明早从魏晋时期开始吐鲁番佛教就与内地佛教特别是敦煌佛教有着密切的联系。

第 392—416 号佛典产生于《开元释教录》成书之后，因此并未为《开元录》所收，这些佛典最晚为元代所撰。宋元明时代，中原佛教的继续发展对当时的高昌回鹘有着强大的吸引力。从史记所载来看，当时高昌回鹘王室曾不断的派出僧人加入入宋朝贡的队伍。如乾德三年（965），高昌回鹘派遣僧人法渊入宋献佛牙、玻璃器、琥珀盏。① 太平兴国六年（981），宋太祖遣使王延德出使高昌，归朝后叙其见闻，高昌"佛寺五十余区，皆唐朝所赐额，寺中有大藏经、唐韵、玉篇、经音等，居民春月多群聚邀乐于其间。"② 寺中收藏有大藏经，说明高昌回鹘佛教的佛藏应当是相当完备的，王延德到达高昌时《开宝藏》尚未雕造完成，其所见应该是依据《开元释教录》所收的佛典，从吐鲁番出土的汉文佛教典籍来看，没有证据表明当时高昌当地有一部完整的《大藏经》。荣新江先生曾对德藏吐鲁番出土汉文佛典进行过梳理、统计，在对其中经帙条进行考察时，发现当地至少有一部完整的六百卷的《大般若波罗蜜多经》③，由王延德出使高昌的时间及吐鲁番汉文佛典多为写本来看，高昌回鹘时期寺院内所收大藏经应是延续使用了不同历史时期的佛典，此外唐韵、经音等典籍在当地的使用流传以及对唐代大部分寺名的沿用，以上这些表明高昌回鹘初期当地仍是以汉传佛教为主④，是

---

① 《宋史》卷 490《高昌传》，中华书局 1977 年版，第 14110 页。
② 《宋史》卷 490《高昌传》，第 14112 页。
③ 荣新江：《王延德所见高昌回鹘大藏经及其他》，田余庆编：《庆祝邓广铭教授九十华诞论文集》，河北教育出版社 1997 年版，第 268 页。
④ 孟凡人根据 965 年宋朝刚已建立，高昌回鹘便派遣僧人入贡，认为佛教在此之前便已经在高昌回鹘社会中确立了地位，又根据唐赐回鹘"诸天敬护护国第四王印"、回鹘文《土都木萨里修寺碑》及回鹘文佛经翻译时间等材料，推断高昌回鹘开始信仰佛教应当在公元 9 世纪晚期至 10 世纪初期，笔者赞同这一观点，但根据王延德出使高昌所见皆为汉文佛教典籍，未提及回鹘文佛典这一情况来看，高昌回鹘在信仰佛教后至 11 世纪初这段时间其信仰以汉传佛教为主。参见孟凡人：《略论高昌回鹘的佛教》，《新疆社会科学》1982 年第 1 期，第 59 页。

对唐代佛教的延续。熙宁元年（1068），高昌回鹘向宋遣使进贡方物并乞买金字《大般若经》，神宗下诏特赐墨字《大般若经》一部。① 元代高昌盛行藏传佛教，当地还涌现出一批著名的维吾尔族藏传佛教高僧，并在宫廷中担任要职，此外吐鲁番出土的元代藏传佛教典籍，也恰好印证了藏传佛教在当地的传播。明永乐六年（1408）、明正统二年（1437），吐鲁番还遣僧人入明朝贡，约16世纪末，17世纪初，吐鲁番地区仍有佛教活动。② 这说明吐鲁番地区在完全伊斯兰化之前，虽然佛教式微但与内地佛教的联系一直没有断绝。

（三）历代大藏经未收的佛教典籍：

417.《十方千五百佛名经》，1卷，失译，共5件。

418.《梁朝傅大士颂金刚经》，1卷，共14件。

419.《金刚般若经挟注》，1卷，共4件。

420.《法华经疏》，1卷，共1件。

421.《现在十方千五百佛名并杂佛同号》，1卷，共2件。

422.《大般涅槃经集解》，71卷，梁宝亮等集，共1件。

423.《金刚经疏》，1卷，佚名，共2件。

424.《四分戒本疏》，3卷，共6件。

425.《净土五会念佛诵经观行仪》，3卷，唐法照撰，共2件。

426.《金刚般若经依天亲菩萨论赞略释秦本义记》，1卷，唐知恩集，共11件。

427.《无量寿观经仪记》，1卷，共1件。

428.《示所犯者瑜伽法镜经》，1卷，唐室利末多译，共11件。

429.《净名经关中释抄》，2卷，沙门道液撰集，共4件。

430.《金刚般若经宣演》，2卷，沙门道氤集，共1件。

431.《大乘无生方便门》，1卷，共2件。

432.《菩萨藏修道众经抄》，12卷，共1件。

433.《宗四分比丘随门要略行仪》，2卷，共1件。

434.《佛说天地八阳神咒经》，1卷，佚名，共15件。

435.《大方广佛华严十恶品经》，1卷，佚名，共3件。

---

① 《宋会要辑稿·蕃夷四》，中华书局1957年版，第7718页。
② 详情参见方广锠：《吐鲁番出土汉文佛典述略》，第120—121页。

436.《妙法莲华经马明菩萨品》，1卷，佚名，共1件。

437.《大通方广忏悔灭罪庄严成佛经》，3卷，共57件。

438.《佛母经》，1卷，共1件。

439.《七千佛神符经》，1卷，共12件。

440.《咒魅经》，1卷，共2件。

441.《大通方广经》，3卷，共22件。

442.《法王经》，1卷，共9件。

443.《斋法清净经》，1卷，共3件。

444.《善恶因果经》，1卷，共10件。

445.《要行舍身经》，1卷，共6件。

446.《示所犯者瑜伽法镜经》，1卷，唐室利末多译，共11件。

447.《大辨邪正经》，1卷，共5件。

448.《赞僧功德经》，1卷，共11件。

这部分经典共32种，237件。第434—448号为疑伪经。虽然这些佛典不为历代大藏所收，但其重要性不可低估，这些佛典有些已在内地亡佚，但却在吐鲁番与敦煌都有所保留，这也再一次印证了两地佛教的密切关系。这其中《佛说天地八阳神咒经》在吐鲁番佛教史特别是高昌佛教史上影响很大，虽然该经在国内的汉文版本数量较少，目前仅见15件，但依据汉文版本翻译的回鹘文写本、印本却数量颇丰，柏林、伦敦、圣彼得堡、北京及日本各地所藏已达186种，该经的翻译年代，一般认为在840年回鹘西迁之后，但流传时间较长，抄写、刻印时间跨度很大，一至延续到元代中叶。① 该经在中国内地的汉传佛教中并不流行，亦不为《大藏经》收录，但其在回鹘社会中却广为流传，究其原因主要是汉文化在高昌社会的根植及当时高昌社会的现实需求。②

三、结语

佛教产生于印度，通过丝绸之路传入中国，而吐鲁番、敦煌皆是佛教传入中国的

---

① 杨富学：《西域、敦煌文献所见回鹘之佛经翻译》，《敦煌研究》1995年第4期，第3—5页。
② 详见刘元春：《〈佛说天地八阳神咒经〉辨析——兼谈高昌回鹘佛教的社会文化意蕴》，《西域研究》1996年第1期，第56—58页。

必经之路,在中原内地经过发展与中国传统文化相结合,形成了独具中国特色的汉传佛教后又回传敦煌、吐鲁番,佛教的这种东传西渐,赋予了吐鲁番佛教中国传统文化的特征[1],汉传佛教的回传吐鲁番本质上是汉文化在西域传播的有机组成部分,汉传佛教在吐鲁番的兴盛,极大地带动了汉文化在当地的发展。僧侣信众如想研习佛典,必先学习汉文,正如《续高僧传》卷2所载"……渐至高昌,客游诸寺,其国僧侣多学汉言,虽停二年,无所宣述……"[2]。这是古印度高僧达摩笈多在高昌时的见闻,由于他初入中土语言不通在高昌传播佛教、翻译佛经无所建树。高昌回鹘时期,这种对汉文化的向往、学习一直延续,没有断绝,高昌回鹘改信佛教初期,佛经学习曾大量使用汉文佛典,此后又将大量的汉文佛典翻译为回鹘文,吐鲁番出土的大量回鹘文佛典,其中有许多都是直接翻译自汉文,佛经中许多名词还留有汉文的发音。如《佛说天地八阳神咒经》是中原内地的佛教信徒假借佛说所撰的一部"伪经",曾在高昌回鹘内部广泛传播,该经旨在劝人信仰佛教,但其主体思想上大量融入了中华文化中儒家、道家思想。这是高昌回鹘定居吐鲁番后,由游牧生活逐渐转入定居的农耕生产,不同的生产生活方式势必会对其社会文化心理产生最直接的影响,该经在高昌回鹘的广泛传播,也正体现了对中原农耕文化的向往。

由吐鲁番出土的汉文佛教典籍可以看出,佛教作为一个文化载体,在内地与西域之间架起了一座文化交流的桥梁,借此两地的交流、交融从未断绝,佛教在此传播不断加强了西域各族对中华文化的认同和向往,其在维护、巩固中华民族团结中的作用不能忽视。

---

[1] 陈国灿:《从敦煌吐鲁番所出早期佛经看佛教的东传西渐》,《普门学报》2002年1月,第7页。
[2] 道宣撰,郭邵林点校:《续高僧传》卷2,第44页。

《太玄真一本际经》与三论宗之交涉
——以镰田茂雄之观点为中心*

雒少锋 韩 瑞

（陕西师范大学马克思主义学院 陕西师范大学宗教研究中心）

【摘 要】 镰田茂雄曾就道教的《太玄真一本际经》中所涉及的佛教思想加以分析，特别从两段引文看出该经与三论宗吉藏有思想上的交涉。本文沿着这一思路，继续考察了镰田茂雄所给出的证据，认为尽管他的基本观点站得住，但证据或思路上尚有值得商榷之处。本文主要考察了"正中道""无得正观""兼忘""重玄"等重要的术语，认为该经与早期三论宗的关系密切，而与吉藏的关联不甚明显。

【关键词】 镰田茂雄；三论宗；吉藏；《本际经》

日本著名佛教学者镰田茂雄先生曾在其大著《中国佛教思想史研究》讨论了道教《太玄真一本际经》中所涉三论宗的思想，这对三论宗与道教关系研究具有重要的价值。不过，从镰田茂雄先生的取材和论证看，有的论证证据略显单薄而断语或有可再讨论者，本文拟借镰田茂雄先生之文，通过更为丰富的视角以增进先生的研究。另一方面，也是鉴于当前中国学界对于镰田茂雄先生这方面的讨论鲜少论及，本文聊作推介。

---

* 本文系陕西师范大学中央高校基本科研业务专项资金项目一般项目"唐代梵网戒注疏研究"（立项号：16SZYB18）阶段成果之一。

一、"正中道"与"中道正观"

道教的《太玄真一本际经》(以下简称《本际经》)共十卷,为隋代道士刘进喜先造,后为唐代贞观道士李仲卿所续。① 《本际经》现存于《正统道藏》中的只有部分残卷,近代在敦煌道教遗书中发现《本际经》唐写本140余件,约占道经抄本总数的五分之一,足见其在当时的流行。而根据敦煌资料,除第八卷《最胜品》外,其余各卷都可复原。② 此经已有叶贵良辑校本,本文所引该经文献以此本为主。其中若有与镰田茂雄所校的《本际经》有出入之时,则会加以说明。

镰田茂雄提到《本际经》中与三论宗有交涉之处共有两大段文字,本文分别研讨这两段文字及先生的断言。第一处在《本际经》第九卷:

> 若深智者,闻说一边,即应了悟因缘假名,即正中道。所言中者,离一切着,亦无所离,不滞二边,故名为中。能通众生至善家(寂)处,到解脱城,故名为中。若有了知是中道者,名为正观,是第一乘,能运学者出离三界,过二生死,了真法性,成无上道。是故此经能破无边无明暗室,令见无上正法珍宝。③

---

① 叶贵良在《敦煌本〈太玄真一本际经〉辑校》(巴蜀书社2010年版,第1页)中认为他们各自造作前后五卷,这一说法可能还值得讨论。实际上唐代玄嶷在《甄正论》卷3说:"至如《本际》五卷,乃是隋道士刘进喜造,道士李仲卿续成十卷。"(《大正藏》卷52,第569页下)这里的五卷和十卷之说是否即是今日所见的卷数目次中前后五卷,尚待考证。而且,强昱认为,《本际经》在敦煌中各篇异称达十三种之多,不应该是出自一人之手的造作,而是编纂性的文本。此说只是推测,尚未提供有力的证据,只能备为一说。(见强昱:《从魏晋玄学到隋唐重玄学》,上海文化出版社2002年版,第186页。)此外,王宗昱考察了《本际经》多篇独立的状况,认为《本际经》是一部创作兼汇集前世道书的著作。而据王宗昱的考察,《本际经》的第八卷和第九卷可能均早于《本际经》,但是具体早到什么时候,没有说明。(见王宗昱:《〈道教义枢〉研究》,上海文化出版社2001年版,第19—20页)由于他所根据的是这两卷独立被引用,而没有引《本际经》,从而得出的结论。所以,他的推测是否合理也缺乏有力证据。而镰田茂雄考察的主要就是这两卷,其中时间问题将成为思想比较可能与否的关键。而镰田茂雄对此方面没有作细致的考察,基本认同《本际经》出于隋唐时代。
② 王卡:《敦煌道教文献研究》,中国社会科学出版社2004年版,第139页。
③ 叶贵良:《敦煌本〈太玄真一本际经〉辑校》,第226页。其中部分标点经过修改。镰田茂雄本有"若有了知,是中道者名为正观"一句,然此句实应为"若有了知是中道者,名为正观",如此不同的标点则完全改变该句含义。若按照镰田茂雄的标点,是将中道=正观,若有了知的内容就是前句所说的有关"中"之含义,镰田茂雄也确实如此主张。而后种断句则将了知内容作为对中道的了知,认为了知中道本身是正观,而不是中道=正观。按中道与正观的关系在吉藏文中有明确说明,中道是理是境,而正观是智,由境发智,由智照境,二者是一双,不能相离。但是也不是完全的等同,所以了知中道是智,是正观,但中道不等于正观。"正观中道"是从智境的角度说,若"中道正观"则是从境智的角度说。

初读此段即能感到与中观学的类似，尤其是第一句与龙树《中论》中"因缘所生法，我说即是空，亦为是假名，亦是中道义。"① 极为对应。此句先说"闻说一边"，即空义，后说"即应了悟假名"，即正中道，只是将"是"改为"即"。而从其后的解释来看，该经认中道为最究竟，不滞于有空两边，所以其后重在解释"中"。但镰田茂雄的观察更为敏锐，他认为此段"以中道作为正观对象，便可以说完全是吉藏中观学说的影响。"② 镰田茂雄所指出的中道为正观对象，本意是指吉藏所用的"正观中道"或"中道正观"一词，大概镰田茂雄认为"中道正观"是吉藏的特殊用法，所以有此断言。

在吉藏的论著中，确实可见到此语，如《法华玄论》卷4说："今所明以中道正观为乘体也。中道正观，非空非有，方能出有无二见，故云空有，并是乘方便用也。"③ 在《法华义疏》卷7也说："内德者，一乘以中道正观为体，不受断常，故云无畏。中道正观，必履实相之境，如宝机承足也。"④ 基本上，吉藏是将"中道正观"作为一乘之体，以非空非有显示自身，能够出于有无二见，超离四句。此种论述与《本际经》中正观之出离三界，不滞于有无颇为类似。

不过，镰田茂雄可能并没有注意到天台智𫗧也提到"中道正观"一词，其在《仁王护国般若经疏》卷1说："观心者，有空观、假观、中道正观。即空者，我即无我也；即假者，无我即我也；即中者，是真我也。"⑤ 而在《妙法莲华经文句》卷1说："中道正观，不漏落空假二边，二边烦恼灭也，能观心性名为上定。"⑥ 粗略比对吉藏和智者的说法，他们所提及的"中道正观"都脱胎于《中论》的"三是偈"。不过，二者的诠释角度不同，智者是从"一心三观"出发，空假中为修道的不同进路，中道虽超越空假，但中道中同时涵摄空假在内，三观同在一心，无所偏废。吉藏则将"中道正观"作为一乘之体与上文了知中道之正观为第一乘的说法极为类似，可以推知《本际经》的思路与吉藏接近。就用语上来看，吉藏多以空、有、中道并提，智者则常言空、假、中道。反观《本际经》的说法，其中多以空、有、中道并提，语境又非修道层面，可基本断定其思路合乎吉藏，而非智者。当然，此处也只是从逻辑上判断

---

① 《中论》卷4，《大正藏》第30册，第33页中。
② 〔日〕镰田茂雄：《中国佛教思想史研究》，印海译，美国法印寺文教中心，2011年，第209页。
③ 吉藏：《法华玄论》卷4，《大正藏》第34册，第392页中。
④ 吉藏：《法华义疏》卷7，《大正藏》第34册，第547页下。
⑤ 智𫗧：《仁王护国般若经疏》卷1，《大正藏》第33册，第256页中。
⑥ 智𫗧：《妙法莲华经文句》卷1，《大正藏》第34册，第8页上。

《本际经》中以中道为正观的说法与吉藏思想最为接近，但是否即是取自吉藏，尚待具体的史料证明。不过，镰田茂雄还发现另一处文段也有受到吉藏的影响，如果这一文段证据较为明显，又与上段内容有所呼应，至少可以做出较有根据的证明。

二、"无得正观"与"不二正观"

镰田茂雄认为《本际经》中受到三论宗影响的第二段文字出自第八卷：

> 帝君又问："何谓兼忘？"
> 太极真人答曰："一切凡夫从烟煴际而起愚痴，染著诸有，虽积功勤，不能无滞，故使修空除其有滞，有滞虽净，犹滞于空，常名有欲，故示正观。空于此空，空有双净故，曰兼忘，是名初入正观之相。"
> 帝君又问："何谓重玄？"
> 太极真人曰："正观之人，前空诸有，于有无著，次遣于空，空心亦尽，乃曰兼忘。而有既遣，遣空有故，心未纯净，有对治故。所言玄者，四方无着，乃尽玄义，如是行者，于空于有，无所滞著，名之为玄。又遣此玄，都无所得，故名重玄，众妙之门。"①

此处重在说明"兼忘"和"重玄"，核心是"正观"，上文已提及正观与中道的关联，此处说初入正观为空有双净，同样合乎中道的不著两边之意。镰田茂雄认为，此中"空于此空是为正观"相当于三论宗所提出的"无得正观"，而"无得正观"被认为是三论宗之宗旨，所以从此处"可以认为《本际经》之思想确是有三论之影响了"。② 这一论断尚存两点疑问：一是从此引文中是否即可得出"无得正观"；其二，如果不能，即便"无得正观"是三论宗的宗旨，那么二者也无关联。不过，我们要反过来证明，即"无得正观"是否称得上吉藏对三论宗宗旨的概括，如果不是即可反证镰田茂雄的判断有误。

考之《大正藏》，"无得正观"一词确实主要见于吉藏，偶在道宣对达摩禅的叙述中出现一次，故可以将该词的所属权归于吉藏。而一般也认为"无得正观"是吉藏的

---

① 叶贵良：《敦煌本〈太玄真一本际经〉辑校》，第208—209页。
② 〔日〕镰田茂雄：《中国佛教思想史研究》，第208页。

独特思想,证据是《三论玄义》卷1载:"通论大小乘经,同明一道,故以无得正观为宗。但小乘教者,正观犹远,故就四谛教为宗。大乘正明正观,故诸大乘经同以不二正观为宗。"① 华方田据此认为"无得正观"是吉藏思想的核心。② 但就引文看,"无得正观"本是大小乘经所同的一道,而大乘经所主张的正观则是"不二正观",究竟吉藏自己主张哪种正观,此处尚不能决断,更需再引长文。

> 次明众论旨归门。通论大小乘经,同明一道,故以无得正观为宗。但小乘教者,正观犹远,故就四谛教为宗。大乘正明正观,故诸大乘经同以不二正观为宗。但约方便用异,故有诸部差别。如明应说不应说,今昔开会,名为《法华》,破斥八倒,辨常无常,用名为《涅槃》。至论不二正道,更无别异。在经既尔,在论亦然。虽诸部有异,同用不二正观为宗。又经论同宗,佛说正观为经,论申正观为论。经论用异,正观无别。故《无量义经》云:如水洗秽义同,约井池为异。自昔及今,一切诸教,同治断常之病,同开正道。但约今昔教用异耳。③

吉藏在此明确说明"无得正观"是大小乘通说,但他同时指出,小乘离正观比较远,所谓"正观犹远,故就四谛教为宗"。而大乘"正明正观",即大乘对正观的发扬最"正"。吉藏对大小乘正观的判断可以取南北朝时期的大小乘译经的相关论述加以验证。

刘宋求那跋陀罗译的《杂阿含经》卷三:

> 尔时,世尊告诸比丘:"色是无常,无常则苦,苦则非我;非我者,彼一切非我、不异我、不相在,如实知,是名正观。"④

这应该是"正观"较为原始的意涵,由观四谛而生起无所得作为正观。

梁僧伽婆罗译的《佛说大乘十法经》卷一:

---

① 吉藏:《三论玄义》卷1,《大正藏》第45册,第10页下。
② 华方田:《般若无得 无所不得——试论吉藏佛学思想的基本精神》,《佛学研究》,2000年。此文主要论证了"无得正观"是自《般若经》而中观派,从中观派而三论宗一贯的基本精神,此中尚未区分"无所得"与"无得正观"之间的差异,而所引论证的论据皆是表示"无得"的方面。
③ 吉藏:《三论玄义》卷1,《大正藏》第45册,第10页下。
④《杂阿含经》卷3,《大正藏》第2册,第21页下。

若菩萨作如是观:"一切诸法犹如幻,迷惑凡夫故;一切诸法如梦,不实故;一切诸法如水中月,非事故;……一切诸法如芭蕉,无坚实故;一切诸法如水沫,体性弱故。"善男子!菩萨如是观名为正观诸法。①

姚秦鸠摩罗什译的《维摩诘所说经》卷三:

维摩诘言:"如自观身实相,观佛亦然。我观如来前际不来,后际不去,今则不住。不观色,不观色如,不观色性。……无晦无明,无名无相,无强无弱,非净非秽。……无畏无忧,无喜无厌无著。无已有,无当有,无今有。不可以一切言说分别显示。世尊!如来身为若此,作如是观。以斯观者,名为正观;若他观者,名为邪观。"②

以上简单的引述已经证明,吉藏的说法是合适的,"无得正观"确实是大小乘所通的。而且,借此还可以进一步澄清"无得"与"正观"之间的关联。前面已经说到"中道正观","中道"为"正观"之境。而此处"无得"在于修饰"正观",也就是说,"正观"之所以是"正",就在于其以无所得心观,若有得心,即非正观。由此来说,"正观"本身已经蕴含"无得"在内,只不过大小乘所言"无得"的内容略有不同。小乘以苦、空、无我等同于"无得",而大乘则以诸法无自性见为"无得",而这些不同的"无得"内容皆为正观之相。

三论宗以中观为根底,故主张大乘"无得",如《大智度论》说:"以无所得为得"③,吉藏的"家师朗和上,每登高座,诲彼门人常云:'言以不住为端,心以无得为主,故深经高匠,启悟群生,令心无所著。所以然者,以着是累根,众苦之本,以执着故。三世诸佛,敷经演论,皆令众生,心无所著。'"④ 从此说来,将"无所得"作为三论宗的主旨未尝不可。

不过,早期三论宗人也不否定小乘正观,如开山祖师鸠摩罗什认为"或以事伏心,或以理伏心,今正观则以无常等观,制伏其心也。"⑤ 僧肇认为"心之性也,强梁

---

① 《佛说大乘十法经》卷1,《大正藏》第11册,第766页中。
② 《维摩诘所说经》卷3,《大正藏》第14册,第555页上。
③ 《大智度论》卷18,《大智度论》第25册,第197页上。
④ 吉藏:《胜鬘宝窟》卷1,《大正藏》第37册,第5页下。
⑤ 鸠摩罗什等:《注维摩诘经》卷4,《大正藏》第38册,第364页中。

则观邪，调伏则观正也。"① 此处所言之正观都是小乘观法。由此也印证了三论宗早期即便主张大乘的"无所得"为正观意趣，也没有提出简别大小乘的特殊术语，所以吉藏才说"无得正观"其实是大小所共的，也可看成是吉藏前三论宗的宗旨。而为了简别大乘，吉藏在此提出"不二正观"的说法，则可视为吉藏的特殊宗旨。

"不二"一语在《般若经》中已经使用，如"五阴不二，亦不合亦不散，亦无有形、不可见、一相，一相者则无相，萨云若亦如是"②，所谓二即是分别，如此中所举的合散、相无相等，"不二"乃是一种方便智慧，"菩萨学般若波罗蜜，以沤和拘舍罗，于无形相出诸众生，建立于无相处，令不二入"③，此处所说的"不二入"并不是对二分的舍弃，而是在二分之相中不执着于相。不过，中国学人对"不二"的理解主要依据《维摩诘所说经·入不二法门品》，此品中诸多菩萨分别解说"不二"，最后由文殊菩萨和维摩诘居士的总结性对话结束。此中之"不二"其实与前"中道"精神是一致的，都以无分别为特征，吉藏也是据此提出"不二正观"：

> 不二理则义相观，不二观谓心行观，不二教谓名字观。不二理即中道，不二观谓正观，不二教则名为论。但为佛印定，故名不二经。菩萨所造，名不二论，更无别体也。不二理即因佛性，不二观谓因因性，由不二境，发不二智，故是因因。④

前已说明"正观"的基本要求是达到无所得，此处"不二观"称"正观"，正是"不二理即中道，不二观谓正观"，由此也就将"不二正观"等同于"中道正观"。不过，吉藏在此是以佛性沟通"不二正观"与"中道正观"，可知吉藏提出"不二正观"是在其晚年转向佛性思想之后提出的特殊观念。⑤ 而再从上文吉藏对大乘正观断定为

---

① 鸠摩罗什等：《注维摩诘经》卷4，第364页下。
② 《放光般若经》卷5，《大正藏》第8册，第36页中。
③ 《放光般若经》卷18，《大正藏》第8册，第129页上。
④ 吉藏：《净名玄论》卷1，《大正藏》第38册，第862页上。
⑤ 杨惠南认为，吉藏"晚年（五十岁以后）却因《地论》《摄论》的越来越盛行，也因他个人的偏好《法华》之一乘（佛性）思想，因此，渐渐地又倒转过来，反而把《三论》当中的'中道'思想，视为是佛性的方便了。"（杨惠男［南］：《吉藏的佛性论与心性说之研究》，台湾大学《哲学论评》第12卷，1989年）从这一分析来说，即便吉藏一生思想上有重大的变化，如杨惠南所说的早年的"指境派"到晚年的"主体派"，但是前者也是指向中道实相，而非无得正观。因而，"中道正观"或"不二正观"才是吉藏特殊的宗旨，当然，二者都会导入无所得，因为所有正观都含有无所得。但从吉藏提出以上两种正观来说，他是不满足于无所得的表述，而尝试以"中道"或"不二"标示出大乘正观的独特性。

"不二正观",可知此正观是吉藏的独特宗旨,而非前所谓的"无得正观",尽管二者实质相同。

由此推知,《本际经》的这段文字有三论宗的影子,但很难将其归到吉藏的影响。更何况,镰田茂雄所谓的"无得正观"也不是此段直接用语,乃是经过归纳所得,然后指认受到吉藏的影响,这一证明思路难以得出确定结论。不过,反观这段引文,主要论及"兼忘"和"重玄",它们倒是典型的佛教格义词汇,与三论宗关系密切,若能考察这两个词与三论宗的关系,方能对三论宗与《本际经》关系有较好的理解。

三、"兼忘"与"重玄"

镰田茂雄在《本际经》卷八所引关于"兼忘"和"重玄"的段落中,就"兼忘"义说,乃是先遣除有得空,后将此空心亦遣之,故为空有兼忘。而《本际经》中所用"兼忘"绝非庄子的本意①,属于佛教格义术语。而格义词"兼忘"从魏晋到隋唐时代在佛教主要指称般若思想,如道安所言:"以斯邦人,庄老教行,与方等经兼忘相似,故因风易行也。"②《大智度论》卷1序在描述鸠摩罗什弘扬般若思想时,称其"遂以莫逆之怀,相与弘兼忘之慧。"③"兼忘"有时也特别指般若波罗蜜,如《弘明集》卷13载:"六度:一曰施、二曰戒、三曰忍辱、四曰精进、五曰一心、六曰智慧。……凡此五事,行以有心,谓之俗度。领以兼忘,谓之道慧。"④"五事"是指前五度(波罗蜜),而"兼忘"就是指智慧(般若度)。最后特别强调般若在五度中的作用,如果不以般若行前五度,则为俗度,不是佛教之殊胜度,因而,与兼忘相对的是"有心","有心"即世俗之执着。而将作为般若之"兼忘"义说的最清晰且与《本际经》之"兼忘"表述最接近的是鸠摩罗什的解释,所谓"本言空欲以遣有,非有去而存空,若有去存空非空之谓也,二法俱尽乃空义也。"⑤鸠摩罗什在此明确说明,遣除有之后

---

① "兼忘"一语出自《庄子·天运》:"使亲忘我易,兼忘天下难;兼忘天下易,使天下兼忘我难。"庄子此中"兼忘"在彼此互相忘记,与相忘于江湖的境界类似。但在佛教中的兼忘多指向"物我""是非"之两忘,这一用法在后世更为普遍,如沈约的《郊居赋》曰:"惟至人之非己,固物我而兼忘。"又白居易有诗曰:"况我垂钓意,人鱼又兼忘。"以至于道教成玄英论及"兼忘"时,也基于佛教的提法:"而子綦境智两忘,物我双绝。"(郭象注,成玄英疏,曹础基、黄兰发点校:《南华真经注疏》,中华书局1998年版,第24页)
② 《鼻奈耶》卷1,《大正藏》第24册,第851页上。
③ 《大智度论》卷1,《大正藏》第25册,第57页中。
④ 僧祐:《弘明集》卷13,《大正藏》第52册,第88页下。
⑤ 鸠摩罗什等:《注维摩诘经》卷3,《大正藏》第38册,第354页中。

并非存此无有之空，而是连此空亦遣除才算空的本义。更具体的解释可见于鸠摩罗什等人对"空病亦空"的解释：

> 什曰：上明无我无法而未遣空，未遣空则空为累，累则是病，故明空病亦空也。
>
> 肇曰：群生封累深厚，不可顿舍，故阶级渐遣，以至无遣也。上以法除我，以空除法，今以毕竟空，空于空者，乃无患之极耳。
>
> 生曰：空理无病，病有空耳，就病言之，故谓空为病也。①

以上解释中，遣除有而存之空被看作是累是病，是需要进一步被遣除的对象，而这是因为遣除有所存之空仍然被作为新的执着对象，由此就仍然没有获得真正的空，所以需要进一步遣除空病，此在《本际经》中被称为"空心"。不过，上来鸠摩罗什与僧肇的表述上有所差别，鸠摩罗什认为遣除空病的方式仍然是了知此执着之对象自性空，而非以另外的空去排除此空病。不过，僧肇却说"今以毕竟空空于空者"，似乎是以另外的空除去前空病，如此推理，遣除了前空病，毕竟空岂不是又遗留下来成为新的空病，如何能够达到所谓的"阶级渐遣以至无遣"的境地呢？

《本际经》似乎也注意到僧肇所遗留的问题，在论及法性和道性已经达到毕竟空时认为，"是空（毕竟空）亦空，空空亦空，空无分别。分别空故，是无分别，亦复皆空"②。本来佛教以"空空"或"毕竟空"来终结对空的执着，由此获得圆满的空义，但此经显然认为有对治心仍然需要空，所以把空与无分别对接起来，试图说明分别空之意也空掉，但问题是只要有对治心，不可能有最终之空，由此必然陷入无限循环，即每一重空都将留下一个有待进一步遣除的尾巴，如此遣除复遣除，无有穷尽，所以此处只能在无分别空之后不了了之。

不过，僧肇也说："以空智而空于有者，即有而自空矣，岂假摒除然后为空乎？"③"智无分别即智空也，诸法无即法空也……岂别有智空，假之以空法乎？然则智不分别法时，尔时智法俱同一空，无复异空。"④按此，证空的思路应该是法智双泯的，僧肇如何可能以毕竟空来遣除前空病？这里实际上涉及作为证空原理与证空修行之间的

---

① 鸠摩罗什等：《注维摩诘经》卷 5，第 377 页上。
② 叶贵良：《敦煌本〈太玄真一本际经〉辑校》，第 222 页。
③ 鸠摩罗什等：《注维摩诘经》卷 5，第 372 页下。
④ 鸠摩罗什等：《注维摩诘经》卷 5，第 373 页上。

转换，法智双空是从证空原理来说，此处法智是同时或无时间性的。但是作为现实的修行来说，任何原理都需要一个过程才会被完成。因此，"阶级渐遣，以至无遣也"是就修行历程而言。

如果考察僧肇此句的来源，明显是化用了老子"损之又损以至于无为"句式，那么这一论断也可以不涉及无穷循环的问题，乃是其预设烦恼定量存在，不会增加，那么只要人们不断地遣除，终究有一天烦恼会遣完，由此自然达到无所遣或无为的状态。当然，再深究僧肇此句的来源，此句大概也不是僧肇的原创，可能借用自郭象。郭象在《庄子·齐物论》中说："然则将大不类，莫若无心，既遣是非，又遣其遣。遣之又遣之，以至于无遣，然后无遣无不遣，而是非自去矣。"僧肇精通老庄，此句或从郭象处得之，但是郭象的思路与僧肇很不同。因郭象不是从时间上论说，而是从逻辑必然性上言之，即无遣是通过排除所有能够遣除的必然对象来说。人们或者遣除A（是），或遣除非A（非），或者同时遣除A与非A，或者遣除（同时遣除A与非A），只有这四种情形。

由于A与非A代表全部，那么对此遣除即得零或空集，这类似于鸠摩罗什所谓的遣除有所存之空。而进一步将此零也遣除就会到达无遣。因为零本身就是无或不存在，如何能够遣除一个不存在的对象呢？如果认为无或不存在能够被遣除，那么就已经认同无或不存在存在了，但这显然是自相矛盾的，这就类似于将空执着为有。所以，如果理解无或不存在非存在性，那么就无法再遣除无，从而达到遣的停止，此即无遣。而这正好是第四种情况，所以说第四种情况本身是不可能存在的，能够存在的只有前三种情况，而这也就构成了唐成玄英所说的"三绝重玄"。

成玄英在《庄子·大宗师》疏中说："一者绝有，二者绝无，三者非有非无，故谓之三绝也。夫玄冥之境，虽妙未极，故至乎三绝，方造重玄也。"① 成玄英在此所谓的"三绝"是对郭象玄冥之境的描述，认为其还只是老子所谓"玄之又玄"的第一层玄，而未获得"又玄"或重玄理，所谓"学人虽舍有无，得非有非无，和二边为中一，而犹是前玄，未体于重玄理也"②，而要达到重玄需要超越"三绝"，"虽复三绝，未穷其妙，而三绝之外，道之根本，所谓重玄之域，众妙之门"③。因而，重玄就是以上所列的第四种情况，但由于达到第四种状态后便为无遣态，没有可遣之事，故"重

---

① 郭象注，成玄英疏，曹础基、黄兰发点校：《南华真经注疏》，第150页。
② 成玄英著，严灵峰辑：《道德经开题序诀义疏》卷5，艺文图书馆，第32页。
③ 郭象注，成玄英疏，曹础基、黄兰发点校：《南华真经注疏》，第150页。

玄"境不可以言传，这就是成玄英所谓的"意亦难得而差言之矣"①。但就《本际经》中"兼忘"和"重玄"的理路看，与郭象和成玄英的思路不同，而与僧肇类似，都是从时间序列讨论遣除的问题，都从内在滞之消解至尽说重玄，故《本际经》句式虽然与郭象和成玄英类似，但内在逻辑应从僧肇处得之。

因此，尽管可以说明《本际经》与三论宗有关联，但三论宗对"兼忘"和"重玄"的理解与《本际经》不尽相同，在僧叡的《中论》序文中，对此问题有明确的说明：

> 理极于虚位，则丧我于二际。然则丧我在乎落筌，筌忘存乎遗寄。筌我兼忘，始可以几乎实矣！几乎实矣，则虚实两冥、得失无际。冥而无际，则能忘造次于两玄、泯颠沛于一致，整归驾于道场、毕趣心于佛地。②

此中"兼忘"是对筌我的同时忘却，"筌"即对象，也被表达为物或法，而"我"为认识主体，其实就是上文鸠摩罗什等人注释"空病亦空"时所提及的"无我无法"，也就是空病的内容。而根据僧叡的描述，"兼忘"的流程是先落筌而后丧我，而筌落在于舍弃寄托，这也与僧肇所谓的"上以法除我，以空除法"一致。按照鸠摩罗什等人提供的思路，其后僧叡所谓的"虚实两冥、得失无际"便等同于对空病之空，若将空作为玄，那么空病之空即是"两玄"。此与《本际经》的"兼忘"和"重玄"比较，《本际经》的"兼忘"是对空有兼忘，特别在兼忘中已经提及"空于此空，空有双净"，那就已经是僧叡所说的"两玄"，故三论宗的"重玄"对等于道教的"兼忘"，而道教的"重玄"是对"兼忘"（或名之为玄）的遣除之称谓。

这一变化非常值得注意，这涉及道教与佛教对于执着根源的解释差别，道教或道家讨论宇宙人生的开端基于有无，佛教则从法（物）我开始③。如此，两家在论及遣除的内容时便有差别，在道教论有无双遣时即已进入到三论宗所谓的"重玄"阶段，由此在道教也论及"重玄"时就必须创造新的遣除对象，由此造成佛道在"兼忘"和"重玄"问题上的名同实异的状况。但不论如何，《本际经》中的重玄思路还是受三论

---

① 郭象注，成玄英疏，曹础基、黄兰发点校：《南华真经注疏》，第150页。
② 僧叡：《十二门论序》卷1，《大正藏》第30册，第159页中。
③ 佛教认为执着之发生起于心与境触所生起的欲，其后引发相应烦恼和业。这一思路后来为成玄英所继承，他也说："夫心境相感，欲染斯兴，是以求得称情，即谓之为益，如其不得，即谓之为损，斯言凡情迷执，有得丧以撄心。"郭象注，成玄英疏，曹础基、黄兰发点校：《南华真经注疏》，第30页。

宗影响，由此也印证了蒙文通先生所说的："重玄之妙，虽肇乎孙登，而三翻之式，实始乎罗什"①的断语。

当然，如果还要寻找《本际经》中"兼忘"与"重玄"与吉藏的某些关联，或许借助僧叡的文字也可以有些许线索。比如，僧叡只是提及"两玄"，但吉藏将其解释为"重玄"，"两玄者，即老子云：玄之又玄，众妙之门。借此语以目前五转，始自内外两除，终竟得失无际，谓重玄也"。②此处的关键并非将"两玄"改为"重玄"，"两"与"重"毕竟只是文字表述的差别，最主要的是吉藏将僧叡以上段落分为五对，其中特别将"虚实"与"得失"分为前后接续的状态，即"始自内外两除，终竟得失无际"，其理由是"意惑者，谓能破所破为虚，缘观俱寂为实，则二存为失，两忘为得。虚实之病除舍，得失之念寻生，故复泯之也。"③ 上文已明，僧叡原意是"虚实"与"得失"共时发生的，而之所以先双泯"虚实"后除"得失"，只不过是按照荃落丧我的逻辑来说，并非如吉藏所谓的是因为虚实兼忘之后还有得失念生起，所以需要进一步的遣除。吉藏巧妙地将逻辑先后转为修行序列的先后，并安立了遣除之念加以说明时间序列的合理性，此与上文僧肇的无遣思路相合，更与《本际经》的重玄思路相合。因而，如果非要在《本际经》与吉藏之间找到一条线索，那么这一思路可谓非常重要的证据。再结合前文提及的以中道为正观之类的用语，可证明该经与吉藏之间可能有某些交涉。

四、结语

镰田茂雄列举《本际经》中两处受到吉藏影响的文段，但经过仔细的考证，镰田茂雄所借以支持其观点的证据大多比较宽泛，很难确定其所指即是吉藏的用语。当然，《本际经》中出现的某些文句也确实与三论宗有关联，尤其是与鸠摩罗什等人的注疏有某些内在呼应。因而，可以从一个比较宽泛的角度认为该经与三论宗有所交涉。其实，从一个方法学角度审视，纯粹借助相似语词不容易确证三论宗与《本际经》的关联，而且镰田茂雄所提及以中道为正观对象或"无得正观"的说法在《本际经》引文中也没有明确提及，只是大概类似，这更增加了这种对比的不确定性。

---

① 蒙文通：《古学甄微》，巴蜀书社1987年版，第348页。
② 吉藏：《十二门论疏》，《大正藏》第42册，第173页中。
③ 同上。

而从《本际经》全文来看,其中借用到印度佛经的痕迹最为明显,可以比较确定的来源经典包括《般若经》《法华经》《维摩诘所说经》《大般涅槃经》等。当然,鉴于有些佛典理解难度较大,该经造作者可能也借鉴了中土佛教学者对这些经典所做的注疏,尤其是可能借助像僧肇所写的具有浓厚道家色彩的格义注疏。如此不但使得道教人士易于理解佛典,而且特别容易化用其术语造作新的经典。不过,从《本际经》的写作格式和整体内容来看,绝非以中土佛教学者论著为原型的创造,而是更多依靠印度佛典。这很可能是因为道教人士在借鉴佛教思想时也和佛教学者一样,都有一种崇印抑中、褒经贬论的倾向。

另外,我们并不完全指认该经有借用三论宗的语句,而是使用"交涉"一词,乃是将《本际经》视为一部接着佛化玄学往下讲的道书,而非先入为主地将其视为故意改编佛学的著作。我们可将这一转变比之于道教引入老庄和宋明理学融摄佛学的方式。另一方面,以"交涉"的视角看待《本际经》中的佛教术语,可将其理解为中国较早时期"反向格义"[①]的例子。因佛教也是外来文化,且有逐渐占据学术主流的趋势,而本土道教人士造作雷同佛教经典的道书似不当作"抄袭"看,而应作为道教内部尝试进入当时主流学术范式的努力。在此视角下,我们将发现《本际经》不论化用了多少佛教术语,其形成的只不过是一种具有典型佛教范式的道教经书,主旨仍然在道教的清静无为,此绝不与佛教目标混同。正如宋明理学不论化用了多少佛教思想和修道方式,但终归是儒学而非佛学。

---

① "近代以西方哲学的概念和术语来研究、诠释中国哲学的方法为'反向格义'(reverse analogical interpretation)。"参见刘笑敢:《"反向格义"与中国哲学研究的困境——以老子之道的诠释为例》,《南京大学学报》2006 年第 2 期。

丝路书鉴

美国学界对丝绸之路研究的新动向
——芮乐伟·韩森《丝绸之路新史》介评*

冯培红

（浙江大学历史系）

  1877 年，李希霍芬（B. F. von Richthofen）提出了"丝绸之路"一词。这条道路横跨亚欧大陆，地域十分辽阔，涉及许多国家、民族、语言及文化，成为沟通东西方经济、政治、文化的交通大动脉。随着清代西北史地学的展开与近代西方探险家在中亚的活动，东西方学者逐渐开展对丝绸之路的研究，涌现出了大量学术成果，丝路研究被公认为是一门国际性的学问。然而，丝绸之路并非是一条从西安到罗马的直通路线，特别是古代世界存在各种交通隔阂，以及研究丝路所依凭的材料忽隐忽现与渐次积增，所以对它的探索也往往呈现出断裂式的特征。由于丝路沿线考古文物的不断出土和历史语言学的渐进解读，对丝绸之路的研究才得以逐步向前推进。翻阅 20 世纪以来出版的丝绸之路研究论著，无论是东方或西方学界，都存在着面临资料稀薄的尴尬，对丝路的叙述有时不可避免地加入想象敷衍的成分，这显然是因为考古材料的不足，对胡语文书的解读困难，以及东西方学者之间缺乏必要的沟通。不过，20 世纪后期中国考古学异军突起及推行改革开放政策，苏联政治板块的瓦解导致中亚各国的独立，都为丝绸之路的考古工作提供了前所未有的开放契机，东西方学者之间的学术交

---

* 本文于 2016 年 6 月 13 日在浙江大学与加拿大维多利亚大学合办的"亚洲与美洲：跨越太平洋的社会、历史及文化的联系和比较"国际学术研讨会上作过讲演，承蒙扬州大学李尚全教授与敦煌研究院王志鹏研究员约稿，今校此稿，而尚全已逝，谨以此文纪念李先生。本文得到浙江大学中国史学科双一流经费资助。

流也得到了空前加强。近年，中国国家领导人提出"一带一路"建设，致力于与丝路沿线诸国的合作交流与双赢共建，为 21 世纪丝绸之路的国际化发展与研究搭建了更好的平台。

如果说 20 世纪对丝绸之路研究，东方学者主要倚重于中国汉文史书的记载，西方学者从有限的东西方文献史料出发的话[1]，那么到了 21 世纪初，重视考古资料与拓展广域视角则成为丝绸之路研究的新动向。这一领域的代表作如森安孝夫的《丝绸之路与唐帝国》(《シルクロードと唐帝国》)[2]、韩森（Valerie Hansen）的《丝绸之路新史》(*The Silk Road：A New History*)[3]。这两部著作都把丝绸之路放到世界史——至少是在东亚、中亚的地域范围内——的背景下，利用大量考古资料对丝绸之路东半段作了全新的考察。韩书在考古资料的运用上尤为突出，兹以其书为例，就美国学界对丝绸之路研究的这一新动向进行分析与评论，并希望对中国的丝绸之路研究有所启益。

一、出土文书的碎片支撑

韩森给她的这本书名中特地起了个"新（new）"字，意味着她想写一本不同于以往丝绸之路研究的著作。这种不同除了提出新观点外，最主要的是体现在其所依凭的基础性资料，完全是丝路沿线各地出土的考古材料，特别是多语言的纸质文书。

这首先应当归功于出土文书的数量及其内容的丰富性。众所周知，在丝绸之路核心区段的亚洲腹地，历来多民族竞相角逐，各势力粉墨登场，风云变幻不定，绝大多数民族的历史文献记载没有被保存下来，所以过去对丝绸之路的研究，主要依靠东西方传世文献对遥远世界所作的粗线描述，有很多甚至是带有想象性的。而《丝绸之路新史》一书则是主要依据丝路沿线各地的出土文书及其它文物，构筑起了由各个绿洲岛屿点缀相接的丝路历史景观。

作者选取了楼兰（含尼雅）、库车、吐鲁番、撒马尔罕（粟特）、西安、敦煌、和田等七个丝路城市，除了最西端的撒马尔罕与最东端的西安外，其它五个城市都在塔

---

[1] 例如 Lucette Boulnois, *La Route de la Soie*, Paris, 1963；汉译本见〔法〕布努瓦尔：《丝绸之路》，耿昇译，山东画报出版社 2001 年版。
[2] 〔日〕森安孝夫：《シルクロードと唐帝国》，讲谈社 2007 年版。
[3] Valerie Hansen, *The Silk Road：A New History*, Oxford University Press, 2012。本书评中所标的页码、插图页，皆见此书。

克拉玛干沙漠的周围。因此，她所研究的丝绸之路其实只在撒马尔罕到西安之间，①而对西亚及地中海一带则未涉及，甚至也没有提到印度和高加索地区。② 作者指出，罗马帝国时代与中国之间几乎没有直接的贸易接触，而且始终没有一条连通两者的笔直的丝绸之路，而只是没有标识的道路网络（5—21页）。③ 她之所以选取这七个城市，无疑它们都是丝绸之路上的重要据点，但更大程度上是因为这些地点的考古材料颇为丰富，特别是出土文书内涵极广。通过这七个城市的碎片文书，可以串联起一幅贯通亚洲腹地的东西方文明的交流路线图。

如作者自己所说，该书的叙述顺序不是按照地理位置的空间分布，而是以时间先后来做编排。④ 即使不以空间为顺序，我们也可发现作者对丝绸之路的认识是从西方立场出发的，因为第五章的标题中把西安称作为"丝路终点的国际都会（The Cosmopolitan Terminus of the Silk Road）"。尽管"丝绸之路"一词是西方人发明的，但如果从其命名本身来说，应该把丝绸的源出地——中国的古都西安定为起点才更为合适。该书《结论》中也说："严格地说，丝绸之路指所有从中国向西、经过中亚、到达叙利亚乃至更远的不同的陆上道路"（235页）。其实，无论是从人员往来、货物流通，还是文化传播、技术流转等各个方面看，丝绸之路从来都是东西方双向性的。

正像作者在《中文版序言》中说"丝路研究引人入胜"，⑤ 此书的内容也同样引人入胜，特别是附有许多文书、简牍、石窟壁画、墓葬、钱币、遗址及其它文物的图版，以及每章都有的地图，清晰地展现了丝绸之路的交通空间及其众多的令人眼花缭乱的出土物。韩森听从上课学生的建议，"每章以一件文书开头"（x页），甚至连并不出土文书的西安也是如此，虽然西安本身拥有大量来自西域的丝路文物，但作者并未使用，而是放了一张带有"长安"字样的吐鲁番文书的图片。在《导论》前面也使用了一件吐鲁番文书，并从它的商业内容导入叙述，这无疑凸显了出土文书的重要性。

---

① 荣新江、张志清：《从撒马尔干到长安——粟特人在中国的文化遗迹》，北京图书馆出版社2004年版。该书涉及的范围基本相同，但还包括洛阳、太原、扬州、范阳、易县乃至漠北等地。
② 粟特人曾与四方开展交通贸易，魏义天对此作了全面性的考察，参见 Étienne de la Vaissière, *Histoire des Marchands Sogdiens*, Paris：Institut des Hautes Études Chinoises, Collège de France, 2002。
③ 这在B.A.李特文斯基主编、马小鹤译《中亚文明史》第三卷《文明的交会：公元250年至750年》第一章《历史导言》（李特文斯基、张广达执笔）之"丝绸之路"一节中已有类似的叙述："它实际上是一个道路系统（以及道路通往的主要方向），而不是一条专门的道路"。中国对外翻译出版公司2003年版，第11页。
④ Valerie Hansen, *The Silk Road：A New History*, p.21。也可参阅书中前面所附的"Silk Road Timeline（丝绸之路年表）"。
⑤〔美〕芮乐伟·韩森：《丝绸之路新史》，张湛译，后浪出版公司2015年版，"中文版序言"第2页。

她说：“本书以文书为基础……没有什么比从垃圾堆中提取到的信息更有价值，因为它们未被作过任何加工”（5 页），"该书的目的就是……讲述一个个写在废纸上的最平常、但却是有血有肉的丝路故事"（24 页）。这一点完全可以从文书材料在书中所占的比重清晰地看出。作者显然非常善于处理和分析这些多语言的文书纸片，无论它是哪个地点出土的杂七杂八的胡语或是汉文材料，都使用得得心应手，达到信手拈来的程度。这些文书大多书写在纸上，有的也写在木头、丝帛、皮革或其它材料上。中国西北及中亚地区气候干燥，处在亚洲大陆的沙漠腹地，这种环境有利于保存纸质及其它文物。而丝绸之路穿越亚欧大陆，沿线很多地方留下了人类活动的丰富的遗存资料，从而为我们今天研究古代丝绸之路、认识丝路先民们的活动提供了可能。

第六章开篇说："如果你打算只参观一个丝路遗址，那就去敦煌"（167 页）。这显然是因为敦煌保存的文书与文物，无论从数量还是质量上说，都是最多、最完整、价值最高的。它不仅拥有 700 多个佛教石窟及其精美的壁画，而且藏经洞还出土了约 6 万件纸质文书及绢画等物，以及悬泉置和烽燧遗址出土的大量汉简。作为中原王朝连接西域的桥头堡，敦煌在丝绸之路与中西交通史上具有独特的枢纽作用。敦煌文书的语言是极为丰富多样的，有汉文、藏文、回鹘文、于阗文、梵文、粟特文、叙利亚文、希伯来文、西夏文、蒙古文等。《导论》中花了一定的篇幅介绍悬泉汉简，大概是考虑到敦煌文书实在是太丰富了，无法在第六章中一并叙介，所以只好做了这样的前置叙述。对于多达 35 000 多件悬泉汉简，作者关注的只是来自中亚的朝贡使团，特别是粟特使节在敦煌贩卖骆驼的贸易活动。在第六章中，除了再次提到在前一章已经详叙过的粟特文信札外，作者首先注意到藏经洞出土的粟特语祆教经典《阿维斯塔》诗句与祆教女神像纸画、三件汉文摩尼教文书、一件胡奴买卖文书；而且还关注敦煌文书中的外来商品与胡语在敦煌地区的使用，显示了对丝路贸易与多语言的叙事倾向。

如上所言，该书研究的丝绸之路其实只是东半段，其最西端是以撒马尔罕为中心的粟特地区，这里是粟特商人的故乡。粟特地区位于中亚阿姆河与锡尔河之间，是最典型的世界文明十字路口。在今乌兹别克斯坦撒马尔罕以东 120 公里、今塔吉克斯坦境内的穆格山出土了 97 件文书，其中粟特文 92 件、汉文 3 件、阿拉伯文 1 件，以及 1 件用鲁尼字母书写的文书，展现了中亚粟特地区被阿拉伯帝国征服前夕的情景。尽管这些文书缺乏丝路贸易的内容，很多只是本地的契约及其它文书，但作者指出，来自中国武威等地的 3 件纸质文书是丝绸之路长途贸易的证据。也许正是因为穆格山文书缺少丝路贸易的记载，所以在第四章开头使用了一张敦煌西北 T. XII. A 烽燧出土的粟特文信札之图版，并且详细介绍了信札的主要内容，从中可知粟特人在从撒马尔罕到中国境内开展的远程贸易。除了文书之外，粟特地区的片治肯特、阿弗拉西阿卜遗址出土了大量精美的壁画，体现了粟特人以撒马尔罕为中心，与周围的中国、突厥、印度、波斯等外部世界的联系。值得注意的是，壁画中的外交使节被描绘得像是贸易者，尤其是中国使节手持蚕茧、生丝、绢帛等物，是中国与中亚粟特地区开展丝路贸易的典型象征。

从粟特地区往东走，在到达帕米尔高原之前的阿富汗境内发现了一批巴克特里亚语文书[①]，在巴基斯坦喀喇昆仑山口的岩石上刻有1 000条佉卢文与4 000条婆罗米文题记，在奇拉斯下游的夏迪亚尔遗址有550条粟特语题记及汉文、藏文、希伯来文和其它伊朗语文字题记。这一带显然也是丝绸之路上的重要据点。不过，作者并未选取这些据点，没有利用这里出土的文书及题记，而是随着斯坦因（A. Stein）的脚步直接进入中国境内，仅在第一章叙述楼兰时有所提及。在今新疆塔克拉玛干沙漠的南北两面，她选取了丝路南道上的和田、尼雅、楼兰，北道上的库车、吐鲁番等据点，逐章进行论述。

尼雅、楼兰出土了数量不少的佉卢文与汉文文书，前者更加引人注目，这是一种三、四世纪用来书写梵语和其它印度语言的文字，反映了今阿富汗、巴基斯坦的犍陀罗人翻越帕米尔高原，沿着丝路南道进入楼兰地区，而汉文"楼兰"就是佉卢文Kroraina一词的音译。这也让人联想起米兰壁画中带有罗马风格的有翼天使（彩图5B）。作者引用了当地出土的两枚汉文简牍，显示出钱币、粮食、丝绸的数额颇巨，她认为都是楼兰的粟特商人交付给前凉官府的，并以此说明楼兰存在着"一些大额交易"（43页）。全书通篇都在论证丝绸之路上只有小规模的贸易，但此处却属例外。

位于丝路南道的还有和田，除了早期的山普拉、热瓦克遗址外，丹丹乌里克等地出土了不少七、八世纪的于阗文与汉文文书，而远在敦煌的莫高窟藏经洞中也有许多10世纪的于阗文文书。作者注意到，山普拉遗址发现的羊毛裤织锦上的希腊式半人半马与持枪武士，安德悦遗址出土的佉卢文木简提到一名于阗人以8 000文的价格把一匹骆驼卖给了粟特人，达玛沟出土的汉文、于阗文双语木简，丹丹乌里克出土的超过1万文的借贷文书，以及犹太波斯语商业信札文书。10世纪以后，于阗国与敦煌归义军的关系非常密切，双方统治者之间世代联姻，于阗通过敦煌前往中原的朝贡贸易随之兴盛起来。除了正史中的记述，一组由15件组成的于阗文文书P.2741v、Ch.296、

[①] Nicholas Sims-Williams, *Bactrian Documents from Northern Afghanistan*, London: Oxford University Press, 2000.

P.2790《于阗使臣奏稿》记载到,该国七位王子带了360公斤玉及皮货、马、骆驼、鹰、牦牛尾、织物、皮毛、药品、矿物、草药、香料、琥珀、珊瑚等物,到了敦煌以后,想要继续前往甘州、朔方并向中原王朝进贡,但是敦煌以东的道路因甘州战乱而受阻,他们未能完成朝贡使命。

库车、吐鲁番位于丝路北道,在东汉后期丝路南道(即阳关大道)衰落以后,北道变得兴盛起来。作者把库车称作"丝绸之路诸语言之门",开篇就从当地出生的佛经翻译家鸠摩罗什说起,他确实是个语言天才,特别是到后秦都城长安以后主持翻译了大量佛经。除了从梵译为汉文外,还涉及龟兹语和焉耆语。据统计,龟兹语文书有6060件,焉耆语文书有1150件。在库车南部的都勒都尔·阿护尔遗址,除发现龟兹语文书外,还有大量的汉文文书。作者介绍了伯希和(P. Pelliot)所获的130件龟兹语过所文书,其中第64号记录的是一名男领队带着一支全由女人组成的商队,作者猜想这就是正史中提到的龟兹"女市"。① 汉文文书有214件,其中也有一些关于商队活动的简略记载,甚至还有粟特人的若干信息。吐鲁番无疑是丝路北道上规模最大的胡汉聚落。自从汉代以来,这里就有大量汉人屯聚,同时来自中亚的粟特人也常寄居此地,所以这一章重点谈论了汉人与粟特人,尤其是后者,她指出:"伊朗世界,尤其是以撒马尔罕为中心的东伊朗世界,而非罗马,才是独立的高昌国和640年征服此地的唐朝的最重要的贸易伙伴"(94页)。强调粟特与吐鲁番粟特人的重要性,是基于出土文书与萨珊银币作出的结论。这里的文书绝大多数出自墓葬,至今为止已经在205座墓中出土了约2000件汉文文书,其中粟特文文书与记载粟特人贸易的汉文文书都为数不少。作者根据《高昌内藏奏得称价钱帐》列出了粟特人等买卖商品的重量及税额,很好地展现了粟特商人主导高昌国商业贸易的图景;《唐天宝二载(743)交河郡市估案》罗列了十几个行中350多种商品的各类价格,其中很多来自中原内地(如蒲陕州䌷、河南府生䌷、梓州小练、常州布、益州半臂等)与中亚地区(波斯敦父驼、突厥敦父马等)。通过粟特胡商曹禄山与汉商李绍谨的贸易纠纷案和粟特胡商石染典的过所文书,完整地展示了从唐都长安经河西走廊、再到西域各地的贸易实况。可以说,没有哪个地方出土的商业文书能像吐鲁番那样丰富而生动,甚至连敦煌的都比不上,吐鲁番确实可以说是丝绸之路商业贸易的最佳代表和缩影。此章最后简单介绍了高昌回鹘汗国的宗教文书,值得注意的是粟特语仍被继续使用。

西安是古代帝京,这里没有出土文书,但其它反映丝绸之路的文物则极其丰富,

---

① 《北史》卷97《西域传》,中华书局1974年版,第10册,第3218页。

比如最近十多年陆续发现的粟特人安伽、史君墓以及带有粟特风格的何家村窖藏文物。虽然第五章中也引用了吐鲁番质库账、敦煌判集等个别外地出土的文书，但这在论述西安这座伟大的都城时显然太无足轻重了，大唐帝京的文物多且精美，不需要边陲出土的残简断纸来作说明，所以此章严格地说不算是写在"废纸"上的故事。而被作者定义为"丝路终点"的古都西安，她同时又说"这座内陆城市也是那些从海路西行者的出发地"（141页），那当然只能依靠高僧或旅行家的游记来获知详情了。

以上七个城市中，位于亚欧内陆沙漠中的六个都出土了纸质文书，这些都是本地区乃至本民族的资料，依靠它们串联起了丝绸之路的道路网络。可惜的是它们大多是些碎片，有的甚至是十分残破，能否借助这些丝路孤岛上的碎片文书，通过发现彼此之间的有机联系，进而把这些绿洲岛屿串连成线乃至网络，来呈现丝绸之路的古往历史，是历史学家要做的工作。笔者非常赞同这样的做法，并且认为这是探索丝绸之路的最为可行的方法。作者在这方面做了大量的努力实践，试图通过分析与贸易及语言相关的大量文书，揭示出丝绸之路多语言、多民族环境下的贸易特征。不过事实也表明，这些碎片文书大多是关于本地区的日常生活，能够反映丝路贸易的材料并不像人们想象中的那么多。这些文书反映的当然是历史的真实，但毕竟只是一种具体表象，作者得出的结论，尤其是根据这种表象所作的过于拘泥的定论或稍加演绎的推论，最终是否符合历史的真相？还有待于进一步讨论。

二、辅助材料：古代僧传行记与近代西方探险家的记录

如果说出土文书是该书研究丝绸之路的基础性资料，那么对古代中国僧传、行记与西方旅行家的游记，以及近代西方探险家在丝路上的行记及考古报告的利用，则是又一补充与指引。

西行取经，是古代中国及朝鲜半岛的高僧们孜孜以求的伟大事业，他们不顾路途艰险，万里迢迢前往于阗、印度等地求取佛经。许多僧人或其弟子留下了西行求法的行记和僧传，为我们今天认识丝绸之路提供了当时的宝贵资料。作者在书中多次提到法显、玄奘，另外还有鸠摩罗什和义净。例如玄奘，第三章叙述他回忆从瓜州到高昌、再到中亚西突厥可汗牙帐的旅程，其资料来源于《大慈恩寺三藏法师传》；第四章开篇写他从高昌到龟兹，翻越天山到西突厥可汗牙帐，再到撒马尔罕等粟特地区，依靠的仍是该传及《大唐西域记》。第七章也简略地提到了玄奘。再如法显，第一章最末写他去时经过楼兰，第五章叙述他从海路归国，以及第七章中法显对于阗佛寺的

描述，均出自《法显传》。

10世纪以后，西方的旅行家也陆续东来，对丝绸之路各地的情况均有记录，如《导论》中说到的《厄立特里亚海航行记》，第五章叙述916年阿布·扎伊德（Abu Zayd）记载了唐末的战乱破坏与海上丝绸之路的中断，第七章提到马可·波罗（Marco Polo）与鄂本笃（Bento de Goes）游记中在和田等地的情况。

当然，古代不仅有西行取经的中国、朝鲜半岛的高僧，也有东来传法的印度、中亚胡僧及其他宗教传播者，以及东来西往的旅行者，他们或多或少地留下了一些文字记录，成为今天研究丝绸之路的必要的补充性资料。

其次，我们在书中明显地发现，作者在描述丝绸之路各个绿洲城市时，经常是沿着近代西方探险家的足迹前行的，所以她的叙述方向也很自然地自西向东，并把西安当作了丝路终点，尽管在章节顺序上按照时代先后作了变换。

通观全书，作者共举出十九、二十世纪之交14位到过中国西北及中亚地区的西方探险家：匈牙利洛克齐（L. Lóczy），英国鲍尔（H. Bower）、斯坦因、高德福雷（S. H. Godfrey）、马继业（G. Macartney）、瑞典赫定（S. Hedin），德国勒柯克（A. von le Coq）、格伦威德尔（A. Grünwedel）、特灵克勒（E. Trinkle）、法国伯希和，美国亨廷顿（E. Huntington），俄国鄂登堡（S. F. Oldenburg），苏联弗莱曼（A. A. Freiman），瑞士伯斯哈德（W. Bosshard）。另外还提到了从20世纪中叶到21世纪初中国、苏联、哈萨克、日本等国的考古学家，以及20世纪90年代来到南疆的英国布莱克摩尔（C. Blackmore）、瑞士鲍莫（C. Baumer）等探险家。

在这些探险家中，作者最钟情于斯坦因，全书只有第二章没有提到他，其它各章及《导论》《结论》中都出现了他的名字。就像第六章介绍斯坦因学习英国考古学家佩特里（W. M. F. Petrie）的考古学方法论一样，他受到了此人极大的影响，对于同一次考古发掘他都分别撰写了简明扼要的发掘简报与极其详细的大型考古报告，特别是后者成了韩森在写作本书时的有用参考与学术指引。

《导论》中说："这里讨论的很多遗址是斯坦因最早定位并绘图的，他发现了大量非常重要的文物与文书。……斯坦因的描述对于重建每处遗址的原始状态极为重要，他对导致文书埋藏的环境的解释也很重要；即使后来的每位学者有其自身的解释，也都要依靠斯坦因作为出发点"（12—13页）。第一章叙述迁徙到尼雅、楼兰的犍陀罗人，就是沿着斯坦因从巴基斯坦、阿富汗进入中国的足迹来叙写的。第六、七章写敦煌、和田，同样也离不开斯坦因，尤其是他作为第一个到藏经洞盗宝的外国人，书中花费了很多篇幅来叙述他是怎样盗取文书的，甚至还提到了他的欺骗手法；而对后来陆续至此的伯希和、鄂登堡则只是简单提及，一语带过。此外，第二章写库车与克孜尔石窟，从斯文·赫定沿塔里木河乘船从叶尔羌抵达库车的近三个月的水上航程叙起，紧接着是勒柯克对克孜尔石窟壁画的破坏式窃割，以及伯希和对库车文书的获取。这些都来自他们各自的考察记录。这正如作者所说的那样："19世纪末、20世纪初，斯坦因和其他探险家的记述富含信息，因为除了极个别外，他们与古代的旅行者一样，使用相同的交通手段沿着同样的路线旅行。他们的记述填补了古代旅行者没有提到的诸多细节，有可能再次体验沿着古代贸易路线旅行的经历"（13页）。因此，这些探险家的考古记录自然就成了本书写作的又一素材。

另外，作者对上个世纪以来的相关学术史、特别是胡语文书的解读成果，也作了一定程度的介绍并加以吸收，以更好地利用这些出土文书来反映丝绸之路的景况。例如拉普森（E. J. Rapson）、布娄（T. Burrow）、布腊夫（J. Brough）对佉卢文文书的解读，西格（E. Sieg）、西格灵（W. Siegling）、皮诺（G. Pinault）对龟兹语和焉耆语文书的解读，辛姆斯-威廉姆斯（N. Sims-Willians）、葛乐耐（F. Grenet）、弗莱曼、吉田丰对粟特语文书的解读，施杰我（P. O. Skjærvø）、熊本裕对于阗语文书的解读，以及张湛对犹太波斯语文书的解读，等等。正是在踏着这样的前人足迹，并加以综合运用，才丰富了对丝绸之路相关内容的深入探讨。

三、新观点的提出及其商榷

如上所说，《丝绸之路新史》一书最大的特点是材料新，充分利用了丝路各地出土的胡汉语文书，通过分析这些出土文书及其它资料，得出了对丝绸之路的一些新认识。

在《导论》中，第一段简单介绍了吐鲁番阿斯塔那61号墓出土的《唐西州高昌县上安西都护府牒稿为录上讯问曹禄山诉李绍谨两造辩辞事》以后，第二段就迫不及待地端出了作者关于丝绸之路贸易的新观点：

> 这个案件充分显示了丝绸之路的贸易特点。实际的贸易额很小。在这个案例中，只有七头牲畜运载了粟特商人的全部货物，其中有两峰骆驼、四头牛和一头驴，都是非常重要的驮畜。粟特商人的出现甚堪注意，因为中国的主要贸易伙伴不是罗马，而是处在伊朗世界东缘的撒马尔罕。此外，丝路沿线商人的成功正是因为有大量中国军队的存在，该诉讼案件发生在7世纪，当时唐帝国的军费投入

为当地经济提供了一个强有力的刺激。①

这段话讲到了丝绸之路贸易的三个特点：

第一，丝绸之路上开展的是小额贸易。作者在书中多次强调了这一点，并且说大多仅限于当地范围的交易，有时甚至是以物易物（见《导论》3、4、5、10页，第一章50、51页，第二章76、82页，第三章102、104、106页，第四章119、139页，第六章195、196、197、226页，《结论》235、237、238、239页）。

丝绸之路既然以丝绸来命名，所以当人们一说起它时，往往就会联想到丝绸及其它商品在这条东西方道路上的贸易活动。关于丝路贸易中的各种商品，薛爱华（E. H. Schafer）已经在其名著《撒马尔罕的金桃》中作了非常透彻的说明。② 我们不否认使节背负的政治使命、将士们的军事行动，以及宗教家的虔诚旅行，但很难想象大量活动在丝绸之路上的先民们，不顾千里迢迢与风尘仆仆，甚至冒着生命危险的长途旅行，一点也不受到商业贸易的利益驱动。以往的研究者依据有限的东西方传世文献，对介于两者之间的丝绸之路贸易图景进行了充分的构想，得出了丝路贸易兴盛与否的结论，其中持贸易兴盛论者不乏其人。《丝绸之路新史》一书也是从贸易入手并始终关注丝路贸易的。《导论》开篇即从粟特商人曹禄山的诉讼文书展开叙述，这是一份高昌县处理从长安到西域进行贸易的胡汉商人之间的纠纷文书，而且全书正文也主要是围绕丝路贸易来进行写作的。作者从已有的出土文书等碎片材料出发，对丝路贸易作出了自己的判断，所得出的小额贸易且多限于当地的结论，颠覆了过去仅靠传世文献模糊且偏颇的记载而构筑的丝路贸易的繁荣景象。

尽管此前也有学者提出了类似韩森的看法③，但总的来说，人们还是会笼统地称道丝绸之路的贸易繁荣④。本书作者基于碎片文书得出的限于当地的小额贸易之结论，

---

① Valerie Hansen，*The Silk Road：A New History*，p. 3.
② Edward H. Schafer，*The Golden Peaches of Samarkand：A Study of T'ang Exotics*，London：University of California，1963.
③ 齐陈骏《对古丝路上贸易的估价》云："当今天我们估价这条古代中西通道的历史功绩时，我以为不能把商业贸易估价得太高，更不能把它说成'本质上是一条商路'，或者说'商业贸易是其最基本的内容'"。原载《兰州商学院学报》1992年第3期，此据齐陈骏：《枳室史稿》，甘肃文化出版社2005年版，第703页。
④ 例如，李明伟在《丝绸之路贸易史研究》一书的《前言》中说："商业经济活动是中西交通的直接动因和初始心理之基础。但把它只看作商路也是不够的。贸易路的发达，是中国封建社会西北地方经济史上一种特殊、重要的现象。丝路贸易对古代西北社会发育和经济发展曾起过决定性影响，并惠及今日。"

是否准确？当然还需要进一步检验。第一章论述楼兰时，她举出当地出土的两枚汉文简牍，以说明楼兰也存在着大额交易（much large transactions）。一枚编号为 L. A. I. iii. 1-沙木 886：

1. 建兴十八年（330）三月十七日，粟 特 胡 楼 兰
2. 一万石，钱二百。

另一枚编号为 L. A. II. ii-孔木 44：

□入三百一十九匹今为住人买彩四千三百廿六匹。①

前凉时期，楼兰地区生活着粟特胡人。作者认为，他们向当地官府交付了 1 万石粮食、200 文钱，或许是作为税金，也可能是为汉人军队提供粮草的一种交易。② 粮食的数额比较大，而另一枚木简提到 4326 匹彩及 319 匹某物（作者认为是牲畜），数量更是惊人。对此，她用在西域的汉人驻军或官府与楼兰粟特人的物资供给关系来作解释。第三章论述吐鲁番时，她使用了一份《高昌内藏奏得称价钱帐》，提到最大的交易额为 800 斤香料，称"用几头牲畜就可以运走"（102 页）。但对于粟特批发商来说，一次性购买如此数额的香料，应该不算少了。此外，上述七位于阗王子带了 360 公斤玉以及其它大量货物来到敦煌，数额非小。③

关于丝绸之路究竟是当地贸易还是长途贸易？连作者自己在书中也说："在穆格山发现的中国纸张是罕见的长途贸易（long-distance trade）的见证。……丝路商人把它带到了往西 3 600 公里外的穆格山"（137 页）。其实，仅仅是武威发出的官文书这种纸张传递到撒马尔罕，还不能作为丝路贸易的硬证据，但西晋末撒马尔罕商人那你槃陀（Nanai-Vandak）等人到河西走廊及中原内地的长途兴贩，以及唐代粟特商人曹禄山兄弟与汉商李绍谨等从长安到西域各地的远程贸易，则都是丝绸之路上远距离贸易的具体而生动的例证。

---

① 侯灿、杨代欣：《楼兰汉文简纸文书集成》，天地出版社 1999 年版，第 1 册，第 61、107 页。
② 胡平生《楼兰出土文书释丛》亦云："我们怀疑这些粮食、钱币是前凉驻军以租赋形式从'粟特胡'那里征集来的。"见《文物》1991 第 8 期，第 42 页。
③ Harold W. Bailey, "The Seven Princes", *Bulletin of School of Oriental and African Studies, University of London*, XII. 3-4, 1948, pp. 621-624.

因此，基于碎片的出土文书所得出的丝路贸易是小规模且多限于当地的结论，虽然从许多文书的表象来看似乎如此，但显然并非全部。考虑到碎片文书的性质，大多只记载了单个商人的私人事情，所以我们确实是较多地看到近距离的小额贸易，甚至在非大一统时代因为钱币短缺而出现了以物易物的现象。作者根据吐鲁番出土的过所文书说："商队规模通常包括四五个人与十头左右的牲畜。"（104页）然而史书中记载，西魏末有一支吐谷浑派往北齐的商队，中有"商胡二百四十人，驼骡六百头，杂彩丝绢以万计"①。荣新江认为率领这支商队的将军翟潘密是个萨保，并联系佛经中遇到强盗的500商人，来推断粟特商队的一般规模。② 当然，这支商队是由政府主导的，有仆射、将军等官员，受到吐谷浑的武力保护，所以规模相对较大，而一般商队的规模应该要小一些。据敦煌文书P.3569v《唐光启三年（887）四月为官酒户马三娘龙粉堆支酒本和算会牒附判词》记载，西州回鹘向敦煌派遣了一个由35人组成的使团，③除了肩负必要的政治使命外，另一个目的应当是到敦煌从事贸易，④ 所以在此逗留了很长时间，住了一个多月，敦煌官府为他们供应了45瓮5斗2升酒。

　　由于西北陆上丝绸之路穿越茫茫戈壁沙漠，路途艰险，有时还会遭到盗贼的劫掠，所以商队一般都会结伴而行，甚至与官方使节一起同行，组成武装，尽可能地避免各种危险。这也说明，丝路商队的规模一般不会太小，贸易额随着商人人数的增加也在相应地增长。无论是从长安到西域，或者从吐谷浑到北齐，还是从西州到敦煌，商队从一个绿洲到另一个绿洲，甚至更远的绿洲或其它地方，从事着不同地区乃至国别之间的贸易，而不完全只是当地的贸易。

　　第二，作者非常重视粟特人在丝路贸易中扮演的角色与作用，并把贸易圈主要定在东半段即粟特与中国之间。从本书所选的七个丝路城市来看，也全都在此范围之内，而未覆盖丝绸之路的西半段。她指出，中国在西方世界的贸易伙伴主要是中亚地区的粟特，而非更西的罗马（见《导论》3、17—21页，第三章97页）。也正因此，该书中所写丝绸之路的最西端，定在了以撒马尔罕为中心的粟特地区。

---

① 《周书》卷50《异域下·吐谷浑传》，中华书局1971年版，第3册，第913页。
② 荣新江：《北周史君墓石椁所见之粟特商队》，《文物》2005年第3期，第48—50页。
③ 上海古籍出版社、法国国家图书馆编：《法藏敦煌西域文献》第25卷，上海古籍出版社2002年版，第346页。
④ 《丝绸之路新史》一书第191页也提到一件敦煌文书P.3547《唐乾符四年（877）沙州上都进奏院状》，记载张淮深派遣入朝的使团有29人，一组到达唐都长安，另一组则留在灵州。虽然说使团的目的是为了求取旌节，但使节在京城逗留了四个半月，应该是在从事贸易活动，而在灵州的使节无疑更是如此。

从历史上看，中国势力最大时所能控制或影响的极西之地，确实是在中亚的粟特地区，唐朝在这里建立了一些羁縻都督府。中国的汉族商人也曾远至西域弓月城贸易，① 汉人手捧丝绸的形象甚至被绘在撒马尔罕阿弗拉西阿卜遗址的壁画中。经过中外学界基于敦煌、吐鲁番文书及粟特人墓志等众多第一手资料所作的充分研究，已经完全确认了粟特人在丝路贸易中发挥的独特作用。② 中古时期，粟特人多批次大量东来入华，沿着丝绸之路在东亚世界构建了当时最重要的贸易网络。无论是薛爱华的《撒马尔罕的金桃》，还是劳费尔（B. Laufer）的《中国伊朗编》，③ 这些名著都写的是中亚与东亚之间的丝路贸易。即使是从罗马运来的物品，也往往要通过粟特商人来转手贩卖。《十六国春秋·前凉录》记载："张轨时，西胡致金胡瓶，皆拂菻作，奇状，并人高，二枚"。④ 唐初，高昌国王麴文泰将一对"拂菻狗"进贡给唐高祖，而唐人又将之称作"康国猧子"，⑤ 可知在西起拂菻、东至中国之间从事中转贸易的"西胡"，是以康国为宗主国的粟特胡商。⑥

　　尽管本书《导论》中说"丝绸之路上的粟特聚落大多从事农业，而非商业"，但通观全书，作者显然把粟特人当作丝路贸易中最重要的商人来看待，七章全都提到了粟特商人，尤其是第三至六章写吐鲁番、撒马尔罕、西安、敦煌，均围绕着粟特人的商业贸易来叙述，粟特商人在其本土以东的丝路东半段可谓独领风骚。

　　然而，进入唐代以后，罗马与中国之间的直接交往逐渐增多。⑦ 丝绸之路的空间范围显然应该把粟特以西到地中海沿岸的西半段也包含在内。尤其是粟特商人"利之所在，无所不至"⑧，魏义天（É. de la Vaissière）就研究了粟特人与拜占庭、印度、高

---

① 〔日〕荒川正晴：《唐代粟特商人与汉族商人》，荣新江、华澜、张志清主编：《粟特人在中国——历史、考古、语言的新探索》，中华书局 2005 年版，第 101—109 页。
② 参见姜伯勤：《敦煌吐鲁番文书与丝绸之路》，文物出版社 1994 年版；Étienne de la Vaissière, *Histoire des Marchands Sogdiens*, Paris: Institut des Hautes Études Chinoises, Collège de France, 2002；〔日〕森安孝夫编：《ソグドからウイグルへ—シルクロード東部の民族と文化の交流—》，汲古书院 2011 年版；荣新江：《中古中国与粟特文明》，生活·读书·新知三联书店 2014 年版。
③ 〔美〕劳费尔：《中国伊朗编》，林筠因译，商务印书馆 2001 年版。
④ 李昉等：《太平御览》卷 758《器物部三·瓶》，中华书局 1960 年版，第 4 册，第 3365 页。
⑤ 参见丛振：《西域"猧子"与唐代社会生活》，《新疆师范大学学报》（哲学社会科学版）2012 年第 6 期，第 45—51 页。
⑥ 罗丰：《北周李贤墓出土的中亚风格鎏金银瓶——以巴克特里亚金属制品为中心》，原载《考古学报》2000 年第 3 期，此据罗丰《胡汉之间——"丝绸之路"与西北历史考古》，文物出版社 2004 年版，第 81 页。收入书中时，文字、语序略作改动。冯培红：《粟特人与前凉王国》，《内陆アジア言語の研究》XXX，2015 年，第 165 页。
⑦ 林英：《唐代拂菻丛说》，中华书局 2006 年版。
⑧ 《旧唐书》卷 198《西戎·康国传》，中华书局 1975 年版，第 16 册，第 5310 页。

加索及中国之间广泛开展的四方贸易①。韩森未对丝绸之路西半段进行论述，可能是因为缺乏类似的出土文书，同时也忽略了当地出土文物与伊斯兰文献的相关记载。无论丝路东半段是如何重要以及有出土文书作为资料依据，但西半段也不应该完全缺而不论。

第三，作者揭示了丝绸之路贸易得以兴盛的原因，是中原王朝在西域地区大量驻军，其所提供的巨额军饷强有力地刺激了丝路贸易（见《导论》3、9页，第一章43页，第二章82页，第三章97、106—107、111页，第四章184页，《结论》237页）。她指出："丝绸之路贸易的高峰与中原王朝派遣驻军在时间上恰相一致。……丝路贸易在很大程度上是中原王朝军费支出的副产品，而非经常被认为的是民间商人在从事长途贸易"（111页）。这一观点相当新颖，以前从未有人提出过，当然是否确实如此，也需要经受检验。

在第一章中，作者运用两枚楼兰简牍来论述粟特人给前凉军队与政府交纳巨额粮食与丝绸，并说："楼兰的贸易只是全体驻军或个别士兵用粮食、丝绸与钱币从当地人手中购买粮食、马匹、衣服和鞋子。"（43页）第二章在论述龟兹时，最末部分也强调了贸易和驻军的关系。第三章中指出："六、七世纪吐鲁番地区使用银币进一步表明，当唐朝在西北地区大量驻军时，丝路贸易进入了鼎盛期，当时中国的主要贸易伙伴是伊朗世界，而非罗马。"（97页）根据卢向前的研究，吐鲁番地区实行银钱本位阶段是在561—680年，亦即麴氏高昌国后期到唐西州前期。② 作者所说的6世纪及7世纪前期，吐鲁番盆地尚属于麴氏高昌国统治时期，与唐朝驻军毫无关涉；即使在640年唐朝灭了高昌国以后，银币仍在此地被使用，作者认为这些银币来自萨珊王朝，这与唐朝在西域的驻军又有什么关系呢？因此仅仅用中原王朝的驻军军饷来说明丝路贸易的兴盛，恐怕还是难以令人信服的。此外，唐天宝二载（743）交河郡市场的帛练行中出现了来自内地的丝绸，作者称"这些正是付给士兵的税绢"（106页）。可是，我们在史料中很少看到士兵直接用绢进行交易的例证。

综上所述，作者借助丝路沿线的出土文书来说明丝绸之路上的贸易状况，确实起到了切实精准的效果，并对丝路贸易的特点进行总结归纳，在此基础上提出了一些新颖的观点。不过，丝绸之路是否多为当地贸易且规模较小？丝路贸易的兴盛是否因为中原王朝在西域大量驻军而提供巨额军饷所刺激的？前者过分地拘泥于碎片文书的表面现象，后者则又存在推演过度的成分，这些都是在研究丝绸之路贸易问题时必须警惕的。

---

① Étienne de la Vaissière, *Histoire des Marchands Sogdiens*, Paris: Institut des Hautes Études Chinoises, Collège de France, 2002.
② 卢向前：《高昌西州四百年货币关系演变述略——敦煌吐鲁番文书经济关系综述之一》，《敦煌吐鲁番文书论稿》，江西人民出版社1992年版，第232—246页。

《丝路文化研究》集刊投稿指南

由南京大学中华文化研究院、中国天楹文化研究院联合主办的《丝路文化研究》半年集刊欢迎学界同仁投稿，字数一般以 1.5 万—5 万字为宜。请同仁围绕以下七大板块撰述研究论文。

1. ［特稿］ 从宏观上论述"一带一路"文明互鉴的历史与现状。

2. ［丝绸之路经济带历史文化研究］ 探讨与陆上丝绸之路相关联的东北亚文化圈、印度文化圈、中亚文化圈、地中海文化圈、阿拉伯文化圈的历史文化交流与现状。

3. ［海上丝绸之路研究］ 探讨与海上丝绸之路沿线海洋国家和地区相关联的历史文化交流与碰撞。

4. ［丝路沿线国研究］ 重点关注丝路沿线国家和地区的历史文化与当代发展。

5. ［人间佛教研究］ 重点关注以人间佛教为旗帜的中国近现代佛教复兴运动。

6. ［区域宗教文化研究］ 以区域佛教为重点，考察丝绸之路与宗教文化的关联。

7. ［"一带一路"文明互鉴访谈录］ 围绕"一带一路"文明互鉴和文化交流开展的学术对话。

凡投稿论文，正文前应有中文摘要和关键词，摘要字数控制在 500 字以内。正文后是英文摘要。中文摘要前署名，（ ）内注明作者单位。正文各级标题，一级标题用"一、二、三、……"，二级标题用"（一）、（二）、（三）、……"，三级标题用"1.2.3.……"，四级标题用"（1）（2）（3）……"。

凡投稿作者，必须遵守商务印书馆《丝路文化研究》编辑排版细则。

稿件接收方式：只接受 Word 稿件。

投稿信箱：silkroadnju@163.com

联系人：邵佳德

地址：江苏省南京市栖霞区仙林大道 163 号南京大学仙林校区星云楼 409 室